Reading New Testament Greek

Reading
NEW TESTAMENT
Greek

COMPLETE WORD LISTS AND READER'S GUIDE

BERNARD BRANDON SCOTT

MARGARET DEAN

KRISTEN SPARKS

FRANCES LaZAR

HENDRICKSON
PUBLISHERS
PEABODY, MASSACHUSETTS 01961-3473

Copyright © 1993 by Hendrickson Publishers, Inc.
P. O. Box 3473
Peabody, Massachusetts 01961–3473

ISBN 1–56563–014–9

For
Fran LaZar
ΠΡΕΣΒΥΤΕΡΑ
(October 18, 1992)

TABLE OF CONTENTS _____

ABBREVIATIONS

acc.	accusative
Aram.	Aramaic
dat.	dative
fem.	feminine
gen.	genitive
Heb.	Hebrew
imperf.	imperfect
imperv.	imperative
irreg.	irregular
lit.	literal, literally
mas.	masculine
mid.	middle
neut.	neuter
nom.	nominative
pass.	passive
pf.	perfect
pl.	plural
prep.	preposition
pres.	present
Rom.	Roman
sing.	singular

INTRODUCTION

Students study New Testament Greek not to learn grammar, but to read the Greek New Testament. Why then is the survival rate so low? After completing a beginning grammar course, most students are dictionary bound. They fail to clear the difficult hurdle of mastering sufficient vocabulary to read the Greek New Testament by sight. Often they become discouraged and quit.

This book will help make graduates of elementary grammar courses into readers of New Testament Greek. The book is organized into three sections to help the student acquire three essential skills: full mastery of frequent vocabulary, quick recognition of infrequent vocabulary, and clues to grammatical structure.

The vocabularies contain every word in the Greek New Testament. They are based upon the latest critical editions of the Greek text (Nestle–Aland[26], identical with UBS[3] and [4]), and the most recent advances in the lexicography as represented by Johannes P. Louw and Eugene A. Nida, *Greek-English Lexicon of the New Testament Based on Semantic Domains*. We follow the statistics and vocabulary listings of *Vollständige Konkordanz zum griechischen Neuen Testament, Band II, Spezialübersichten*. The use of these new textual editions and tools guarantees the student the most up-to-date listing of New Testament vocabulary.

PART 1: FREQUENT WORDS

In order to read the Greek New Testament by sight, the student must memorize its basic, frequent vocabulary. These words are found in Part 1 because their mastery should be the student's first priority. In addition to the word lists in Part 1 of this book, Thomas A. Robinson's *Mastering Greek Vocabulary*, 2d revised ed., serves as a valuable tool for rapid vocabulary building because its listing of cognate roots shows how words are related.

Part 1 arranges words by frequency, beginning with the most frequent words and ending with words occurring ten times in the Greek New Testament. The list of frequent vocabulary is divided into packets of approximately thirty words, lists small enough to make memorization manageable. Each packet is organized by parts of speech. Verb listings include full principal parts based on the attested forms in the New Testament as listed in Bauer's *A Greek-English Lexicon of the New Testament and Other Early Christian Literature*. Some unattested forms are given in parentheses because they help the student learn compound forms that do occur in the New Testament. For each noun Part 1 shows both the nominative and genitive cases, preceded by definite articles. This format makes it easier to learn each noun's gender and declension. Because nouns of the third declension present special problems, superscripts for third declension nouns in Part 1 key each noun to its appropriate paradigm in Part 3. The classification schema relies on Robert Funk's *A Beginning-Intermediate Grammar of Hellenistic Greek*, vol. 3.

PART 2: INFREQUENT WORDS

After memorizing the list of frequent words, the student still faces the daunting issue of learning all the other words. Part 2 meets this need. For each book and chapter of the New Testament, Part 2 lists all words occurring nine times or less, in alphabetical order. Unlike reader's lexicons that list words by verse number, Part 2 discourages long-term dependence on this reference tool by helping the student to comprehend larger blocks of the Greek text. Our purpose is to encourage the reading of the Greek New Testament by sight, not to perpetuate dependency on intermediate tools. Facility at reading will encourage the student to move on to advanced tools.

Students can study the list of infrequent words before reading a passage or keep the list at hand for quick reference. If the reader does not find a particular unfamiliar word in the appropriate section of Part 2, this means the word occurs ten times or more in the New Testament and the student should review Part 1.

Since students sometimes stumble over verb forms, the form(s) the student sees in the chapter appears first in the alphabetical list, followed by the verb's first principal part. Glosses[1] reflect each word's meaning in context.

The synoptic gospels follow the numbering of Kurt Aland's *Synopsis Quattuor Evangeliorum*, rather than book name and chapter number, because Aland's *Synopsis* has become the standard in New Testament study. This arrangement eliminates duplicate listings for words in parallel passages. If we had only followed chapter numbers, the use of Aland's *Synopsis* with this book would have been difficult. Readers who want to follow a synoptic gospel chapter by chapter can still do so readily because each Aland section number shows chapter and verse citations for the passage(s) it includes. We have followed Aland's convention in our chapter and verse citations by showing passages that occur in sequence in bold face type and passages occurring out of sequence in normal type. When a particular gospel passage does not continue with the next Aland section number in sequence, the section number that continues the passage is given in parentheses after the chapter and verse citation. For example, Matt 1:1 occurs in Aland's §1 but verse 2 does not occur until §6. So following the reference Matt 1:1 is "§6" instructing the reader following Matthew in sequence to go to Aland's §6. Readers can therefore use Part 2 both for parallel reading and for sequential reading of a single gospel.

Aland's *Synopsis* occasionally assigns separate unit numbers to parallel passages which occur in different narrative order. In these cases, infrequent words from all the parallel units are shown in a single Aland section, and unused Aland section numbers are cross referenced to the section under which the vocabulary appears. For example, infrequent words from §19 (Luke 3:23–38) are listed under §6, its parallel passage (Matthew 1:2–17). The §19 heading shows the cross reference, "See §6."

Even though Aland assigns section numbers to the gospel of John, we have chosen to show the vocabulary for this gospel by chapter because John normally is read apart from a synopsis. Cross references at chapter headings indicate the Aland section numbers of those synoptic parallels deemed significant by Aland.

---

[1] Glosses are single word equivalents; definitions indicate distinctive features of meaning. See Johannes P. Louw, and Eugene A. Nida, *Greek-English Lexicon of the New Testament Based on Semantic Domains*, 1:vii.

The glosses in our book were selected to aid memory and facilitate sight reading. We have consulted and made extensive use of the fresh glosses offered by Louw and Nida, *Greek-English Lexicon of the New Testament Based on Semantic Domains*. Louw and Nida caution that their glosses can sometimes mislead the reader because they reflect the unique purpose and arrangement of their lexicon according to semantic fields. We have responded to this difficulty by departing from their glosses when they diverge too far from the concrete meaning of the word or reflect theological interpretations. For example, for the word ἀπερίτμητος, we show the more concrete "uncircumcised," instead of Louw and Nida's gloss, "obstinate." Our definition is more concrete; theirs conveys the appropriate semantic functional equivalent. When in some few cases the glosses suggested by Louw and Nida did not seem to fit the particular context, we have followed Bauer's *Lexicon*.

While we have taken care to reflect each word's meaning in context, our glosses should not be viewed as a substitute for a reliable dictionary, which is essential to the deepening of one's knowledge of New Testament Greek. The definitions in volume 1 of Louw and Nida extend the nuance of a word and exhibit a range of meaning within its semantic fields in New Testament Greek, while Bauer's dictionary indicates a word's usage in a wider Greek context. We also recommend the third unabridged and revised edition of Max Zerwick's and Mary Grosvenor's *A Grammatical Analysis of the Greek New Testament* for its helpful explanations of grammatical points for each chapter and verse of the Greek New Testament.

Since we have followed the form of the word as listed in K. Aland's *Vollständige Konkordanz zum griechischen Neuen Testament*, at times our listing will diverge from that of Bauer's *Lexicon*. On the one hand, Aland lists, for example, μεγιστᾶνες in the plural since it is attested only in the plural in the New Testament. Bauer, on the other hand, lists μεγιστάν in the singular. For the most part, Louw and Nida's *Greek-English Lexicon* follows the listings in Aland.

An index to Part 1 lists that vocabulary occurring ten or more times in alphabetical order. Not only does this enable the student to easily find a common word when reading, but also allows a quick review of the basic vocabulary.

PART 3: PARADIGMS

Since quick recognition of grammatical forms greatly aids sight reading, we have included a selection of paradigms that helps the student recognize structural clues. We have designed the paradigms to graphically illustrate important structural signals. Our -ω verb paradigm, for example, highlights the (σ) as the signal for the future, the augment as the signal of a secondary tense, and the (κ) as the signal for the perfect. Our arrangement emphasizes the importance of these structural signals to the student's ability to recognize forms. For more comprehensive paradigms, such as those for -μι or contract verbs, readers should consult a Greek grammar. Our paradigms do not substitute for a grammar but represent the most frequent noun and verb forms.

A special feature of our paradigms is the analysis of the third declension into the ten categories that account for its variations. These are keyed by the use of a superscript to the lists of frequent words in Part 1. Some of the nouns of paradigms 4 (e.g., φῶς) and 5 (e.g., χείρ) do not conform exactly to the paradigm, but they are close enough so that the student will not be misled. To have developed a system that allowed perfect correspondence would have defeated the purpose of the paradigms.

We wish to thank the United Bible Societies for the use of glosses from Louw and Nida's *Greek-English Lexicon of the New Testament Based on Semantic Domains.* We also express gratitude to the Phillips Graduate Seminary and its librarians for making available the special research tools needed for this project. Patrick Alexander of Hendrickson Publishers has encouraged and supported this project at each step.

We need to acknowledge the members of the team who worked on this project with concern for one another and with good humor even under stress. This project was from the beginning student-initiated, designed, and executed. We hope it will meet the needs of other students.

BIBLIOGRAPHY

Aland, Kurt, ed. *Concordance to the Novum Testamentum Graece.* 3d ed. Berlin; New York: de Gruyter, 1987.

Bauer, Walter, et al. *A Greek-English Lexicon of the New Testament and Other Early Christian Literature.* 2d ed. Chicago: University of Chicago Press, 1979.

Browne, Dale Russell. *Paradigms and Principal Parts for the Greek New Testament.* Lanham, Md. University Press of America, 1987.

Dana, H. E., and Julius R. Mantey. *A Manual Grammar of the Greek New Testament.* New York: Macmillan, 1955.

Louw, Johannes P., and Eugene A. Nida. *Greek-English Lexicon of the New Testament Based on Semantic Domains.* 2 vols. New York: United Bible Societies, 2d ed., 1989.

MacDonald, William Graham. *Greek Enchiridion, A Concise Handbook of Grammar for Translation and Exegesis.* Peabody, Mass.: Hendrickson, 1986.

Robinson, Thomas A. *Mastering Greek Vocabulary.* 2d Revised Edition. Peabody, Mass.: Hendrickson, 1991.

Zerwick, Max, and Mary Grosvenor. *A Grammatical Analysis of the Greek New Testament.* Rome: Biblical Institute Press, 1979.

PART 1: WORDS OCCURRING TEN TIMES OR MORE _____

_____ WORDS OCCURRING MORE THAN 663 TIMES _____

_____VERBS

εἰμί	ἔσομαι	ἤμην			
to be					
λέγω	[ἐρῶ]	[εἶπον]	[εἴρηκα]	[εἴρημαι]	[ἐρρέθην]
to say					
ἔχω	ἕξω	ἔσχον	ἔσχηκα		
to have (imperf. εἶχον)					
γίνομαι	γινήσομαι	ἐγενόμην	γέγονα	γεγένημαι	ἐγενήθην
to become, happen					

_____NOUNS

ὁ Θεός, τοῦ Θεοῦ	God; god
ὁ Ἰησοῦς, τοῦ Ἰησοῦ	Jesus
ὁ κύριος, τοῦ κυρίου	sir, master; Lord

_____OTHER WORDS

ὁ, ἡ, τό	the (definite article)
καί	and; and then; also
αὐτός, -ή, -ό	same; he, she, it; self
δέ	and, but; and then
ἐν	in, among, on, at, into, with (dat.)
ὑμεῖς	you (pl.)
ἐγώ	I
εἰς	to, into, in order to, so that (acc.)
οὐ (οὐκ, οὐχ)	not
οὗτος, αὕτη, τοῦτο	this, those
ὅς, ἥ, ὅ	who, which
ὅτι	that; because; namely
πᾶς, πᾶσα, πᾶν	all; any; total; whole; every kind of
σύ	you (sing.)
μή	not (with all moods except indicative)
γάρ	because; then
ἐκ	out of; because of, by (means) (gen.)
ἐπί	on, upon (gen.); on, above (dat.); across, over (acc.)
ἡμεῖς	we
πρός	to, for (acc.)

| διά | through, by (gen.); because of; on account of (acc.) |
| ἵνα | in order to, as a result |

WORDS OCCURRING 646 TO 296 TIMES

VERBS

ἔρχομαι	ἐλεύσομαι	ἦλθον	ἐλήλυθα		
to come, to go					
ποιέω	ποιήσω	ἐποίησα	πεποίηκα	πεποίημαι	(ἐποιήθην)
to do, to make					
ὁράω	ὄψομαι	εἶδον	ἑώρακα	ἑώραμαι	ὤφθην
to see					
ἀκούω	ἀκούσω	ἤκουσα	ἀκήκοα	(ἤκουσμαι)	ἠκούσθην
to hear, to listen					
δίδωμι	δώσω	ἔδωκα	δέδωκα	δέδομαι	ἐδόθην
to give					
[οἶδα]	εἰδήσω		οἶδα		
to know (pf. with pres. meaning)					
λαλέω	λαλήσω	ἐλάλησα	λελάληκα	λελάλημαι	ἐλαλήθην
to speak					

NOUNS

ὁ ἄνθρωπος, τοῦ ἀνθρώπου	human being; man
ὁ Χριστός, τοῦ Χριστοῦ	Christ, Messiah
ὁ πατήρ,[5] τοῦ πατρός	father
ἡ ἡμέρα, τῆς ἡμέρας	day
τὸ πνεῦμα,[4] τοῦ πνεύματος	wind, breath; spirit
ὁ υἱός, τοῦ υἱοῦ	son; male descendant or offspring
ὁ ἀδελφός, τοῦ ἀδελφοῦ	brother; fellow believer, fellow Jew, fellow countryman
ὁ λόγος, τοῦ λόγου	word, statement, speech, gospel; Word

OTHER WORDS

ἀπό	from (gen.)
ἀλλά	but
τίς, τί	who?; what?
τις, τι	someone, something; someone important
εἰ	if
ὡς	like; how
οὖν	therefore; indeed
κατά	toward, down (gen.); along, according to (acc.)
μετά	with (gen.); after (acc.)
πολύς, πολλή, πολύ	many; much; great
ἐάν	if; when
εἷς, μία, ἕν	one
ἤ	or; than

περί   concerning, on behalf of (gen.); around, about (acc.)
ἑαυτοῦ, -ῆς, -οῦ   himself; herself, itself (not used in nom.)

WORDS OCCURRING 274 TO 180 TIMES

VERBS

λαμβάνω   λήμψομαι   ἔλαβον   εἴληφα   εἴλημμαι   (ἐλήφθην)
  to take, receive

πιστεύω   πιστεύσω   ἐπίστευσα   πεπίστευκα   πεπίστευμαι   ἐπιστεύθην
  to believe, to trust

ἀποκρίνομαι   (ἀποκρινῶ)   ἀπεκρινάμην   ἀπεκρίθην
  to answer

γινώσκω   γνώσομαι   ἔγνων   ἔγνωκα   ἔγνωσμαι   ἐγνώσθην
  to know

ἐξέρχομαι   ἐξελεύσομαι   ἐξῆλθον   ἐξελήλυθα
  to go out; pass away

εἰσέρχομαι   εἰσελεύσομαι   εἰσῆλθον   εἰσελήλυθα
  to come (in, into), to go (in, into), enter

δύναμαι   δυνήσομαι   ἠδυνήθην
  to be able, can

θέλω   θελήσω   ἠθέλησα   ἐθελήθην
  to wish (imperf. ἤθελον)

γράφω   γράψω   ἔγραψα   γέγραφα   γέγραμμαι   ἐγράφην
  to write

NOUNS

ὁ οὐρανός, τοῦ οὐρανοῦ   sky; heaven
ὁ μαθητής, τοῦ μαθητοῦ   follower; pupil, disciple
ἡ γῆ, τῆς γῆς   earth; land; soil
ἡ πίστις,[9] τῆς πίστεως   faith; trust
τὸ ὄνομα,[4] τοῦ ὀνόματος   name
ὁ ἀνήρ,[5] τοῦ ἀνδρός   man; husband
ἡ γυνή,[1] τῆς γυναικός   woman; wife
ὁ νόμος, τοῦ νόμου   law
ὁ κόσμος, τοῦ κόσμου   world

OTHER WORDS

ἐκεῖνος, -η, -ο   that, these
μέγας, μεγάλη, μέγα   great; large
ἅγιος, -α, -ον   holy
οὐδείς, οὐδεμία, οὐδέν   no one, nothing
ὑπό   under (acc.); by (gen.)
τέ   and; τε . . . τε not only . . . but also
οὕτως   thus; as follows
ἰδού   look!; indeed

Ἰουδαῖος, -α, -ον	Judean, Jew
παρά	from (gen.); at, beside (dat.); along side (acc.)
καθώς	inasmuch as; just as
μέν	and; indeed

WORDS OCCURRING 178 TO 144 TIMES

VERBS

εὑρίσκω **to find**	εὑρήσω	εὗρον	εὕρηκα	(ηὕρημαι)	εὑρέθην
ἐσθίω **to eat**	φάγομαι	ἔφαγον			
ἵστημι **to stand, to cause to stand**	στήσω	ἔστησα	ἕστηκα		ἐστάθην
πορεύομαι **to go, to proceed**	πορεύσομαι			πεπόρευμαι	ἐπορεύθην
καλέω **to call**	καλέσω	ἐκάλεσα	κέκληκα	κέκλημαι	ἐκλήθην
ἀφίημι **to let go, permit, forgive**	ἀφήσω	ἀφῆκα		ἀφεῖμαι	ἀφέθην
ἐγείρω **to raise up**	ἐγερῶ	ἤγειρα	ἐγήγερκα	ἐγήγερμαι	ἠγέρθην

NOUNS

ἡ χείρ, τῆς χειρός[5]	hand
ὁ ἄγγελος, τοῦ ἀγγέλου	messenger; angel
ὁ ὄχλος, τοῦ ὄχλου	crowd; common people
ἡ ἁμαρτία, τῆς ἁμαρτίας	sin
τὸ ἔργον, τοῦ ἔργου	work; act
ἡ δόξα, τῆς δόξης	glory, splendor
ἡ πόλις[9], τῆς πόλεως	town; city
ἡ βασιλεία, τῆς βασιλείας	reign; kingdom
τὸ ἔθνος,[7] τοῦ ἔθνους	nation
ὁ Παῦλος, τοῦ Παύλου	Paul
ἡ καρδία, τῆς καρδίας	inner self; heart
ὁ Πέτρος, τοῦ Πέτρου	Peter, "rock"
ἡ χάρις,[2] τῆς χάριτος	kindness; gift; thanks; good will
ἡ σάρξ,[1] τῆς σαρκός	flesh, body

OTHER WORDS

ἄν	ever; would (marks a conditional clause)
τότε	then
πρῶτος, -η, -ον	first
ἄλλος, -η, -ο	different; another
ὑπέρ	on behalf of (gen.); over, above (acc.)

νῦν		now			
ὅστις, ἥτις, ὅ τι		whoever, whatever			
ἕως		until; while			
οὐδέ		and not; not even; οὐδέ . . . οὐδέ neither . . . nor			

WORDS OCCURRING 143 TO 115 TIMES

VERBS

ἀγαπάω **to love**	ἀγαπήσω	ἠγάπησα	ἠγάπηκα	ἠγάπημαι	
ζάω **to live**	ζήσω	ἔζησα			
βλέπω **to see**	βλέψω	ἔβλεψα			
ἀποστέλλω **to send**	ἀποστελῶ	ἀπέστειλα	ἀπέσταλκα	ἀπέσταλμαι	ἀπεστάλην
βάλλω **to throw, cast out**	βαλῶ	ἔβαλον	βέβληκα	βέβλημαι	ἐβλήθην
παραδίδωμι **to hand over, betray**	παραδώσω	παρέδωκα	παραδέδωκα		παρεδόθην
ἀπέρχομαι **to go away, depart**	ἀπελεύσομαι	ἀπῆλθον	ἀπελήλυθα		
μένω **to remain**	μενῶ	ἔμεινα	μεμένηκα		
ζητέω **to seek**	ζητήσω	ἐζήτησα	ἐζήτηκα		ἐζητήθην
κρίνω **to judge, decide**	κρινῶ	ἔκρινα	κέκρικα	κέκριμαι	ἐκρίθην

NOUNS

ὁ προφήτης, τοῦ προφήτου	prophet
ὁ λαός, τοῦ λαοῦ	nation; people of God
τὸ σῶμα,[4] τοῦ σώματος	body
ἡ φωνή, τῆς φωνῆς	voice; sound
ἡ ζωή, τῆς ζωῆς	life
ὁ Ἰωάννης, τοῦ Ἰωάννου	John
ὁ δοῦλος, τοῦ δούλου	slave
ὁ αἰών,[6] τοῦ αἰῶνος	era, universe
ὁ ἀρχιερεύς,[10] τοῦ ἀρχιερέως	chief priest; high priest
ὁ θάνατος, τοῦ θανάτου	death; plague
ἡ δύναμις,[9] τῆς δυνάμεως	ability; power; mighty deed; ruler; supernatural power
ἡ ἀγάπη, τῆς ἀγάπης,	love; fellowship
ὁ βασιλεύς,[10] τοῦ βασιλέως	king

OTHER WORDS

πάλιν	again
δύο	two

ἀμήν	truly
νεκρός, -ά, -όν	dead
σύν	with (dat.)
ὅταν	whenever
μόνος, -η, -ον	only one; alone

WORDS OCCURRING 114 TO 99 TIMES

VERBS

ἀποθνῄσκω	ἀποθανοῦμαι	ἀπέθανον			
to die					
μέλλω	μελλήσω				
to be about to					
παρακαλέω		παρεκάλεσα		παρεκέκλημαι	παρεκλήθην
to encourage, invite					
ἀνίστημι	ἀναστήσω	ἀνέστησα			
to rise, arise					
σῴζω	σώσω	ἔσωσα	σέσωκα	σέσωμαι	ἐσώθην
to save					
αἴρω	ἀρῶ	ἦρα	ἦρκα	ἦρμαι	ἤρθην
to take away; carry; destroy					
δεῖ (subj. δέῃ, inf. δεῖν, ptc. δέον, imperf. ἔδει)					
to be necessary (impersonal)					
τίθημι	θήσω	ἔθηκα	τέθεικα	τέθειμαι	ἐτέθην
to put, place					

NOUNS

ἡ ἐκκλησία, τῆς ἐκκλησίας	congregation; church; assembly
ὁ οἶκος, τοῦ οἴκου	house
ἡ ἀλήθεια, τῆς ἀληθείας	truth
ἡ ὥρα, τῆς ὥρας	hour; occasion
ἡ ψυχή, τῆς ψυχῆς	inner self; life; person, soul
ἡ ἐξουσία, τῆς ἐξουσίας	authority to rule, jurisdiction, symbol of authority
ἡ ὁδός, τῆς ὁδοῦ	road, journey; way of life
ὁ ὀφθαλμός, τοῦ ὀφθαλμοῦ	eye, sight
τὸ τέκνον, τοῦ τέκνου	child
ὁ Φαρισαῖος, τοῦ Φαρισαίου	Pharisee

OTHER WORDS

ἴδιος, -α, -ον	one's own; peculiar; individually
ὅλος, -η, -ον	whole; complete (quantity and degree)
ὅσος, -η, -ον	as many as; as much as
ἐκεῖ	there
ὅτε	when
πῶς	how?

ἀγαθός, -ή, -όν		good		
καλός, -ή, -όν		beautiful, good		
ἀλλήλων, -οις, -ους		each other		
ἕτερος, -α, -ον		different, another		

WORDS OCCURRING 97 TO 83 TIMES

VERBS

γεννάω	γεννήσω	ἐγέννησα	γεγέννηκα	γεγέννημαι	ἐγεννήθην
to beget, bear					
διδάσκω	διδάξω	ἐδίδαξα			ἐδιδάχθην
to teach					
[λέγω]	ἐρῶ	εἶπον	εἴρηκα	εἴρημαι	ἐρρέθην
will say (used as future of λέγω)					
περιπατέω	περιπατήσω	περιεπάτησα			
to walk					
φοβέομαι		ἐφόβησα			ἐφοβήθην
to fear					
ἀπόλλυμι	ἀπολέσω	ἀπώλεσα	ἀπολώλεκα		
to destroy; perish (mid.)					
κάθημαι	καθήσομαι				
to sit, reside					
ἀκολουθέω	ἀκολουθήσω	ἠκολούθησα	ἠκολούθηκα		
to follow					
πίπτω	πεσοῦμαι	ἔπεσον	πέπτωκα		
to fall					
πληρόω	πληρώσω	ἐπλήρωσα	πεπλήρωκα	πεπλήρωμαι	ἐπληρώθην
to fill, fulfill					
ἄρχω	ἄρξομαι	ἠρξάμην			
to be first, to rule; to begin (mid.)					
προσέρχομαι	προσελεύσομαι	προσῆλθον	προσελήλυθα		
to come or go to, approach					
προσεύχομαι	προσεύξομαι	προσηυξάμην			
to pray					

NOUNS

τὸ αἷμα,[4] τοῦ αἵματος	blood
ὁ ἄρτος, τοῦ ἄρτου	loaf of bread, food
ἡ οἰκία, τῆς οἰκίας	house, family
ὁ τόπος, τοῦ τόπου	place
ὁ πούς,[2] τοῦ ποδός	foot
ἡ δικαιοσύνη, τῆς δικαιοσύνης	righteousness, be put right with
ἡ εἰρήνη, τῆς εἰρήνης	peace
ἡ θάλασσα, τῆς θαλάσσης	sea, lake
ὁ καιρός, τοῦ καιροῦ	time, occasion
ἡ μήτηρ,[5] τῆς μητρός	mother

OTHER WORDS

ἐνώπιον	in front of, in the opinion of
ἔτι	still, in addition
μηδείς, μηδεμία, μηδέν	no one, nothing
ἑπτά	seven
οὔτε	nor
κἀγώ	and I (καί + ἐγώ)
ὅπου	where
ὥστε	as a result, in order to

WORDS OCCURRING 82 TO 73 TIMES

VERBS

ἀναβαίνω **to go up**	ἀναβήσομαι	ἀνέβην	ἀναβέβηκα		
καταβαίνω **to go down**	καταβήσομαι	κατέβην	καταβέβηκα		
ἐκβάλλω **to cast out**	ἐκβαλῶ	ἐξέβαλον	ἐκβέβληκα		ἐξεβλήθην
πέμπω **to send**	πέμψω	ἔπεμψα	(πέπομφα)	(πέπεμμαι)	ἐπέμφθην
ὑπάγω **to depart** (imperf. ὑπῆγον)					
ἀνοίγω **to open**	ἀνοίξω	ἀνέῳξα	ἀνέῳγα	ἀνέῳγμαι	ἀνεῴχθην
βαπτίζω **to baptize**	βαπτίσω	ἐβάπτισα		βεβάπτισμαι	ἐβαπτίσθην
μαρτυρέω **to witness**	μαρτυρήσω	ἐμαρτύρησα	μεμαρτύρηκα	μεμαρτύρημαι	ἐμαρτυρήθην
ἀποκτείνω **to kill**	ἀποκτενῶ	ἀπέκτεινα			ἀπεκτάνθην
χαίρω **to rejoice**	χαρήσομαι				ἐχάρην
πίνω **to drink**	πίομαι	ἔπιον	πέπωκα		ἐπόθην

NOUNS

ὁ ἀπόστολος, τοῦ ἀποστόλου	apostle, messenger
ὁ Μωϋσῆς,[10] τοῦ Μωϋσέως	Moses
τὸ στόμα,[4] τοῦ στόματος	mouth
τὸ ὕδωρ,[4] τοῦ ὕδατος	water
ἡ Ἰερουσαλήμ	Jerusalem
τὸ σημεῖον, τοῦ σημείου	sign
τὸ εὐαγγέλιον, τοῦ εὐαγγελίου	good news, gospel
τὸ πρόσωπον, τοῦ προσώπου	face, person
ἡ κεφαλή, τῆς κεφαλῆς	head, superior

ὁ Σίμων,[6] τοῦ Σίμωνος	Simon
ὁ Ἀβραάμ	Abraham
τὸ πῦρ,[5] τοῦ πυρός	fire
τὸ φῶς,[4] τοῦ φωτός	light

OTHER WORDS

ἕκαστος, -η, -ον	each
μᾶλλον	more (than); instead
δίκαιος, -α, -ον	righteous
πονηρός, -ά, -όν	wicked, worthless
ἐμός, -ή, -όν	my, mine
δώδεκα	twelve

WORDS OCCURRING 71 TO 61 TIMES

VERBS

αἰτέω **to ask**	αἰτήσω	ᾔτησα	ᾔτηκα	(ᾔτημαι)	ᾐτήθην
τηρέω **to keep, guard**	τηρήσω	ἐτήρησα	τετήρηκα	τετήρημαι	ἐτηρήθην
ἄγω **to lead; bring, carry**	ἄξω	ἤγαγον	(ἦχα)	ἦγμαι	ἤχθην
ἀπολύω **to release, dismiss**	ἀπολύσω	ἀπέλυσα		ἀπολέλυμαι	ἀπελύθην
φέρω **to bear, carry**	οἴσω	ἤνεγκα	ἐνήνοχα	ἐνήνεγμαι	ἠνέχθην
φημί **to say**		ἔφη			
δοκέω **to seem, suppose**	δόξω	ἔδοξα			
ἐρωτάω **to ask**	ἐρωτήσω	ἠρώτησα	(ἠρώτηκα)	(ἠρώτημαι)	
δοξάζω **to glorify**	δοξάσω	ἐδόξασα		δεδόξασμαι	ἐδοξάσθην
κηρύσσω **to proclaim**	κηρύξω	ἐκήρυξα	(κεκήρυχα)	(κεκήρυγμαι)	ἐκηρύχθην

NOUNS

τὸ ἱερόν, τοῦ ἱεροῦ	temple
ὁ Ἰσραήλ	Israel
τὸ πλοῖον, τοῦ πλοίου	boat
τὸ ῥῆμα,[4] τοῦ ῥήματος	word, statement, event
τὸ σάββατον, τοῦ σαββάτου	Sabbath
ἡ ἐντολή, τῆς ἐντολῆς	commandment
ὁ καρπός, τοῦ καρποῦ	fruit, harvest, deed
ὁ γραμματεύς,[10] τοῦ γραμματέως	expert in the Law, scholar

τὸ δαιμόνιον, τοῦ δαιμονίου	demon
τὸ ὄρος,7 τοῦ ὄρους	mountain
τὸ θέλημα,4 τοῦ θελήματος	desire, purpose
ὁ θρόνος, τοῦ θρόνου	throne
τά Ἱεροσόλυμα, τῶν Ἱεροσολύμων	Jerusalem
ἡ Γαλιλαία, τῆς Γαλιλαίας	Galilee
ἡ νύξ,1 τῆς νυκτός	night

_____OTHER WORDS

αἰώνιος, -ον	eternal
πιστός, -ή, -όν	trusting, trustworthy, sure
τρεῖς, τρία	three
πρεσβύτερος, -α, -ον	older, elder
εἴτε . . . εἴτε	if . . . if
ἔξω	outside, away
ἀγαπητός, -ή, -όν	beloved
ἤδη	already
ὧδε	here

_____WORDS OCCURRING 60 TO 53 TIMES_____

_____VERBS

προσκυνέω   προσκυνήσω   προσεκύνησα   προσεκυνήθην
   to do obeisance to, worship

ὑπάρχω
   to exist

ἀσπάζομαι   ἠσπασάμην
   to greet

συνάγω   συνάξω   συνήγαγον   συνῆγμαι   συνήχθην
   to gather together

θεωρέω   ἐθεώρησα
   to see, to behold

δέχομαι   ἐδεξάμην   δέδεγμαι   (ἐδέχθην)
   to welcome

ἐπερωτάω   ἐπερωτήσω   ἐπηρώτησα   ἐπερωτήθην
   to ask

κράζω   κράξω   ἔκραξα   κέκραγα
   to cry out

εὐαγγελίζω   εὐηγγέλισα   εὐηγγέλισμαι   εὐηγγελίσθην
   to preach the good news

_____NOUNS

ὁ ἱμάτιον, τοῦ ἱματίου	clothing, coat
ὁ Δαυίδ	David
ὁ διδάσκαλος, τοῦ διδασκάλου	teacher

ὁ λίθος, τοῦ λίθου	stone
ἡ χαρά, τῆς χαρᾶς	joy, gladness
ἡ συναγωγή, τῆς συναγωγῆς	assembly, synagogue
ἡ ἀρχή, τῆς ἀρχῆς	beginning
ὁ Πιλᾶτος, τοῦ Πιλάτου	Pilate
ὁ χρόνος, τοῦ χρόνου	time, occasion
ἡ ἐλπίς,² τῆς ἐλπίδος	hope

_____OTHER WORDS

μέσος, -η, -ον	among, in the middle
τοιοῦτος, -αύτη, -οῦτον	like that, of such a kind
μηδέ	and not, not even
τρίτος, -η, -ον	third
λοιπός, -ή, -όν	remaining
δεξιός, -ά, -όν	right
οὗ	where
οὐχί	not
διό	therefore
ὅπως	how, somehow, so that

_____WORDS OCCURRING 52 TO 47 TIMES_____

_____VERBS

πείθω **to persuade**	πείσω	ἔπεισα	πέποιθα	πέπεισμαι	ἐπείσθην
σπείρω **to sow**		ἔσπειρα		ἔσπαρμαι	ἐσπάρην
παραλαμβάνω **to receive**	παραλήμψομαι	παρέλαβον			παρελήμφθην
φανερόω **to manifest**	φανερώσω	ἐφανέρωσα	πεφανέρωκα	πεφανέρωμαι	ἐφανερώθην
ἀποδίδωμι **to pay, reward**	ἀποδώσω	ἀπέδωκα			ἀπεδόθην
κρατέω **to grasp**	κρατήσω	ἐκράτησα		κεκράτημαι	
προσφέρω **to bring, offer**		προσήνεγκον	πορσενήνοχα		προσηνέχθην

_____NOUNS

ἡ ἐπαγγελία, τῆς ἐπαγγελίας	promise
τὸ παιδίον, τοῦ παιδίου	child
ἡ γραφή, τῆς γραφῆς	writing, Scripture
ἡ σοφία, τῆς σοφίας	wisdom, insight
ἡ γλῶσσα, τῆς γλώσσης	tongue, language
ἡ παραβολή, τῆς παραβολῆς	parable

τὸ ἔτος,⁷ τοῦ ἔτους	year
ἡ χρεία, τῆς χρείας	what is needed, need
ὁ φόβος, τοῦ φόβου	fear
ἡ κρίσις,⁹ τῆς κρίσεως	judgment
ἡ φυλακή, τῆς φυλακῆς	prison, guard post

OTHER WORDS

ἔσχατος, -η, -ον	final(ly)
εὐθύς	immediately, then
κακός, -ή, -όν	bad
μακάριος, -α, -ον	happy
τυφλός, -ή, -όν	blind
ἄρα	indeed
ἄχρι	until
ἔμπροσθεν	in front of
ἔρημος, ον	uninhabited, forsaken
ποῦ	where? (place, circumstance)
ἁμαρτωλός, -όν	sinful
οὐαί	how terrible! (interjection)
οὐκέτι	no longer
πρό	in front of, before, above (gen.)

WORDS OCCURRING 46 TO 42 TIMES

VERBS

καθίζω **to sit**	καθίσω	ἐκάθισα	κεκάθικα		
σταυρόω **to crucify**	σταυρώσω	ἐσταύρωσα		ἐσταύρωμαι	ἐσταυρώθην
ἀπαγγέλλω **to announce, to inform**	ἀπαγγελῶ	ἀπήγγειλα			ἀπηγγέλην
διώκω **to pursue, persecute**	διώξω	ἐδίωξα			ἐδιώχθην
ἐπιγινώσκω **to recognize, know about**	ἐπιγνώσομαι	ἐπέγνων	ἐπέγνωκα		ἐπεγνώσθην
κατοικέω **to dwell, inhabit**	κατοικήσω	κατῴκησα			
ἁμαρτάνω **to sin**	ἁμαρτήσω	ἥμαρτον			
δέω **to bind**		ἔδησα		δέδεμαι	ἐδέθην
διέρχομαι **to go through**	διελεύσομαι	διῆλθον			
θαυμάζω **to wonder**	θαυμάσομαι	ἐθαύμασα			ἐθαυμάσθην

θεραπεύω **to heal**	θεραπεύσω	ἐθεράπευσα	τεθεράπευμαι	ἐθεραπεύθην
φωνέω **to call**	φωνήσω	ἐφώνησα		ἐφωνήθην
ἐγγίζω **to approach, come near**	ἐγγιῶ	ἤγγισα	ἤγγικα	
εὐλογέω **to praise, bless**	εὐλογήσω	εὐλόγησα	εὐλόγηκα	εὐλόγημαι εὐλογήθην
λύω **to loose**		ἔλυσα	λέλυμαι	ἐλύθην
πάσχω **to suffer**	πείσομαι	ἔπαθον	πέπονθα	

_____NOUNS

τὸ θηρίον, τοῦ θηρίου	animal
ἡ σωτηρία, τῆς σωτηρίας	deliverance, salvation
ἡ θλῖψις,9 τῆς θλίψεως	trouble
ὁ Ἰούδας, τοῦ Ἰούδα	Judah, Judas
ὁ ναός, τοῦ ναοῦ	temple
ἡ Ἰουδαία, τῆς Ἰουδαίας	Judea
ἡ γενεά, τῆς γενεᾶς	generation
ὁ Ἡρώδης, τοῦ Ἡρώδου	Herod
τὸ σπέρμα,4 τοῦ σπέρματος	seed
ἡ ἀνάστασις,9 τῆς ἀναστάσεως	rising up, resurrection
ὁ Ἰάκωβος, τοῦ Ἰακώβου	James
τὸ μέρος,7 τοῦ μέρους	part, region

_____OTHER WORDS

μικρός, -ά, -όν	little
ὅμοιος, -α, -ον	similar
δεύτερος, -α, -ον	second, afterward
σεαυτοῦ, ῆς	yourself
καινός, -ή, -όν	new

_____WORDS OCCURRING 41 TO 38 TIMES_____

_____VERBS

ἐργάζομαι **to work, do**		ἠργασάμην	εἴργασμαι	
λογίζομαι **to consider, charge on account**		ἐλογισάμην		ἐλογίσθην
παρίστημι **to be present, stand by**	παραστήσω	παρέστησα	παρέστηκα	παρεστάθην
ἑτοιμάζω **to prepare**	ἑτοιμάσω	ἡτοίμασα	ἡτοίμακα	ἡτοίμασμαι ἡτοιμάσθην
κλαίω **to weep**	κλαύσω	ἔκλαυσα		

μισέω **to hate**	μισήσω	ἐμίσησα	μεμίσηκα	μεμίσημαι	
οἰκοδομέω **to build**	οἰκοδομήσω	ᾠκοδόμησα			ᾠκοδομήθην
ἅπτω **to light, touch** (mid.)		ἧψα			
δικαιόω **to justify, make righteous**	δικαιώσω	ἐδικαίωσα		δεδικαίωμαι	ἐδικαιώθην
ἐπιτίθημι **to put on, lay on**	ἐπιθήσω	ἐπέθηκα			
περισσεύω **to abound**	περισσεύσω	ἐπερίσσευσα			
πλανάω **to wander, lead astray**	πλανήσω	ἐπλάνησα		πεπλάνημαι	ἐπλανήθην
πράσσω **to do, accomplish**	πράξω	ἔπραξα	πέπραχα	πέπραγμαι	ἐπράχθην
εὐχαριστέω **to give thanks**		εὐχαρίστησα			
πειράζω **to test**	πειράσω	ἐπείρασα		πεπείρασμαι	ἐπειράσθην
ὑποτάσσω **to subject, subordinate**	ὑποταγήσομαι	ὑπέταξα		ὑποτέταγμαι	ὑπετάγην

_____NOUNS

ἡ τιμή, τῆς τιμῆς	honor, value
τὸ μνημεῖον, τοῦ μνημείου	grave, monument
τὸ τέλος,[7] τοῦ τέλους	end, result, purpose
ἡ θύρα, τῆς θύρας	door
τὸ πρόβατον, τοῦ προβάτου	sheep
ἡ ἐπιθυμία, τῆς ἐπιθυμίας	desire, lust

_____OTHER WORDS

ἄξιος, -α, -ον	worthy, proper
ὀλίγος, -η, -ον	few, slight, little
πάντοτε	always
σήμερον	today
χωρίς	without (often prep. with gen.)
ἱκανός, -ή, -όν	enough, adequate

_____WORDS OCCURRING 37 TO 35 TIMES_____

_____VERBS

βούλομαι **to want, wish**				ἐβουλήθην
διακονέω **to serve, wait upon**	διακονήσω	διηκόνησα		διηκονήθην

καυχάομαι **to boast**	καυχήσομαι	ἐκαυχησάμην	κεκαύχημαι
παραγίνομαι **to be present**		παρεγενόμην	
ἐπιστρέφω **to turn around, return**	ἐπιστρέψω	ἐπέστρεψα	ἐπεστράφην
ὀφείλω **to owe**			
ὑποστρέφω **to return**	ὑποστρέψω	ὑπέστρεψα	

_____ **NOUNS**

ὁ ἀγρός, τοῦ ἀγροῦ	field
ὁ ἄρχων,[3] τοῦ ἄρχοντος	ruler, judge
ὁ διάβολος, τοῦ διαβόλου	Devil, demon, slanderer
ἡ μαρτυρία, τῆς μαρτυρίας	witness, testimony
τὸ οὖς,[4] τοῦ ὠτός	ear, hearing
ἡ προσευχή, τῆς προσερχῆς	prayer
ἡ ὀργή, τῆς ὀργῆς	anger, punishment
ἡ περιτομή, τῆς περιτομῆς	circumcision
ὁ Σατανᾶς, τοῦ Σατανᾶ	Satan
ὁ Φίλιππος, τοῦ Φιλίππου	Phillip
ὁ Ἰωσήφ	Joseph
ὁ μάρτυς,[5] τοῦ μάρτυρος	witness, martyr

_____ **OTHER WORDS**

ἐκεῖθεν	from there
ἐμαυτοῦ, ῆς	myself
καλῶς	good
ἄρτι	now, just now
εὐθέως	immediately, then
πέντε	five
ὥσπερ	just as
ὀπίσω	behind, after

_____ **WORDS OCCURRING 34 TO 32 TIMES** _____

_____ **VERBS**

βλασφημέω **to revile, blaspheme**		ἐβλασφήμησα	ἐβλασφημήθην
ἐκπορεύομαι **to depart out of**	ἐκπορεύσομαι		
μετανοέω **to repent**	μετανοήσω	μετενόησα	

ἀρνέομαι **to deny**	ἀρνήσομαι	ἠρνησάμην		ἤρνημαι
ἀσθενέω **to be weak**		ἠσθένησα		
δείκνυμι **to show**	δείξω	ἔδειξα	(δέδειχα)	ἐδείχθην
ἀναγινώσκω **to read**	ἀναγνώσομαι	ἀνέγνων		ἀνεγνώσθην
ἔξεστι **it is permitted** (impersonal)				
παραγγέλλω **to command, order**		παρήγγειλα		

_____NOUNS

τὸ βιβλίον, τοῦ βιβλίου   book
ἡ διακονία, τῆς διακονίας   service, ministry
τὸ μέλος,7 τοῦ μέλους   body part; member
ὁ οἶνος, τοῦ οἴνου   wine
ἡ διαθήκη, τῆς διαθήκης   covenant; testament
ὁ ἥλιος, τοῦ ἡλίου   sun
ἡ ὑπομονή, τῆς ὑπομονῆς   endurance

_____OTHER WORDS

ἅπας, -ασα, -αν   all
ἴδε   look! (aor. imperv. of εἶδον)
μήτε   nor
πτωχός, -ή, -όν   poor
ναί   yes
ποῖος, -α, -ον   which; what kind of
ἀκάθαρτος, -ον   defiled, unclean
δυνατός, -ή, -όν   possible; able
ἐχθρός, -ά, -όν   hostile

_____WORDS OCCURRING 29 TO 31 TIMES_____

_____VERBS

ἐλπίζω **to hope**	ἐλπιῶ	ἤλπισα	ἤλπικα		
καθαρίζω **to cleanse**	καθαριῶ	ἐκαθάρισα		κεκαθάρισμαι	ἐκαθαρίσθην
φαίνω **to shine**		ἔφανα			ἐφάνην
φυλάσσω **to guard**	φυλάξω	ἐφύλαξα	πεφύλαχα		ἐφυλάχθην
ἀγοράζω **to buy**		ἠγόρασα			ἠγοράσθην

ἐπικαλέω	ἐπικαλέσομαι	ἐπεκάλεσα		ἐπικέκλημαι	ἐπεκλήθην
to call upon, name					
παρέρχομαι	παρελεύσομαι	παρῆλθον	παρελήλυθα		
to pass by					
συνέρχομαι	συνελεύσομαι	συνῆλθον			
to come together					
ἐλεέω	ἐλεήσω	ἠλέησα		ἠλέημαι	ἠλεήθην
to have mercy					
ἐπιτιμάω		ἐπετίμησα			
to rebuke					
προσκαλέομαι		προσεκαλεσάμην		πρεσκέκλημαι	
to call, summon					
σκανδαλίζω		ἐσκανδάλισα		ἐσκανδάλισμαι	ἐσκανδαλίσθην
to cause to stumble					
φεύγω	φεύξομαι	ἔφυγον			
to flee					

_____NOUNS

ὁ ἄνεμος, τοῦ ἀνέμου	wind
ὁ ἱερεύς,[10] τοῦ ἱερέως	priest
ἡ παρρησία, τῆς παρρησίας	courage, boldness
τὸ πλῆθος,[7] τοῦ πλήθους	large number; crowd
τὸ ποτήριον, τοῦ ποτηρίου	cup
τὸ σκότος,[7] τοῦ σκότους	darkness
ἡ φυλή, τῆς φυλῆς	tribe; nation
τὸ ἀρνίον, τοῦ ἀρνίου	sheep
ἡ διδαχή, τῆς διδαχῆς	teaching; doctrine
ἡ συνείδησις,[9] τῆς συνειδήσεως	conscience
ἡ γνῶσις,[9] τῆς γνώσεως	knowledge
ἡ or ὁ διάκονος, τοῦ διακόνου	servant; deacon
ὁ Ἠλίας, τοῦ Ἠλίου	Elijah
ὁ Καῖσαρ,[5] τοῦ Καίσαρος	Ceasar; emperor
ἡ μάχαιρα, τῆς μαχαίρης	sword
ὁ μισθός, τοῦ μισθοῦ	wages; reward
ἡ παράκλησις,[9] τῆς παρακλήσεως	encouragement
τὸ πάσχα	Passover festival
ὁ φίλος, τοῦ φίλου	friend

_____OTHER WORDS

ἐγγύς	near (place, time)
πλήν	but, except
ὁμοίως	similarly
τέσσαρες, τέσσαρα	four
ἰσχυρός, -ά, -όν	powerful, strong; intense
πόθεν	whence?; how?; why?
ποτέ	ever; when

WORDS OCCURRING 28 TO 27 TIMES

VERBS

ἁγιάζω **to make holy; dedicate**		ἡγίασα		ἡγίασμαι	ἡγιάσθην

ἁγιάζω   ἡγίασα   ἡγίασμαι   ἡγιάσθην
   to make holy; dedicate

ἀδικέω   ἀδικήσω   ἠδίκησα   ἠδίκηκα   ἠδικήθην
   to wrong, do wrong

γαμέω   ἔγημα   γεγάμηκα   ἐγαμήθην
   to marry

ἡγέομαι   ἡγησάμην   ἥγημαι
   to guide, lead

ἰσχύω   ἰσχύσω   ἴσχυσα
   to be capable of, be strong

νικάω   νικήσω   ἐνίκησα   νενίκηκα
   to conquer

προφητεύω   προφητεύσω   ἐπροφήτευσα
   to prophesy

τελέω   τελέσω   ἐτέλεσα   τετέλεκα   τετέλεσμαι   ἐτελέσθην
   to finish

βαστάζω   βαστάσω   ἐβάστασα
   to bear, carry

ἐνδύω   ἐνέδυσα   ἐνδέδυμαι
   to clothe

καταργέω   καταργήσω   κατήργησα   κατήργηκα   κατήργημαι   κατηργήθην
   to abolish

NOUNS

ὁ Βαρναβᾶς, τοῦ Βαρναβᾶ	Barnabas
ἡ θυγάτηρ,[5] τῆς θυγατρός	daughter
ἡ θυσία, τῆς θυσίας	sacrifice
ἡ κρίμα,[4] τοῦ κρίματος	judgment, verdict
τὸ μυστήριον, τοῦ μυστηρίου	secret
ἡ χώρα, τῆς χώρας	land, region, countryside
τὸ ἔλεος,[7] τοῦ ἐλέους	mercy
ὁ Ἰακώβ	Jacob
ἡ κώμη, τῆς κώμης	village
ἡ Μαρία, τῆς Μαρίας	Mary
ἡ Μαριάμ	Mary
ὁ σταυρός, τοῦ σταυροῦ	cross
ἡ χήρα, τῆς χήρας	widow

OTHER WORDS

ἀληθινός, -ή, -όν	real, true
γε	indeed
πλούσιος, -α, -ον	rich
καθαρός, -ά, -όν	clean, pure

πόσος, -η, -ον   how many; how much; how great
σός, σή, σόν   your

WORDS OCCURRING 26 TO 25 TIMES

VERBS

ἀποκαλύπτω   ἀποκαλύψω   ἀπεκάλυψα   ἀπεκαλύφθην
  to reveal, uncover
ἥκω   ἥξω   ἦξα
  to come, to be present
ἰάομαι   ἰάσομαι   ἰασάμην   ἴαμαι   ἰάθην
  to heal
κελεύω   ἐκέλευσα
  to order (command)
λυπέω   ἐλύπησα   λελύπηκα   ἐλυπήθην
  to grieve (make sad)
ὀμνύω   ὤμοσα
  to swear
ὁμολογέω   ὁμολογήσω   ὡμολόγησα
  to confess
συνίημι   συνήσω   συνῆκα
  to understand
φρονέω   φρονήσω   ἐφρόνησα
  to think
ἀναβλέπω   ἀνέβλεψα
  to look up; see again
γνωρίζω   γνωρίσω   ἐγνώρισα   ἐγνωρίσθην
  to make known
δουλεύω   δουλεύσω   ἐδούλευσα   δεδούλευκα
  to serve
μανθάνω   ἔμαθον   μεμάθηκα
  to learn
φιλέω   ἐφίλησα   πεφίληκα
  to love

NOUNS

ἡ ἀδελφή, τῆς ἀδελφῆς   sister
ἡ ἑορτή, τῆς ἑορτῆς   festival
ὁ στρατιώτης, τοῦ στρατιώτου   soldier
ἡ ἀδικία, τῆς ἀδικίας   unjust deed
ἡ Αἴγυπτος, τῆς Αἰγύπτου   Egypt
τὸ δένδρον, τοῦ δένδρου   tree
ὁ Ἕλλην,[6] τοῦ Ἕλληνος   Greek person
ἡ νεφέλη, τῆς νεφέλης   cloud
ἡ πορνεία, τῆς πορνείας   fornication

_____OTHER WORDS

ἀληθής, -ές	true, real
ἀσθενής, -ές	unable, weak
ἐπεί	because
οὔπω	not yet
λευκός, -ή, -όν	white
μήποτε	never
πνευματικός, -ή, -όν	spiritual

_____WORDS OCCURRING 24 TO 23 TIMES_____

_____VERBS

ἀναιρέω **to kill; take up**	ἀναιρήσω	ἀνεῖλον		ἀνηρέθην
καταλείπω **to leave**	καταλείψω	κατέλειψα	καταλέλειμμαι	κατελείφθην
κεῖμαι **to recline**				
πάρειμι **to be present**				
πίμπλημι **to fill; fulfill**		ἔπλησα		ἐπλήσθην
προσέχω **to attend to**		προσέσχον	προσέσχηκα	
ἀνάγω **to lead up**		ἀνήγαγον		ἀνήχθην
αὐξάνω **to grow**	αὐξήσω	ηὔξησα		ηὐξήθην
κατηγορέω **to accuse**	κατηγορήσω	κατηγόρησα		
κοπιάω **to labor**		ἐκοπίασα	κεκοπίακα	
κωλύω **to hinder**		ἐκώλυσα		ἐκωλύθην
μιμνῄσκομαι **to remember**			μέμνημαι	ἐμνήσθην
πεινάω **to hunger**	πεινάσω	ἐπείνασα		
περιβάλλω **to clothe**	περιβαλῶ	περιέβαλον		
τελειόω **to complete, make perfect**		ἐτελείωσα	τετελείωκα	τετελείωμαι	ἐτελειώθην
χαρίζομαι **to give freely; forgive**		ἐχαρισάμην	κεχάρισμαι	ἐχαρίσθην

NOUNS

ἡ ἀκοή, τῆς ἀκοῆς	hearing
ἡ ἀσθένεια, τῆς ἀσθενείας	illness
ὁ ἀστήρ,[5] τοῦ ἀστέρος	star
ἡ ἐπιστολή, τῆς ἐπιστολῆς	letter
ὁ νοῦς, τοῦ νοός (irreg.)	mind; way of thinking
ὁ or ἡ παίς,[2] τοῦ or τῆς παιδός	child; slave
ἡ παρουσία, τῆς παρουσίας	presence, arrival
ὁ σωτήρ,[5] τοῦ σωτῆρος	savior; rescuer
ὁ Τιμόθεος, τοῦ Τιμοθέου	Timothy
ὁ ἀμπελών,[6] τοῦ ἀμπελῶνος	vineyard
ὁ ἄπιστος, τοῦ ἀπίστου	unbeliever
ἡ εἰκών,[6] τῆς εἰκόνος	image
τὸ ζῷον, τοῦ ζῴου	animal, living being
τὸ θυσιαστήριον, τοῦ θυσιαστηρίου	altar
τὸ σκεῦος,[7] τοῦ σκεύους	object, vessel, belongings
ἡ χιλιάς,[2] τῆς χιλιάδος	group of a thousand

OTHER WORDS

δέκα	ten
νέος, -α, -ον	new
διότι	because
ἐλεύθερος, -α, -ον	free
πέραν	across

WORDS OCCURRING 22 TIMES

VERBS

ἀγνοέω	ἠγνόησα			
to be ignorant				
γρηγορέω	ἐγρηγόρησα			
to watch				
δέομαι				ἐδεήθην
to beseech				
δοκιμάζω δοκιμάσω	ἐδοκίμασα		δεδοκίμασμαι	
to prove, approve				
ἐκλέγομαι	ἐξελεξάμην		ἐκλέλεγμαι	
to choose				
θεάομαι	ἐθεασάμην		τεθέαμαι	ἐθεάθην
to look at				
καθεύδω				
to sleep				
κατεργάζομαι	κατειργασάμην			κατειργάσθην
to work out, achieve				
πωλέω	ἐπώλησα			
to sell				

NOUNS

ὁ Ἠσαΐας, τοῦ Ἠσαΐου	Isaiah
ἡ κοιλία, τῆς κοιλίας	belly, womb
ἡ Μακεδονία, τῆς Μακεδονίας	Macedonia
ἡ μετάνοια, τῆς μετανοίας	repentance
ἡ πληγή, τῆς πληγῆς	blow; wound
ὁ πλοῦτος, τοῦ πλούτου	riches
τὸ συνέδριον, τοῦ συνεδρίου	city council; Sanhedrin
ὁ χιλίαρχος, τοῦ χιλιάρχου	commanding officer

OTHER WORDS

ἀντί	instead; in place of (gen.)
ἐκλεκτός, -ή, -όν	chosen
κἀκεῖνος	and that (καί + ἐκεῖνος)
μηκέτι	no longer

WORDS OCCURRING 21 TO 20 TIMES

VERBS

βασιλεύω **to rule**	βασιλεύσω	ἐβασίλευσα		
ἐνεργέω **to work**		ἐνήργησα	ἐνήργηκα	
εὐδοκέω **to be well pleased**		εὐδόκησα		
ἐφίστημι **to stand by**		ἐπέστην	ἐφέστακα	
θερίζω **to reap**	θερίσω	ἐθέρισα		ἐθερίσθην
καθίστημι **to appoint**	καταστήσω	κατέστησα	καθέσταμαι	καθεστάθην
λατρεύω **to serve, worship**	λατρεύσω	ἐλάτρευσα		
μνημονεύω **to remember**		ἐμνημόνευσα		
στρέφω **to turn**		ἔστρεψα		ἐστράφην
τιμάω **to honor**	τιμήσω	ἐτίμησα	τετίμημαι	
ὑπακούω **to obey**	ὑπακούσομαι	ὑπήκουσα		
νηστεύω **to fast**	νηστεύσω	ἐνήστευσα		
προάγω **to lead forth**	προάξω	προήγαγον		

τρέχω   ἔδραμον
  to run

ὑψόω   ὑψώσω   ὕψωσα   ὑψώθην
  to lift up, exalt

_____NOUNS

τὸ γένος,[7] τοῦ γένους	descendant, nation, kind
ἡ διδασκαλία, τῆς διδασκαλίας	teaching
ὁ πειρασμός, τοῦ πειρασμοῦ	testing, temptation
ὁ τελώνης, τοῦ τελώνου	tax collector
ἡ αἰτία, τῆς αἰτίας	reason; reason for accusation; accusation; guilt
ἡ ἀκροβυστία, τῆς ἀκροβυστίας	foreskin; uncircumcised
τὸ ἀργύριον, τοῦ ἀργυρίου	silver
ὁ γονεύς,[10] τοῦ γονέως	parents
ἡ ἐπίγνωσις,[9] τῆς ἐπιγνώσεως	knowledge
ὁ ἡγεμών,[6] τοῦ ἡγεμόνος	ruler, governor
ὁ Ἰσαάκ	Isaac
ὁ ἰχθύς,[8] τοῦ ἰχθύος	fish
τὸ ξύλον, τοῦ ξύλου	wood
τὸ παράπτωμα,[4] τοῦ παραπτώματος	sin
ἡ σκηνή, τῆς σκηνῆς	tent, tabernacle
ὁ ὑπηρέτης, τοῦ ὑπηρέτου	servant

_____OTHER WORDS

ὡσεί	like, approximately
νυνί	now
σοφός, -ή, -όν	wise; skillful
τοσοῦτος, -αύτη -οῦτον	so many, so much

_____WORDS OCCURRING 19 TIMES_____

_____VERBS

ἀπέχω   ἀφέξομαι
  to receive in full; be away from

διακρίνω   διεκρίθην
  to discriminate; doubt (mid.)

ἐπαίρω   ἐπῆρα   ἐπῆρκα   ἐπήρθην
  to lift up

ἐπιλαμβάνομαι   ἐπελαβόμην
  to take hold of

κρύπτω   ἔκρυψα   κέκρυμμαι   ἐκρύβην
  to conceal, hide

μεριμνάω   μεριμνήσω   ἐμερίμνησα
  to be anxious

παρατίθημι   παραθήσω   παρέθηκα
  to set before; entrust (mid.)

NOUNS

τὸ βάπτισμα,[4] τοῦ βαπτίσματος	baptism
ὁ γεωργός, τοῦ γεωργοῦ	farmer
τὸ δῶρον, τοῦ δώρου	gift
ἡ κοινωνία, τῆς κοινωνίας	fellowship
ὁ κριτής, τοῦ κριτοῦ	judge
ἡ κτίσις,[9] τῆς κτίσεως	creation
τὸ μαρτύριον, τοῦ μαρτυρίου	witness
ἡ προφητεία, τῆς προφητείας	prophesy

OTHER WORDS

ἕνεκεν	on account of; in order that; because of
ἐπάνω	on, above
ἐπουράνιος, -ον	in the sky, heavenly
κρείσσων (κρείττων), -ον	better
παλαιός, -ά, -όν	old
πότε	when?
τέλειος, -α, -ον	perfect; complete

WORDS OCCURRING 18 TIMES

VERBS

εἰσπορεύομαι **to go in**				
ἐπιβάλλω **to lay upon**		ἐπέβαλον		
ἐπιτρέπω **to permit**		ἐπέτρεψα		ἐπετράπην
καταγγέλλω **to proclaim**		κατήγγειλα		κατηγγέλην
κατακρίνω **to condemn**	κατακρινῶ	κατέκρινα		κατεκρίθην
κατέχω **to hold fast; possess**		κατέσχον		
κληρονομέω **to inherit**	κληρονομήσω	ἐκληρονόμησα	κεκληρονόμηκα	
κοιμάομαι **to sleep**			κεκοίμημαι	ἐκοιμήθην
προστίθημι **to add**	προσθήσω	προσέθηκα		προσετέθην
ταράσσω **to trouble**		ἐτάραξα	τετάραγμαι	ἐταράχθην
τίκτω **to give birth**	τέξομαι	ἔτεκον		ἐτέχθην

NOUNS

ἡ ἀνάγκη, τῆς ἀνάγκης	necessity; trouble
ἡ Ἀντιόχεια, τῆς Ἀντιοχείας	Antioch
ἡ ἀποκάλυψις,⁹ τῆς ἀποκαλύψεως	revelation
ἡ ἀπώλεια, τῆς ἀπωλείας	destruction
ὁ ἀριθμός, τοῦ ἀριθμοῦ	number
ἡ Ἀσία, τῆς Ἀσίας	Asia
ἡ βλασφημία, τῆς βλασφημίας	reviling; blasphemy
ἡ δέησις,⁹ τῆς δεήσεως	plea
ὁ δεσμός, τοῦ δεσμοῦ	chains; imprisonment
ὁ θυμός, τοῦ θυμοῦ	fury, intense desire
ὁ κόπος, τοῦ κόπου	labor
ὁ μήν,⁶ τοῦ μηνός	month
ἡ οἰκοδομή, τῆς οἰκοδομῆς	building
ὁ ποιμήν,⁶ τοῦ ποιμένος	shepherd
ὁ πόλεμος, τοῦ πολέμου	war
ὁ πυλών,⁶ τοῦ πυλῶνος	door
ὁ Στέφανος, τοῦ Στεφάνου	Stephen
ὁ ὑποκριτής, τοῦ ὑποκριτοῦ	pretender, hypocrite

OTHER WORDS

ἀληθῶς	really, truly
κενός, -ή, -όν	empty; foolish
μήτι	(marker of a question)
παραχρῆμα	suddenly
πολλάκις	often
φανερός, -ά, -όν	widely known; evident, clearly seen
χρυσοῦς, -ῆ, -οῦν	golden

WORDS OCCURRING 17 TIMES

VERBS

ἀρέσκω **to please**		ἤρεσα		
ἐλέγχω **to rebuke**	ἐλέγξω	ἤλεγξα		ἠλέγχθην
ἐμβαίνω **to embark**		ἐνέβην		
ἐξίστημι **to astonish greatly**		ἐξέστησα	ἐξέστακα	ἐξίσταμαι
ἐπιμένω **to remain**	ἐπιμενῶ	ἐπέμεινα		
καταλύω **to destroy**	καταλύσω	κατέλυσα		κατελύθην

κερδαίνω	κερδήσω	ἐκέρδησα	ἐκερδήθην

to gain (make profit); avoid

νίπτω	ἔνιψα	

to wash

περιτέμνω	περιέτεμον	περιετμήθην

to circumcise

ῥύομαι	ῥύσομαι	ἐ(ρ)ρυσάμην	ἐ(ρ)ρύσθην

to rescue, deliver

ὑπομένω	ὑπομενῶ	ὑπέμεινα

to remain (resist, continue, endure)

_____NOUNS

ἡ ἄφεσις,⁹ τῆς ἀφέσεως	pardon
τὸ βρῶμα,⁴ τοῦ βρώματος	food, meat
ὁ θησαυρός, τοῦ θησαυροῦ	treasure
ὁ ἵππος, τοῦ ἵππου	horse
ἡ Καισάρεια, τῆς Καισαρείας	Caesarea
ἡ πλήρωμα,⁴ τῆς πληρώματος	completeness; fullness
ὁ ποταμός, τοῦ ποταμοῦ	river
ἡ ῥίζα, τῆς ῥίζης	root
τὸ χάρισμα,⁴ τοῦ χαρίσματος	gift

_____OTHER WORDS

ἐπαύριον	the next day
ἕτοιμος, -η, -ον	ready
κἄν	even if (καί + ἐάν)
κρυπτός, -ή, -όν	secret
μέχρι(ς)	until; as far as; to the degree that
οὔ	no
περισσότερος, -α, -ον	excessive
πλησίον	nearby, neighbor
ὦ	O!
ὡσαύτως	in the same way

_____WORDS OCCURRING 16 TIMES_____

_____VERBS

ἀθετέω	ἀθετήσω	ἠθέτησα

to reject

ἀνακρίνω	ἀνέκρινα	ἀνεκρίθην

to examine

ἀπάγω	ἀπήγαγον	ἀπήχθην

to lead away

διαλογίζομαι	

to consider

διατάσσω **to command**		διέταξα		διετάχθην
διψάω **to thirst**	διψήσω	ἐδίψησα		
ἐκτείνω **to stretch out**	ἐκτενῶ	ἐξέτεινα		
ἐκχέω **to pour out**	ἐκχεῶ	ἐξέχεα		
ἐπιθυμέω **to desire**	ἐπιθυμήσω	ἐπεθύμησα		
κατέρχομαι **to come down**		κατῆλθον		
κλείω **to close**	κλείσω	ἔκλεισα	κέκλεισμαι	ἐκλείσθην
παρέχω **to grant; cause**	παρέξω	παρέσχον		
προσδοκάω **to wait for**				
συλλαμβάνω **to seize; conceive**	συλλήμψομαι	συνέλαβον	συνείληφα	συνελήμφθην
συνίστημι **to recommend; hold together**		συνέστησα	συνέστηκα	
τολμάω **to dare**	τολμήσω	ἐτόλμησα		
ὑστερέω **to lack**		ὑστέρησα	ὑστέρηκα	ὑστερήθην
χορτάζω **to feed, satisfy**		ἐχόρτασα		ἐχορτάσθην

_____NOUNS

ὁ γάμος, τοῦ γάμου	marriage
ἡ δεῖπνον, τῆς δείπνου	meal
ὁ δέσμιος, τοῦ δεσμίου	prisoner
τὸ δηνάριον, τοῦ δηναρίου	coin (denarius)
ὁ ἑκατοντάρχης, τοῦ ἑκατοντάρχου	Roman officer
ὁ ἐργάτης, τοῦ ἐργάτου	worker, doer
ἡ εὐλογία, τῆς εὐλογίας	blessing
ἡ Ἔφεσος, τῆς Ἐφέσου	Ephesus
ὁ ζῆλος, τοῦ ζήλου	zeal; jealousy
ἡ Καφαρναούμ	Capernaum
ὁ κλέπτης, τοῦ κλέπτου	thief
ἡ λύπη, τῆς λύπης	sadness, grief
ἡ νυμφίος, τοῦ νυμφίου	bridegroom
τὸ πάθημα,[4] τοῦ παθήματος	suffering
ἡ σκοτία, τῆς σκοτίας	darkness
ἡ συκῆ, τῆς συκῆς	fig tree
ἡ σφραγίς,[2] τῆς σφραγῖδος	seal
τὸ τέρας,[4] τοῦ τέρατος	portent
ἡ τροφή, τῆς τροφῆς	food

OTHER WORDS

ἔπειτα	later
κακῶς	badly
οὐδέποτε	never
πλήρης, -ες	full

WORDS OCCURRING 15 TIMES: PART I

VERBS

ἀνέχομαι	ἀνέξομαι	ἀνεσχόμην		
to be patient with				
γεύομαι	γεύσομαι	ἐγευσάμην		
to taste				
δέρω		ἔδειρα		ἐδάρην
to whip				
διαμαρτύρομαι		διεμαρτυράμην		
to testify solemnly				
ἐντέλλομαι	ἐντελοῦμαι	ἐνετειλάμην	ἐντέταλμαι	
to command				
ἐπαγγέλλομαι		ἐπηγγειλάμην	ἐπήγγελμαι	
to promise				
καταλαμβάνω		κατέλαβον κατείληφα	κατείλημμαι κατελήμφθην	
to overtake, apprehend				
κατεσθίω	καταφάγομαι	κατέφαγον		
to devour				
κτίζω		ἔκτισα	ἔκτισμαι ἐκτίσθην	
to create				
μοιχεύω	μοιχεύσω	ἐμοίχευσα		
to commit adultery				

NOUNS

ἡ ἀνομία, τῆς ἀνομίας	lawlessness
ἡ Δαμασκός, τῆς Δαμασκοῦ	Damascus
ἡ εὐσέβεια, τῆς εὐσεβείας	piety, religion
ἡ εὐχαριστία, τῆς εὐχαριστίας	thanksgiving
ὁ θεμέλιος, τοῦ θεμελίου	foundation
ἡ θρίξ,[1] τῆς τριχός	hair
ὁ Ἰορδάνης, τοῦ Ἰορδάνου	Jordan River
ὁ κληρονόμος, τοῦ κληρονόμου	heir
ὁ Λάζαρος, τοῦ Λαζάρου	Lazarus
ὁ λῃστής, τοῦ λῃστοῦ	robber, rebel

OTHER WORDS

γνωστός, -ή, -όν	known, well known; remarkable
γυμνός, -ή, -όν	naked

εἶτα   afterwards
νήπιος, -α, -ον   small child

WORDS OCCURRING 15 TIMES: PART II

VERBS

νομίζω **to suppose**	ἐνόμισα			
ξηραίνω **to dry up**	ἐξήρανα		ἐξήραμμαι	ἐξηράνθην
ὁμοιόω ὁμοιώσω **to be similar to**	ὡμοίωσα			ὡμοιώθην
παύω **to cease**	ἔπαυσα		πέπαυμαι	
ποτίζω **to give a drink**	ἐπότισα	πεπότικα		ἐποτίσθην
προλέγω **to predict**	προεῖπον	προείρηκα	προείρημαι	
σαλεύω **to shake**	ἐσάλευσα		σεσάλευμαι	ἐσαλεύθην
συμφέρω **to be advantageous**	συνήνεγκα			
σφραγίζω **to seal**	ἐσφράγισα			ἐσφραγίσθην
ὠφελέω ὠφελήσω **to help**	ὠφέλησα			ὠφελήθην

NOUNS

ἡ οἰκουμένη, τῆς οἰκουμένης	earth; empire; people
ἡ or ὁ παρθένος, τῆς or τοῦ παρθένου	virgin (male or female)
ἡ πέτρα, τῆς πέτρας	bedrock
ὁ ῥαββί	teacher
ὁ Σαῦλος, τοῦ Σαύλου	Saul
τὸ σκάνδαλον, τοῦ σκανδάλου	trap; offense
ἡ τράπεζα, τῆς τραπέζης	table
ὁ τύπος, τοῦ τύπου	image; type
ἡ ὑπακοή, τῆς ὑπακοῆς	obedience
ὁ χόρτος, τοῦ χόρτου	grass

OTHER WORDS

ὅθεν	from where
οἷος, -α, -ον	such as; what sort
πώς	somehow (μήπως, in order that . . . not)
ταχέως	quickly, (very) soon
τεσσεράκοντα	forty

WORDS OCCURRING 14 TIMES: PART I

VERBS

ἀναγγέλλω ἀναγγελῶ	ἀνήγγειλα		ἀνηγγέλην
to report, inform			
ἀνάκειμαι			
to recline at table			
ἀναχωρέω	ἀνεχώρησα		
to go away			
ἀνθίστημι	ἀντέστην	ἀνθέστηκα	
to resist			
ἀπειθέω	ἠπείθησα		
to disobey			
ἁρπάζω ἁρπάσω	ἥρπασα		ἡρπάσθην
to seize, to snatch			
ἀτενίζω	ἠτένισα		
to stare at			
ἀφίστημι	ἀπέστησα		
to depart			
ἐπίσταμαι			
to understand			
εὐφραίνω	εὔφρανα		ηὐφράνθην
to rejoice			
θύω	ἔθυσα	τέθυμαι	ἐτύθην
to sacrifice			

NOUNS

ἡ ἄκανθα, τῆς ἀκάνθης	thorn plant
τὸ γράμμα,[4] τοῦ γράμματος	letter of alphabet
ὁ διαλογισμός, τοῦ διαλογισμοῦ	reasoning
ὁ ἐνιαυτός, τοῦ ἐνιαυτοῦ	one year

OTHER WORDS

ἀλλότριος	belonging to another
ἀμφότεροι, -αι, -α	both, all
ἅπαξ	once, once for all
αὔριον	tomorrow
ἕκτος, -η, -ον	sixth
ἐλάχιστος, -η, -ον	least important

WORDS OCCURRING 14 TIMES: PART II

VERBS

κατανοέω	κατενόησα
to observe; consider closely	

κλάω **to break**	ἔκλασα			
κοινόω **to make common, defile**	ἐκοίνωσα	κεκοίνωκα	κεκοίνωμαι	
μερίζω (μεριῶ) **to divide**	ἐμέρισα	μεμέρικα	μεμέρισμαι	ἐμερίσθην
νοέω **to understand**	ἐνόησα			
προσδέχομαι **to receive, welcome**	προσεδεξάμην			προσεδέχθην
ταπεινόω ταπεινώσω **to humble**	ἐταπείνωσα			ἐταπεινώθην

_____ NOUNS

ἡ κληρονομία, τῆς κληρονομίας	inheritance
ὁ λύχνος, τοῦ λύχνου	lamp
ἡ μακροθυμία, τῆς μαδροθυμίας	patience
τὸ μέτρον, τοῦ μέτρου	measure
τὸ μύρον, τοῦ μύρου	perfume
ὁ ὄφις,[9] τοῦ ὄφεως	snake
ἡ ὀψία, τῆς ὀψίας	evening
τὸ πετεινόν, τοῦ πετεινοῦ	bird
ὁ Σαδδουκαῖος, τοῦ Σαδδουκαίου	Sadducee
ὁ σεισμός, τοῦ σεισμοῦ	earthquake
ὁ σῖτος, τοῦ σίτου	wheat, seed
τὸ τάλαντον, τοῦ ταλάντου	coin (talent)
ἡ φύσις,[9] τῆς φύσεως	nature; kind

_____ OTHER WORDS

κοινός, -ή, -όν	common; defiled
κωφός, -ή, -όν	mute, deaf
μακρόθεν	far (away)
ξένος, -η, -ον	strange
φρόνιμος, -ον	wise, shrewd
χωλός, -ή, -όν	lame

_____ WORDS OCCURRING 13 TIMES: PART I _____

_____ VERBS

ἀναλαμβάνω **to take up**	ἀνέλεβον	ἀνελήμφθην
δαιμονίζομαι **to be demon possessed**		
διαλέγομαι **to argue**	διελεξάμην	διελέχθην

διαφέρω **to carry through; be different**		διήνεγκα	
ἐκπλήσσομαι **to be (greatly) astounded**			ἐξεπλάγην
ἐμπαίζω **to mock**	ἐμπαίξω	ἐνέπαιξα	ἐνεπαίχθην
ἐξαποστέλλω **to send out**	ἐξαποστελῶ	ἐξαπέστειλα	ἐξαπεστάλην
ἐπιζητέω **to seek for, search out**		ἐπεζήτησα	

_____NOUNS

ἡ ἀναστροφή, τῆς ἀναστροφῆς   behavior
ὁ Ἀνδρέας, τοῦ Ἀνδρέου   Andrew
ὁ δράκων,³ τοῦ δράκοντος   dragon
ἡ ἐλαία, τῆς ἐλαίας   olive
ἡ ἐλεημοσύνη, τῆς ἐλεημοσύνης   acts of charity; alms
ἡ ζύμη, τῆς ζύμης   leaven
ὁ θερισμός, τοῦ θερισμοῦ   harvest
ὁ καπνός, τοῦ καπνοῦ   smoke

_____OTHER WORDS

ἀνά   each (distributive); ἀνά μέσου, between
ἄνωθεν   from above; again
ἔξωθεν   outside
καθάπερ   just as

_____WORDS OCCURRING 13 TIMES: PART II_____

_____VERBS

καταισχύνω **to put to shame**					κατησχύνθην
(καταντάω) **to come to**		κατήντησα	κατήντηκα		
καταρτίζω **to restore, make adequate**	καταρτίσω	κατήρτισα		κατήρτισμαι	
κλέπτω **to steal**	κλέψω	ἔκλεψα			
παιδεύω **to teach**		ἐπαίδευσα		πεπαίδευμαι	ἐπαιδεύθην
στηρίζω **to establish**		ἐστήριξα		ἐστήριγμαι	ἐστηρίχθην
τελευτάω **to come to an end**		ἐτελεύτησα	τετελεύτηκα		

τύπτω
to beat

χωρίζω	χωρίσω	ἐχώρισα		κεχώρισμαι	ἐχωρίσθην
to separate					

_____NOUNS

ἡ Μάρθα, τῆς Μάρθας	Martha
ὁ Ναζωραῖος, τοῦ Ναζωραίου	Nazarene
ἡ παιδίσκη, τῆς παιδίσκης	slave girl
ἡ παράδοσις,[9] τῆς παραδόσεως	tradition
ὁ Σιλᾶς, τοῦ Σιλᾶ	Silas
ὁ συνεργός, τοῦ συνεργοῦ	fellow worker
ὁ Τίτος, τοῦ Τίτου	Titus
ὁ τρόπος, τοῦ τρόπου	manner
ὁ Φῆστος, τοῦ Φήστου	Festus

_____OTHER WORDS

πρίν	before
ταχύς, -εῖα, -ύ	swift
τίμιος, -α, -ον	honored
ὕψιστος, -η, -ον	highest; the Most High

_____WORDS OCCURRING 12 TIMES: PART I_____

_____VERBS

ἀναπαύω	ἀναπαύσω	ἀνέπαυσα		ἀναπέπαυμαι	ἀνεπαύθην
to rest					
(ἀναπίπτω)		ἀνέπεσον			
to recline					
βασανίζω		ἐβασάνισα			ἐβασανίσθην
to torture					
βοάω		ἐβόησα			
to cry out					
ἐμβλέπω		ἐνέβλεψα			
to look (straight) at					
ἐξάγω		ἐξήγαγον			
to lead out					
καίω				κέκαυμαι	ἐκαύθην
to burn					
κατακαίω	κατακαύσω	κατέκαυσα			ἐκαταύθην
to burn up (or down)					
κατάκειμαι					
to lie down					
κολλάομαι					ἐκολλήθην
to join, cling to					

_____NOUNS

ὁ ἀλέκτωρ,[5] τοῦ ἀλέκτορος	rooster
ὁ ἀσκός, τοῦ ἀσκοῦ	wineskin
ἡ αὐλή, τῆς αὐλῆς	courtyard
ἡ Βαβυλών,[6] τῆς Βαβυλῶνος	Babylon
ὁ βαπτιστής, τοῦ βαπτιστοῦ	baptizer
ἡ Βηθανία, τῆς Βηθανίας	Bethany
τὸ βῆμα,[4] τοῦ βήματος	judgment seat
ἡ βουλή, τῆς βουλῆς	counsel; intention
ἡ βροντή, τῆς βροντῆς	thunder
ἡ γέεννα, τῆς γεέννης	hell (Gehenna)
τὸ γόνυ,[4] τοῦ γόνατος	knee
ἡ διάνοια, τῆς διανοίας	mind
τὸ δίκτυον, τοῦ δικτύου	fishnet
τὸ ἔθος,[7] τοῦ ἔθους	custom
ὁ Ζεβεδαῖος, τοῦ Ζεβεδαίου	Zebedee
ὁ κάλαμος, τοῦ καλάμου	reed
τὸ κράτος,[7] τοῦ κράτους	power; mighty deed
ἡ or ὁ λιμός, τῆς or τοῦ λίμου	hunger, famine

_____OTHER WORDS

ἄδικος, -ον	unjust
δεῦτε	(come) here
ἔσωθεν	inside
λίαν	very

_____WORDS OCCURRING 12 TIMES: PART II_____

_____VERBS

μεταβαίνω **to depart**	μεταβήσομαι	μετέβην	μεταβέβηκα	
παραιτέομαι **to ask; decline**		παρῃτησάμην		
(πιάζω) **to seize**		ἐπίασα		ἐπιάσθην
πληθύνω **to increase**	πληθυνῶ	ἐπλήθυνα		ἐπληθύνθην
πλουτέω **to be rich**		ἐπλούτησα	πεπλούτηκα	
προσλαμβάνομαι **to bring along; welcome**		προσέλαβον		
πυνθάνομαι **to inquire**		ἐπυθόμην		
σαλπίζω **to sound the trumpet**	σαλπίσω	ἐσάλπισα		

σπλαγχνίζομαι   ἐσπλαγχνίσθην
  to feel compassion
συνέχω   συνέξω   συνέσχον
  to hold fast
τυγχάνω   ἔτυχον   τέτευχα
  to experience; happen
ὑγιαίνω
  to be in good health
φονεύω   φονεύσω   ἐφόνευσα
  to kill
ψεύδομαι   ἐψευσάμην
  to lie

NOUNS

ἡ λυχνία, τῆς λυχνίας	lampstand
ἡ Μαγδαληνή, τῆς Μαγδαληνῆς	Magdalene
ὁ ὀδούς,[3] τοῦ ὀδόντος	tooth
ὁ οἰκοδεσπότης, τοῦ οἰκοδεσπότου	master of the household
τὸ ὅραμα,[4] τοῦ ὁράματος	something seen, vision
τὸ ὅριον, τῶν ὁρίων	region
ἡ πόρνη, τῆς πόρνης	prostitute
ἡ πρόθεσις,[9] τῆς προθέσεως	plan
ὁ πῶλος, τοῦ πώλου	foal
ἡ ῥάβδος, τῆς ῥάβδου	stick; scepter, governing
ὁ Ῥωμαῖος, τοῦ Ῥωμαίου	Roman
ὁ Σολομῶν,[3] τοῦ Σολομῶντος	Solomon
ἡ σπουδή, τῆς σπουδῆς	eagerness
ἡ φιάλη, τῆς φιάλης	bowl
ὁ χοῖρος, τοῦ χοίρου	pig
τὸ χρυσίον, τοῦ χρυσίου	gold

OTHER WORDS

μάλιστα	especially
μωρός, -ά, -όν	foolish
περισσοτέρως	excessive
πρωΐ	early morning
τρίς	three times
ὑγιής, -ές	healthy, accurate
ὕστερος, -α, -ον	later

WORDS OCCURRING 11 TIMES: PART I

VERBS

ἀγαλλιάω   ἠγαλλίασα   ἠγαλλιάθην
  to exult

ἀντιλέγω **to contradict, oppose**		ἀντεῖπον		
(ἀπαρνέομαι) ἀπαρνήσομαι **to deny**		ἀπηρνησάμην		ἀπηρνήθην
γέμω **to fill**				
διαμερίζω **to divide, distribute**		διεμέρισα		διεμερίσθην
ἐάω ἐάσω **to allow**		εἴασα		
εἰσάγω **to lead in**		εἰσήγαγον		
ἐκχύννομαι **to pour out**			ἐκκέχυμαι	ἐξεχύθην
ἐνδείκνυμι **to show, demonstrate**		ἐνεδειξάμην		
ἐξουθενέω **to despise**		ἐξουθένησα	ἐξουθένημαι	ἐξουθενήθην
ἐπαισχύνομαι **to be ashamed**				ἐπαισχύνθην
ἐπιπίπτω **to fall upon**		ἐπέπεσον ἐπιπέπτωκα		
ἐπισκέπτομαι ἐπισκέψομαι **to visit, care for**		ἐπεσκεψάμην		
ζηλόω **to be zealous**		ἐζήλωσα		
ζωοποιέω ζωοποιήσω **to make alive**				ἐζωοποιήθην
θανατόω θανατώσω **to put to death**		ἐθανάτωσα		ἐθανατώθην
θάπτω **to bury**		ἔθαψα		ἐτάθην

_____NOUNS

ἡ ἀγορά, τῆς ἀγορᾶς	market
ὁ Ἀγρίππας, τοῦ Ἀγρίππα	Agrippa
ἡ ἅλυσις,[9] τῆς ἁλύσεως	chain, imprisonment
ὁ Ἀνανίας, τοῦ Ἀνανίου	Ananias
ἡ ἀνατολή, τῆς ἀνατολῆς	east
ἡ ἀπιστία, τῆς ἀπιστίας	not trustworthy, unbelief
ὁ Βαραββᾶς, τοῦ Βαραββᾶ	Barabbas
ἡ βρῶσις,[9] τῆς βρωσέως	eating
ὁ Γαλιλαῖος, τοῦ Γαλιλαίου	Galilean
ὁ δόλος, του δόλου	treachery
ἡ δωρεά, τῆς δωρεᾶς	gift
τὸ εἴδωλον, τοῦ εἰδώλου	idol
τὸ ἔλαιον, τοῦ ἐλαίου	olive oil
ἡ ἐλευθερία, τῆς ἐλευθερίας	freedom
ὁ ἔπαινος, τοῦ ἐπαίνου	praise

ὁ Ζαχαρίας, τοῦ Ζαχαρίου	Zechariah
τὸ θεμέλιον, τοῦ θεμελίου	foundation

_____OTHER WORDS

ἀρχαῖος, -α, -ον	ancient
ἄφρων, -ον	foolish
ἑκατόν	one hundred

_____WORDS OCCURRING 11 TIMES: PART II_____

_____VERBS

κατασκευάζω **to prepare**	κατασκευάσω	κατεσκεύασα	κατεσκεύασμαι	κατεσκευάσθην
μετρέω **to measure**		ἐμέτρησα		
ποιμαίνω **to shepherd, herd**	ποιμανῶ	ἐποίμανα		
σπουδάζω **to be diligent**	σπουδάσω	ἐσπούδασα		
σχίζω **to split**	σχίσω	ἔσχισα		ἐσχίσθην
φυτεύω **to plant**		ἐφύτευσα	πεφύτευμαι	ἐφυτεύθην
φωτίζω **to give light, enlighten**	φωτίσω	ἐφώτισα		ἐφωτίσθην
χράομαι **to make use of**		ἐχρησάμην	κέχρημαι	

_____NOUNS

ὁ Θωμᾶς, τοῦ Θωμᾶ	Thomas
ἡ κακία, τῆς κακίας	badness
ἡ καταβολή, τῆς καταβολῆς	creation
τὸ καύχημα,[4] τοῦ καυχήματος	boast
ἡ καύχησις,[9] τῆς καυχήσεως	boasting
τὸ κέρας,[4] τοῦ κέρατος	horn; power
ὁ κλάδος, τοῦ κλάδου	branch
ὁ κλῆρος, τοῦ κλήρου	lot
ἡ κλῆσις,[9] τῆς κλησέως	call
ὁ κράβαττος, τοῦ κραβάττου	cot
ἡ λίμνη, τῆς λίμνης	lake
ὁ νεανίσκος, τοῦ νεανίσκου	young man
ἡ νόσος, τῆς νόσου	sickness
ἡ πηγή, τῆς πηγῆς	spring
τὸ πρᾶγμα,[4] τοῦ πράγματος	event
ἡ πραΰτης,[2] τῆς πραΰτητος	gentleness

ἡ σάλπιγξ,[1] τῆς σάλπιγγος	trumpet
ἡ Σαμάρεια, τῆς Σαμάρειας	Samaria
τὸ σπλάγχνον, τοῦ σπλάγχνου	intestines; heart (attested only in pl.)
ἡ Τύρος, τῆς Τύρου	Tyre
ὁ χιτών,[6] τοῦ χιτῶνος	tunic, clothing
ὁ ψευδοπροφήτης, τοῦ ψευδοπροφήτου	false prophet

_____OTHER WORDS

ὁμοθυμαδόν	with one mind
πρότερος, -α, -ον	before, the first time
σφόδρα	exceedingly
ὑμέτερος, -α, -ον	your
ὑποκάτω	under, below
ὑψηλός, -ή, -όν	high
χείρων, -ον	worse

_____WORDS OCCURRING 10 TIMES: PART I_____

_____VERBS

ἀναφέρω	ἀνήνεγκα			
to bring up, offer				
ἀπολαμβάνω ἀπολήμψομαι	ἀπέλαβον			
to receive				
ἀπολογέομαι	ἀπελογησάμην			ἀπελογήθην
to defend oneself				
ἀφαιρέω ἀφελῶ	ἀφεῖλον			ἀφηρέθην
to take away				
ἀφορίζω ἀφορίσω	ἀφώρισα		ἀφώρισμαι	ἀφορίσθην
to separate, set apart				
ἐγκαταλείπω ἐγκαταλείψω	ἐγκατέλιπον			ἐγκατελείφθην
abandon				
ἐκκόπτω ἐκκόψω	ἐξέκοψα			ἐξεκόπην
to cut off (out)				
(ἐκπίπτω)	ἐξέπεσα	ἐκπέπτωκα		
to fall away				
ἐμφανίζω ἐμφανίσω	ἐνεφάνισα			ἐνεφανίσθην
to manifest				

_____NOUNS

ὁ ἁγιασμός, τοῦ ἁγιασμοῦ	holiness
ὁ ᾅδης, τοῦ ᾅδου	world of the dead (Hades)
ἡ ἀκαθαρσία, τῆς ἀκαθαρσίας	filth, immorality
ὁ Ἀπολλῶς, τοῦ Ἀπολλῶ	Apollos
ἡ ἀπολύτρωσις,[9] τῆς ἀπολυτρώσεως	deliverance
ἡ ἀσέλγεια, τῆς ἀσελγείας	licentiousness

ὁ ἀσπασμός, τοῦ ἀσπασμοῦ	greeting
ἡ Ἀχαΐα, τῆς Ἀχαΐας	Achaia
ἡ βίβλος, τῆς βίβλου	book
ὁ βίος, τοῦ βίου	life
τὸ δάκρυον, τοῦ δακρύου	tear
ὁ δεσπότης, τοῦ δεσπότου	ruler, owner
τὸ δικαίωμα,4 τοῦ δικαιώματος	righteous act
ὁ διωγμός, τοῦ διωγμοῦ	persecution

_____OTHER WORDS

ἀδύνατος, -ον	incapable, impossible
ἅμα	at the same time, together with
ἄνομος, -ον	lawless
ἔνατος, -η, -ον	ninth
ἔνοχος, -ον	guilty
ἐντεῦθεν	from here, from this

_____WORDS OCCURRING 10 TIMES: PART II_____

_____VERBS

ἐξομολογέω	ἐξομολογήσω	ἐξωμολόγησα	
to confess			
ἐπιτάσσω		ἐπέταξα	ἐπιτέταγμαι
to comand			
ἐπιτελέω	ἐπιτελέσω	ἐπετέλεσα	
to complete			
θλίβω			τέθλιμμαι
to press, oppress			
κομίζω		ἐκόμισα	
to receive			
κοσμέω		ἐκόσμησα	κεκόσμημαι
to adorn, to put in order			
μακροθυμέω		ἐμακροθύμησα	
to have patience, wait			
μέλει		ἐμέλησεν	
it is a concern (or care) to someone			
ξενίζω		ἐξένισα	ἐξενίσθην
to show hospitality			
ὀνομάζω		ὠνόμασα	ὠνομάσθην
to name			
παράγω			
to pass by			
πατάσσω	πατάξω	ἐπάταξα	
to strike a blow			

_____ NOUNS

ἡ Ἰόππη, τῆς Ἰόππης	Joppa
ἡ ἰσχύς,[8] τῆς ἰσχύος	strength
ὁ κοινωνός, τοῦ κοινωνοῦ	partner
ὁ οἰκονόμος, τοῦ οἰκονόμου	manager of the household
ὁ ὅρκος, τοῦ ὅρκου	oath
ὁ παντοκράτωρ,[5] τοῦ παντοκράτορος	the Almighty
ἡ παρεμβολή, τῆς παρεμβολῆς	camp

_____ OTHER WORDS

ἕξ	six
ἐπειδή	because, when
κἀκεῖ	and there (καί + ἐκεί)
κἀκεῖθεν	and from there (καί + ἐκεῖθεν)
κλητός, -ή, -όν	called
μακράν	far (away)
ὅδε, ἥδε, τόδε	this; such and such
ὄντως	really
παραλυτικός, -ή, -όν	paralyzed

_____ WORDS OCCURRING 10 TIMES: PART III _____

_____ VERBS

πενθέω **to mourn**	πενθήσω	ἐπένθησα		
προσκαρτερέω **to persist in**				
σέβομαι **to worship**				
σιγάω **to be silent**		ἐσίγησα	σεσίγημαι	
σιωπάω **to be silent**	σιωπήσω	ἐσιώπησα		
στήκω **to stand fast**				
συζητέω **to dispute**				
σφάζω **to slay**	σφάξω	ἔσφαξα	ἔσφαγμαι	ἐσφάγην
ὑπαντάω **to meet**		ὑπήντησα		
φείδομαι **to spare**	φείσομαι	ἐφεισάμην		
χωρέω **to move on**	χωρήσω	ἐχώρησα		

_____NOUNS

ἡ περιστερά, τῆς περιστερᾶς	dove, pigeon
ἡ πλάνη, τῆς πλάνης	wandering, deception
ἡ πλεονεξία, τῆς πλεονεξίας	greed
ὁ πόρνος, τοῦ πόρνου	sexually immoral person
ἡ πύλη, τῆς πύλης	gate
ὁ στρατηγός, τοῦ στρατηγοῦ	magistrate
ὁ σύνδουλος, τοῦ συνδούλου	fellow slave
τὸ ὑπόδημα,[4] τοῦ ὑποδήματος	shoe
ἡ χρηστότης,[2] τῆς χρηστότητος	kindness
ὁ χρυσός, τοῦ χρυσοῦ	gold
τὸ χωρίον, τοῦ χωρίου	field
τὸ ψεῦδος,[7] τοῦ ψεύδους	lie
ὁ ψεύστης, τοῦ ψεύστου	liar

_____OTHER WORDS

ποικίλος, -η, -ον	of various kinds
τέταρτος, -η, -ον	fourth

PART 2: WORDS OCCURRING NINE TIMES OR LESS

§1 (MATT 1:1[§6], MARK 1:1[§13], LUKE 1:1–4)

ἀκριβῶς	accurately	Θεόφιλος, -ου, ὁ	Theophilus
ἀνατάξασθαι, ἀνατάσσομαι	compile	καθεξῆς	in order
ἀσφάλεια, -ας, ἡ	safety; certainty	κατηχήθης, κατηχέω	inform
αὐτόπτης, -ου, ὁ	eyewitness	κράτιστος, -η, -ον	most excellent
γένεσις, -εως, ἡ	birth; lineage	παρηκολουθηκότι,	be follower of; investigate
διήγησις, -εως, ἡ	narration	παρακολουθέω	carefully; happen along
ἐπειδήπερ	because	πεπληροφορημένων,	make happen; proclaim;
ἐπεχείρησαν, ἐπιχειρέω	try	πληροφορέω	accomplish

§2 (LUKE 1:5–25)

Ἀαρών, ὁ	Aaron	θυμιᾶσαι, θυμιάω	offer incense
Ἀβιά, ὁ	Abijah	ἱερατεία, -ας, ἡ	priesthood
ἀγαλλίασις, -εως, ἡ	extreme joy	ἱερατεύειν, ἱερατεύω	be a priest
ἄμεμπτος, -ον	blameless	καθότι	because
ἀπειθής, -ές	disobedient	λειτουργία, -ας, ἡ	service; ministry
Γαβριήλ, ὁ	Gabriel	ὄνειδος, -ους, τό	disgrace
γένεσις, -εως, ἡ	birth	ὀπτασία, -ας, ἡ	vision
διανεύων, διανεύω	gesture	περιέκρυβεν, περικρύβω	conceal
διέμενεν, διαμένω	continue; remain	πρεσβύτης, -ου, ὁ	old man
εἰσηκούσθη, εἰσακούω	listen to	προβεβηκότες,	move on
ἔλαχε, λαγχάνω	be chosen by lot	προβεβηκυῖα, προβαίνω	
Ἐλισάβετ, ἡ	Elizabeth	προελεύσεται, προέρχομαι	go along; go before
ἔναντι	in front of	σίκερα, τό	beer
ἐναντίον	in the judgment of	στεῖρα, -ας, ἡ	barren
ἐπεῖδεν, ἐφοράω	pay attention to	τάξις, -εως, ἡ	sequence
ἐφημερία, -ας, ἡ	work group	φρόνησις, -εως, ἡ	wisdom
θυμίαμα, -τος, τό	incense	χρονίζειν, χρονίζω	be late; spend long time in

§3 (LUKE 1:26–38)

ἀδυνατήσει, ἀδυνατέω	be powerless	ἐπελεύσεται, ἐπέρχομαι	arrive
Γαβριήλ, ὁ	Gabriel	ἐπισκιάσει, ἐπισκιάζω	cast a shadow upon
γαστήρ, -τρός, ἡ	belly; womb	κεχαριτωμένη, χαριτόω	show kindness
γῆρας, -ως, τό	old age	Ναζαρέθ, ἡ	Nazareth
διεταράχθη, διαταράσσω	be deeply troubled	ποταπός, -ή, -όν	what sort of
δούλη, -ης, ἡ	slave woman	στεῖρα, -ας, ἡ	barren
Ἐλισάβετ, ἡ	Elizabeth	συγγενίς, -ίδος, ἡ	relative
ἐμνηστευμένην, μνηστεύομαι	promise in marriage		

§4 (LUKE 1:39–56)

ἀγαλλίασις, -εως, ἡ	extreme joy	βρέφος, -ους, τό	infant; childhood
ἀνεφώνησεν, ἀναφωνέω	cry out	διεσκόρπισεν, διασκορπίζω	scatter
ἀντελάβετο, ἀντιλαμβάνομαι	help	δούλη, -ης, ἡ	slave woman
βραχίων, -ονος, ὁ	arm; power	δυνάστης, -ου, ὁ	official

Ἐλισάβετ, ἡ — Elizabeth
ἐνέπλησεν, ἐμπίμπλημι — satisfy with food
ἐπέβλεψεν, ἐπιβλέπω — notice
ἐσκίρτησεν, σκιρτάω — jump for joy
καθεῖλεν, καθαιρέω — take down
κραυγή, -ῆς, ἡ — shout; weeping
μακαριοῦσιν, μακαρίζω — regard as happy

μεγαλύνει, μεγαλύνω — honor highly
ὀρεινός, -ή, -όν — mountainous
ταπεινός, -ή, -όν — lowly
ταπείνωσις, -εως, ἡ — low status
τελείωσις, -εως, ἡ — fulfillment
ὑπερήφανος, -ον — arrogant

_____ §5 (LUKE 1:57–80[§7])

ἀνάδειξις, -εως, ἡ — revelation
ἀφόβως — without fear
διελαλεῖτο, διαλαλέω — converse
ἐκραταιοῦτο, κραταιόομαι — become strong
Ἐλισάβετ, ἡ — Elizabeth
ἐμεγάλυνεν, μεγαλύνω — honor highly
ἐνένευον, ἐννεύω — gesture
ἐπιφᾶναι, ἐπιφαίνω — illuminate
εὐλογητός, -ή, -όν — be praised
κατευθῦναι, κατευθύνω — guide
λύτρωσις, -εως, ἡ — liberation
ὄγδοος, -η, -ον — eighth

ὀρεινός, -ή, -όν — mountainous
ὁσιότης, -ητος, ἡ — holiness
περίοικος, -ου, ὁ — neighbor
περιοικοῦντας, περιοικέω — live nearby
πινακίδιον, -ου, τό — tablet
προπορεύσῃ, προπορεύομαι — precede; lead
σκιά, -ᾶς, ἡ — shadow
συγγένεια, -ας, ἡ — female relative
συγγενής, -οῦς, ὁ — male relative
συνέχαιρον, συγχαίρω — rejoice with
ὕψος, -ους, τό — height; world above

_____ §6 (MATT 1:2–17, LUKE 3:23–38[§20])

Ἀβιά, ὁ — Abijah
Ἀβιούδ, ὁ — Abiud
Ἀδάμ, ὁ — Adam
Ἀδδί, ὁ — Addi
Ἀδμίν, ὁ — Admin
Ἀζώρ, ὁ — Azor
Ἀμιναδάβ, ὁ — Amminadab
Ἀμώς, ὁ — Amos
Ἀράμ, ὁ — Aram
Ἀρνί, ὁ — Arni
Ἀρφαξάδ, ὁ — Arphaxad
Ἀσάφ, ὁ — Asaph
Ἀχάζ, ὁ — Ahaz
Ἀχίμ, ὁ — Achim
Βοές, ὁ — Boaz
Βόος, ὁ — Boaz
δεκατέσσαρες — fourteen
Ἔβερ, ὁ — Eber
Ἐζεκίας, -ου, ὁ — Hezekiah
Ἐλεάζαρ, ὁ — Eleazar
Ἐλιακίμ, ὁ — Eliakim
Ἐλιέζερ, ὁ — Eliezer
Ἐλιούδ, ὁ — Eliud
Ἐλμαδάμ, ὁ — Elmadam
Ἐνώς, ὁ — Enos
Ἐνώχ, ὁ — Enoch
Ἐσλί, ὁ — Esli
Ἐσρώμ, ὁ — Hezron
Ζάρα, ὁ — Zerah

Ζοροβαβέλ, ὁ — Zerubbabel
Ἠλί, ὁ — Heli
Ἤρ, ὁ — Er
Θαμάρ, ἡ — Tamar
Θάρα, ὁ — Terah
Ἰανναί, ὁ — Jannai
Ἰάρετ, ὁ — Jared
Ἰεσσαί, ὁ — Jesse
Ἰεχονίας, -ου, ὁ — Jechoniah
Ἰωαθάμ, ὁ — Jotham
Ἰωανάν, ὁ — Joanan
Ἰωβήδ, ὁ — Obed
Ἰωδά, ὁ — Joda
Ἰωνάμ, ὁ — Jonam
Ἰωράμ, ὁ — Joram
Ἰωρίμ, ὁ — Jorim
Ἰωσαφάτ, ὁ — Jehoshaphat
Ἰωσήχ, ὁ — Josech
Ἰωσίας, -ου, ὁ — Josiah
Καϊνάμ, ὁ — Cainan
Κωσάμ, ὁ — Cosam
Λάμεχ, ὁ — Lamech
Λευί, ὁ — Levi
Μάαθ, ὁ — Maath
Μαθθάτ, ὁ — Matthat
Μαθουσαλά, ὁ — Methuselah
Μαλελεήλ, ὁ — Maleleel
Μανασσῆς, -ῆ, ὁ — Manasseh
Ματθάν, ὁ — Matthan

Ματταθά, ὁ	Mattatha	Ῥαχάβ, ἡ	Rahab
Ματταθίας, -ου, ὁ	Mattathias	Ῥησά, ὁ	Rhesa
Μελεά, ὁ	Melea	Ῥοβοάμ, ὁ	Rehoboam
Μελχί, ὁ	Melchi	Ῥούθ, ἡ	Ruth
Μεννά, ὁ	Menna	Σαδώκ, ὁ	Zadok
μετοικεσία, -ας, ἡ	deportation	Σαλά, ὁ	Shelah
Ναασσών, ὁ	Nahshon	Σαλαθιήλ, ὁ	Salathiel
Ναγγαί, ὁ	Naggai	Σαλμών, ὁ	Salmon
Ναθάμ, ὁ	Nathan	Σεμεΐν, ὁ	Semein
Ναούμ, ὁ	Nahum	Σερούχ, ὁ	Serug
Ναχώρ, ὁ	Nahor	Σήθ, ὁ	Seth
Νηρί, ὁ	Neri	Σήμ, ὁ	Shem
Νῶε, ὁ	Noah	Συμεών, ὁ	Simeon
Ὀζίας, -ου, ὁ	Uzziah	τριάκοντα	thirty
Οὐρίας, -ου, ὁ	Uriah	Φάλεκ, ὁ	Peleg
Ῥαγαύ, ὁ	Reu	Φάρες, ὁ	Perez

_____§7 (MATT 1:18–25, LUKE 2:1–7)

ἀνέκλινεν, ἀνακλίνω	lay	ἡγεμονεύοντος, ἡγεμονεύω	be governor
ἀπογράφεσθαι,	register	κατάλυμα, -τος, τό	inn; room
ἀπογράψασθαι,		Κυρήνιος, -ου, ὁ	Quirinius
ἀπογράφομαι		λάθρα	secretly
ἀπογραφή, -ῆς, ἡ	census	μεθερμηνευόμενον,	translate
Αὐγοῦστος, -ου, ὁ	Augustus	μεθερμηνεύομαι	
Βηθλέεμ, ἡ	Bethlehem	μνηστευθείσης, μνηστεύομαι	promise in marriage
γαστήρ, -τρός, ἡ	belly; womb	Ναζαρέθ, ἡ	Nazareth
γένεσις, -εως, ἡ	birth	ὄναρ, τό	dream
δειγματίσαι, δειγματίζω	disgrace publicly	πατριά, -ᾶς, ἡ	lineage; nation; fatherland
δόγμα, -τος, τό	decree	προσέταξεν, προστάσσω	command
ἔγκυος, -ον	pregnant	πρωτότοκος, -ον	firstborn
Ἐμμανουήλ, ὁ	Emmanuel	Συρία, -ας, ἡ	Syria
ἐμνηστευμένῃ, μνηστεύομαι	promise in marriage	ὕπνος, -ου, ὁ	sleep
ἐνθυμηθέντος, ἐνθυμέομαι	think about	φάτνη, -ης, ἡ	feed box
ἐσπαργάνωσεν, σπαργανόω	clothe in swaddling cloth		

_____§8 (MATT 2:1–12[§10], LUKE 2:8–20)

ἀγραυλοῦντες, ἀγραυλέω	stay in the fields	λίβανος, -ου, ὁ	frankincense
αἰνοῦντες, αἰνούντων, αἰνέω	praise	μάγος, -ου, ὁ	wise man and priest;
ἀκριβῶς	accurately		magician
ἀνακάμψαι, ἀνακάμπτω	return	ὄναρ, τό	dream
ἀνεῦραν, ἀνευρίσκω	search	οὐδαμῶς	by no means
Βηθλέεμ, ἡ	Bethlehem	οὐράνιος, -ον	heavenly
βρέφος, -ους, τό	infant	περιέλαμψεν, περιλάμπω	shine around
δή	then	ποίμνη, -ης, ἡ	flock
ἐπάν	whenever	σμύρνα, -ης, ἡ	myrrh
ἐσπαργανωμένον,	clothe in swaddling cloth	σπεύσαντες, σπεύδω	do quickly
σπαργανόω		στρατιά, -ᾶς, ἡ	army
ἐξαίφνης	immediately	συμβάλλουσα, συμβάλλω	think about seriously;
ἐξετάσατε, ἐξετάζω	try to find out		confer; debate; meet
εὐδοκία, -ας, ἡ	what pleases; favor	συνετήρει, συντηρέω	keep in mind
ἠκρίβωσεν, ἀκριβόω	learn exactly	φάτνη, -ης, ἡ	feed box
λάθρα	secretly	χρηματισθέντες, χρηματίζω	reveal divine message

_____§9 (LUKE 2:21–38[§11])

ἀγκάλη, -ης ἡ	(bent) arm		νηστεία -ας, ἡ	fasting
ἀνθωμολογεῖτο, ἀνθομολογέομαι	give thanks		νοσσός, -οῦ, ὁ	young bird
			ὀγδοηκοντατέσσαρες	eighty-four
Ἄννα, -ας, ἡ	Anna		ὀκτώ	eight
ἄρσην, -εν	male		παρθενία, -ας, ἡ	virginity
Ἀσήρ, ὁ	Asher		προβεβηκυῖα, προβαίνω	move on
διανοῖγον, διανοίγω	open		προφῆτις, -ιδος, ἡ	prophetess
εἰθισμένον, ἐθίζω	be in the habit of		πτῶσις, -εως, ἡ	destruction
εὐλαβής, -ές	pious		ῥομφαία, -ας, ἡ	sword
ζεῦγος, -ους, τό	pair		Συμεών, ὁ	Simeon
καθαρισμός, -οῦ, ὁ	purification		σωτήριον, -ου, τό	salvation
κεχρηματισμένον, χρηματίζω	reveal divine message		τρυγών, -όνος, ἡ	dove
λύτρωσιν, -εως, ἡ	liberation		Φανουήλ, ὁ	Phanuel
μήτρα, -ας, ἡ	womb			

_____§10 (MATT 2:13–21)

Βηθλέεμ, ἡ	Bethlehem		μάγος, -ου, ὁ	wise man and priest; magician
διετής, -ές	two years old			
ἐθυμώθη, θυμόομαι	be extremely angry		ὄναρ, τό	dream
ἠκρίβωσεν, ἀκριβόω	learn exactly		ὀδυρμός, -οῦ, ὁ	lamentation
Ἰερεμίας, -ου, ὁ	Jeremiah		Ῥαμά, ἡ	Ramah
κατωτέρω	lesser; under		Ῥαχήλ, ἡ	Rachel
κλαυθμός, -οῦ, ὁ	weeping		τεθνήκασιν, θνῄσκω	die
			τελευτή, -ῆς, ἡ	death

_____§11 (MATT 2:22–23[§13], LUKE 2:39–40)

Ἀρχέλαος, -ου, ὁ	Archelaus		Ναζαρέτ	Nazareth
ἐκραταιοῦτο, κραταιόομαι	become strong		ὄναρ, τό	dream
Ναζαρέθ, ἡ	Nazareth		χρηματισθείς, χρηματίζω	reveal divine message

_____§12 (LUKE 2:41–52)

ἀναζητοῦντες, ἀναζητέω	try to find		ὀδυνώμενοι, ὀδυνάομαι	be in great pain; be terribly worried
ἀνεζήτουν, ἀναζητέω	try to find			
ἀπόκρισις, -εως, ἡ	answer		προέκοπτεν, προκόπτω	progress
διετήρει, διατηρέω	keep		συγγενής, -οῦς, ὁ	relative
ἡλικία, -ας, ἡ	maturity		σύνεσις, -εως, ἡ	intelligence
καθεζόμενον, καθέζομαι	sit		συνοδία, -ας, ἡ	group of travellers
Ναζαρέθ, ἡ	Nazareth			

_____§13 (MATT 3:1–6, MARK 1:2–6[§16], LUKE 3:1–6)

Ἀβιληνή, -ῆς, ἡ	Abilene		ἡγεμονεύοντος, ἡγεμονεύω	be governor
ἄγριος, -α, -ον	wild		ἡγεμονία, -ας, ἡ	government
ἀκρίς, -ίδος, ἡ	grasshopper; locust		Ἰεροσολυμίτης, -ου, ὁ	inhabitant of Jerusalem
Ἄννας, -α, ὁ	Annas		Ἰτουραῖος, -α, -ον	Ituraean
βουνός, -οῦ, ὁ	hill		Καϊάφας, -α, ὁ	Caiaphas
δερμάτινος, -η, -ον	leather		κάμηλος, -ου, ὁ, ἡ	camel
ἔνδυμα, -τος, τό	clothing		λεῖος, -α, -ον	smooth
εὐθύς, -εῖα, -ύ	straight; upright		Λυσανίας, -ου, ὁ	Lysanias
ζώνη, -ης, ἡ	belt		μέλι, -ιτος, τό	honey

ὀσφῦς, -ύος, ἡ	waist; genitals	τετρααρχοῦντος, τετρααρχέω	be a tetrarch
πεντεκαιδέκατος, -η, -ον	fifteenth	Τιβέριος, -ου, ὁ	Tiberius
περίχωρος, -ου, ἡ	surrounding region	τραχύς, -εῖα, -ύ	rough
Πόντιος, -ου, ὁ	Pontius	Τραχωνῖτις, -ιδος, ἡ	Trachonitis
σκολιός, -ά, -όν	crooked; unscrupulous	τρίβος, -ου, ἡ	path
σωτήριον, -ου, τό	salvation	φάραγξ, -αγγος, ἡ	ravine

_____ §14 (MATT 3:7–10[§16], LUKE 3:7–9)

| ἀξίνη, -ης, ἡ | axe | ἔχιδνα, -ης, ἡ | snake |
| γέννημα, -τος, τό | offspring | ὑπέδειξεν, ὑποδείκνυμι | make known |

_____ §15 (LUKE 3:10–14)

ἀρκεῖσθε, ἀρκέω	be sufficient	στρατευόμενοι, στρατεύομαι	be a soldier
διασείσητε, διασείω	extort	συκοφαντήσητε,	make false charges
μεταδότω, μεταδίδωμι	share	συκοφαντέω	
ὀψώνιον, -ου, τό	pay		

_____ §16 (MATT 3:11–12[§18], MARK 1:7–8[§18], LUKE 3:15–18)

ἅλων, -ος, ἡ	threshing floor	διακαθαριεῖ, διακαθαρίζω	clean out
ἀποθήκη, -ης, ἡ	storehouse	ἱμάς, -άντος, ὁ	strap
ἄσβεστος, -ον	unquenchable	κύψας, κύπτω	stoop down
ἄχυρον, -ου, τό	chaff	πτύον, -ου, τό	winnowing shovel
διακαθᾶραι, διακαθαίρω	clean out		

_____ §17 (LUKE 3:19–20)

| Ἡρωδιάς, -άδος, ἡ | Herodias | τετραάρχης, -ου, ὁ | tetrarch |
| κατέκλεισεν, κατακλείω | put into prison | | |

_____ §18 (MATT 3:13–17[§20], MARK 1:9–11[§20], LUKE 3:21–22[§6])

διεκώλυεν, διακωλύω	prevent	πρέπον, πρέπω	be fitting
εἶδος, -ους, τό	form	σωματικός, -ή, -όν	bodily
Ναζαρέτ	Nazareth		

_____ §19 (LUKE 3:23–38): See §6

_____ §20 (MATT 4:1–11[§30], MARK 1:12–13[§30], LUKE 4:1–13[§30])

διαφυλάξαι, διαφυλάσσω	protect	στιγμή, -ῆς, ἡ	moment
ἐκπειράσεις, ἐκπειράζω	test; try to trap	συντελέσας,	complete
κάτω	down	συντελεσθεισῶν,	
προσκόψῃς, προσκόπτω	strike against	συντελέω	
πτερύγιον, -ου, τό	pinnacle		

_____ §30 (MATT 4:12[§32], MARK 1:14a[§32], LUKE 4:14a[§32])

_____ §32 (MATT 4:13–17[§34], MARK 1:14b–15[§34], LUKE 4:14b–15)

ἀνέτειλεν, ἀνατέλλω	rise	παραθαλάσσιος, -α, -ον	by the seaside
Ζαβουλών, ὁ	Zebulun (person); Zebulun (place)	περίχωρος, -ου, ἡ	surrounding region
		σκιά, -ᾶς, ἡ	shade; shadow
Ναζαρά	Nazareth	φήμη, -ης, ἡ	report
Νεφθαλίμ, ὁ	Naphtali (place)		

§33 (Matt 13:53–58[§143], Mark 6:1–6a[§142], Luke 4:16–30[§35])

αἰχμάλωτος, -ου, ὁ	captive	λεπρός, -οῦ, ὁ	leper
ἀνάβλεψις, -εως, ἡ	regaining sight	μετῆρεν, μεταίρω	depart
ἀναπτύξας, ἀναπτύσσω	unroll	Ναζαρά	Nazareth
ἄρρωστος, -ον	ill	Ναιμάν, ὁ	Naaman
ἄτιμος, -ον	lacking in honor; dishonored	ὀφρῦς, -ύος, ἡ	cliff; eyebrow
δεκτός, -ή, -όν	pleasing; welcomed	πάντως	certainly; indeed
εἵνεκεν	on account of	πατρίς, -ίδος, ἡ	homeland
εἴωθα	be in the habit of	πτύξας, πτύσσω	roll up
Ἐλισαῖος, -ου, ὁ	Elisha	Σάρεπτα, -ων, τά	Zarephath
ἐπεδόθη, ἐπιδίδωμι	give to; yield	Σιδώνιος, -α, -ον	Sidonian
ἔχρισεν, χρίω	anoint; assign	συγγενής, -οῦς, ὁ	relative
ἰατρός, -οῦ, ὁ	physician	Σύρος, -ου, ὁ	a Syrian
Ἰωσῆς, -ῆ (-ῆτος), ὁ	Joses	τεθραμμένος, τρέφω	provide food for; rear
κατακρημνίσαι, κατακρημνίζω	throw down a cliff	τεθραυσμένους, θραύω	oppress
		τέκτων, -ονος, ὁ	builder

§34 (Matt 4:18–22[§40], Mark 1:16–20, Luke 5:1–11)

ἄγρα, -ας, ἡ	catch	ἔπλυνον, πλύνω	wash
ἁλιεύς, ἁλιέως, ὁ	fisherman	ζωγρῶν, ζωγρέω	control
ἀμφιβάλλοντας, ἀμφιβάλλω	cast a fishnet	θάμβος, -ους, τό	astonishment
ἀμφίβληστρον, -ου, τό	casting-net	καταγαγόντες, κατάγω	bring to shore
ἀποβάντες, ἀποβαίνω	disembark	κατένευσαν, κατανεύω	gesture
βάθος, -ους, τό	depth	μέτοχος, -ου, ὁ	companion
βυθίζεσθαι, βυθίζω	sink	μισθωτός, -οῦ, ὁ	hired worker
Γεννησαρέτ, ἡ	Gennesaret	περιέσχεν, περιέχω	experience; be seized by
διερρήσσετο, διαρ(ρ)ήσσω	rip	προβάς, προβαίνω	move on
ἐπανάγαγε, ἐπανάγαγειν, ἐπανάγω	put out to sea	προσέπεσεν, προσπίπτω	prostrate oneself before
		συνέκλεισαν, συγκλείω	catch fish
ἐπικεῖσθαι, ἐπίκειμαι	press against	χαλάσατε, χαλάσω, χαλάω	let down
ἐπιστάτης, -ου, ὁ	master		

§35 (Mark 1:21–22, Luke 4:31–32)

§36 (Mark 1:23–28, Luke 4:33–37)

ἀνέκραξεν, ἀνακράζω	shout	πανταχοῦ	everywhere
βλάψαν, βλάπτω	injure	περίχωρος, -ου, ἡ	surrounding region
ἔα	ah!	ῥῖψαν, ῥίπτω	throw
ἐθαμβήθησαν, θαμβέομαι	be amazed	σπαράξαν, σπαράσσω	throw into a fit
ἦχος, -ου, ὁ; -ους, τό	sound; information	συνελάλουν, συλλαλέω	talk with
θάμβος, -ους, τό	astonishment	φιμώθητι, φιμόω	muzzle; cease to make sound
Ναζαρηνός, -οῦ, ὁ	a Nazarene		

§37 (Matt 8:14–15, Mark 1:29–31, Luke 4:38–39)

πενθερά, -ᾶς, ἡ	mother-in-law	πυρετός, -οῦ, ὁ	fever
πυρέσσουσαν, πυρέσσουσα, πυρέσσω	have fever		

§38 (Matt 8:16–17[§89], Mark 1:32–34, Luke 4:40–41)

δύνοντος, δύνω	go down	ἔδυ, δύνω	go down

ἐπισυνηγμένη, ἐπισυνάγω	cause to come together; gather	κραυγάζοντα, κραυγάζω	shout

_____§39 (MARK 1:35–38, LUKE 4:42–43)

ἀλλαχοῦ	elsewhere	κατεδίωξεν, καταδιώκω	seek for
ἔννυχος, -ον	at night	κωμόπολις, -εως, ἡ	town

_____§40 (MATT 4:23[§50], MARK 1:39[§42], LUKE 4:44)

μαλακία, -ας, ἡ	sickness	περιῆγεν, περιάγω	travel about

_____§41 (LUKE 5:1–11): See §34

_____§42 (MATT 8:1–4[§85], MARK 1:40–45, LUKE 5:12–16)

γονυπετῶν, γονυπετέω	kneel down	λεπρός, -οῦ, ὁ	leper
διαφημίζειν, διαφημίζω	spread news	πάντοθεν	from all directions; all over
ἐμβριμησάμενος, ἐμβριμάομαι	scold	προσέταξεν, προστάσσω	command
		ὑποχωρῶν, ὑποχωρέω	withdraw
καθαρισμός, -οῦ, ὁ	purification	φανερῶς	publicly; clearly seen
λέπρα, -ας, ἡ	leprosy		

_____§43 (MATT 9:1–8, MARK 2:1–12, LUKE 5:17–26)

ἀπεστέγασαν, ἀποστεγάζω	remove a roof	καθῆκαν, καθίημι	let down
διεπέρασεν, διαπεράω	cross over	κέραμος, -ου, ὁ	tile
δῶμα, -τος, τό	housetop	κλίνη, -ης, ἡ	bed
εἰσενεγκεῖν, εἰσενέγκωσιν, εἰσφέρω	bring in	κλινίδιον, -ου, τό	cot
		νομοδιδάσκαλος, -ου, ὁ	teacher of the Law
ἔκστασις, -εως, ἡ	amazement	παράδοξος, -ον	incredible; unusual
ἐνθυμεῖσθε, ἐνθυμέομαι	think about	παραλελυμένος,	be paralyzed
ἐνθύμησις, -εως, ἡ	thought	παραλελυμένῳ,	
ἐξορύξαντες, ἐξορύσσω	dig out	παραλύομαι	
εὐκοπώτερος, -α, -ον	easier	στέγη, -ης, ἡ	roof
θάρσει, θαρσέω	have courage	χαλῶσι, χαλάω	let down
ἰνατί	why?		

_____§44 (MATT 9:9–13, MARK 2:13–17, LUKE 5:27–32)

Ἀλφαῖος, -ου, ὁ	Alphaeus	Λευίς	Levi (from Λευί, ὁ)
δοχή, -ῆς, ἡ	banquet	Μαθθαῖος, -ου, ὁ	Matthew
ἐγόγγυζον, γογγύζω	complain	συνανέκειντο, συνανάκειμαι	associate with in eating
ἰατρός, -οῦ, ὁ	physician	τελώνιον, -ου, τό	tax office

_____§45 (MATT 9:14–17[§95], MARK 2:18–22, LUKE 5:33–39)

ἄγναφος, -ον	unshrunken	ῥάκος, -ους, τό	patch
ἀπαρθῇ, ἀπαίρομαι	be led away	ῥήγνυνται, ῥήγνυμι	rip
βλητέος, -α, -ον	must be put	ῥήξει, ῥήγνυμι	rip
ἐπίβλημα, -τος, τό	patch	συμφωνήσει, συμφωνέω	agree; match
ἐπιράπτει, ἐπιράπτω,	sew on	συντηροῦνται, συντηρέω	preserve
μήγε	not	σχίσμα, -τος, τό	tear
νυμφών, -ῶνος, ὁ	wedding hall	χρηστός, -ή, -όν	good
πυκνός, -ή, -όν	often		

§46 (MATT 12:1–8, MARK 2:23–28, LUKE 6:1–5)

Ἀβιαθάρ, ὁ	Abiathar	παραπορεύεσθαι,	pass by
ἀναίτιος, -ον	innocent	παραπορεύομαι	
βεβηλοῦσιν, βεβηλόω	defile ritually	σπόριμος, -ον	sown
διαπορεύεσθαι, διαπορεύομαι	travel through; pass by	στάχυς, -υος, ὁ	head of wheat
ἔτιλλον, τίλλω	pick	τίλλειν, τίλλοντες, τίλλω	pick
κατεδικάσατε, καταδικάζω	condemn	ψώχοντες, ψώχω	rub

§47 (MATT 12:9–14, MARK 3:1–6, LUKE 6:6–11[§99])

ἀγαθοποιῆσαι, ἀγαθοποιέω	do good	ξηρός, -ά, -όν	dry; paralyzed
ἄνοια, -ας, ἡ	extreme fury	παρετήρουν, παρετηροῦντο,	watch closely
ἀπεκατεστάθη,	restore	παρατηρέω	
ἀποκαθίστημι		περιβλεψάμενος,	look around
βόθυνος, -ου, ὁ	pit; ditch	περιβλέπομαι	
διελάλουν, διαλαλέω	converse	πώρωσις, -εως, ἡ	stubbornness
ἐμπέσῃ, ἐμπίπτω	fall into	συλλυπούμενος,	feel sorry for; grieve
Ἡρῳδιανοί, -ῶν, ὁ	Herodians	συλλυπέομαι	
κακοποιῆσαι, κακοποιέω	do evil; injure	συμβούλιον, -ου, τό	planning against; council

§48 (MATT 12:15–21[§117], MARK 3:7–12[§99])

ἐρίσει, ἐρίζω	quarrel	πλατεῖα, -ας, ἡ	wide street
ἡρέτισα, αἱρετίζω	choose	πλοιάριον, -ου, τό	small boat
Ἰδουμαία, -ας, ἡ	Idumea	προσέπιπτον, προσπίπτω	prostrate oneself before;
κατεάξει, κατάγνυμι	break		strike against
κραυγάσει, κραυγάζω	shout	σβέσει, σβέννυμι	extinguish a fire
λίνον, -ου, τό	linen garment; wick	Σιδών, -ῶνος, ἡ	Sidon
μάστιξ, -ιγος, ἡ	flogging; disease	συντετριμμένον, συντρίβω	break into pieces
νῖκος, -ους, τό	victory	τυφόμενον, τύφομαι	smolder

§49 (MARK 3:13–19, LUKE 6:12–16): See §99

§50 (MATT 4:24–5:2, LUKE 6:17–20a)

βάσανος, -ου, ἡ	torment	σεληνιαζομένους,	be an epileptic
Δεκάπολις, -εως, ἡ	Decapolis, Ten Cities	σεληνιάζομαι	
ἐνοχλούμενοι, ἐνοχλέω	afflict	Σιδών, -ῶνος, ἡ	Sidon
παράλιος, -ου, ἡ	coastal region	Συρία, -ας, ἡ	Syria
πεδινός, -ή, -όν	level		

§51 (MATT 5:3–12, LUKE 6:20b–23[§79])

γελάσετε, γελάω	laugh	ὀνειδίσωσιν, ὀνειδίζω	insult
εἰρηνοποιός, -οῦ, ὁ	peacemaker	πραΰς, πραεῖα, πραΰ	gentle
ἐλεήμων, -ον	merciful	σκιρτήσατε, σκιρτάω	jump for joy
ἕνεκα	because		

§52 (MATT 5:13, LUKE 14:34–35[§219])

ἅλας, -ατος, τό	salt	καταπατεῖσθαι, καταπατέω	trample on; despise
ἁλισθήσεται, ἁλίζω	salt	κοπρία, -ας, ἡ	dung heap
ἀρτυθήσεται, ἀρτύω	season	μωρανθῇ, μωραίνω	become nonsense; be tasteless
εὔθετος, -ον	suitable; useful		

_____§53 (MATT 5:14–16)

λάμπει, λαμψάτω, λάμπω	shine	μόδιος, -ου, ὁ	container

_____§54 (MATT 5:17–20, LUKE 16:16–17[§227])

βιάζεται, βιάζομαι	suffer violence	ἰῶτα, τό	smallest letter
εὐκοπώτερος, -α, -ον	easier	κεραία, -ας, ἡ	part of letter; serif

_____§55 (MATT 5:21–26, LUKE 12:57–59[§207])

ἀντίδικος, -ου, ὁ	accuser; adversary	κοδράντης, -ου, ὁ	Rom. copper coin (small value)
ἀπηλλάχθαι, ἀπαλλάσσω	set free		
διαλλάγηθι, διαλλάσσομαι	make peace	λεπτόν, -οῦ, τό	small copper coin (small value)
ἐργασία, -ας, ἡ	w. δίδωμι, do one's best		
εὐνοῶν, εὐνοέω	consider favorably; settle a case	ὀργιζόμενος, ὀργίζομαι	be angry
		ὅτου	until; while
κατασύρῃ, κατασύρω	drag off forcefully	πράκτωρ, -ορος, ὁ	officer
		ῥακά	fool

_____§56 (MATT 5:27–32)

ἀποστάσιον, -ου, τό	notice of divorce	μοιχᾶται, μοιχάομαι	commit adultery
ἔξελε, ἐξαιρέω	take out	παρεκτός	besides

_____§57 (MATT 5:33–37)

ἐπιορκήσεις, ἐπιορκέω	swear falsely	περισσός, -ή, -όν	more than
μέλας, -αινα, -αν	black	ὑποπόδιον, -ου, τό	footstool
ὅλως	completely; really		

_____§58 (MATT 5:38–42)

ἀγγαρεύσει, ἀγγαρεύω	force to carry	μίλιον, -ου, τό	(Rom.) mile
ἀποστραφῇς, ἀποστρέφω	stop; refuse	ῥαπίζει, ῥαπίζω	whip, slap
δανίσασθαι, δανίζω	borrow money	σιαγών, -όνος, ἡ	cheek

_____§59 (MATT 5:43–48)

ἀνατέλλει, ἀνατέλλω	rise	οὐράνιος, -ον	heavenly
βρέχει, βρέχω	send rain; make wet	περισσός, -ή, -όν	exceptional; superfluous
ἐθνικός, -ή, -όν	heathen		

_____§60 (MATT 6:1–4)

ἀριστερός, -ά, -όν	left	ῥύμη, -ης, ἡ	narrow street
μήγε	not		

_____§61 (MATT 6:5–6)

γωνία, -ας, ἡ	corner	ταμεῖον, -ου, τό	inner room
πλατεῖα, -ας, ἡ	wide street		

_____§62 (MATT 6:7–15, LUKE 11:1–4[§186])

βατταλογήσητε, βατταλογέω	use many words; babble	εἰσακουσθήσονται, εἰσακούω	listen to; obey
ἐθνικός, -ή, -όν	heathen		

εἰσενέγκῃς, εἰσφέρω	bring in	ὀφειλέτης, -ου, ὁ	debtor
ἐπιούσιος, -ον	daily; today	ὀφείλημα, -τος, τό	debt, obligation
οὐράνιος, -ον	heavenly	πολυλογία, -ας, ἡ	long-speaking

_____§63 (MATT 6:16–18)

ἄλειψαι, ἀλείφω	anoint	κρυφαῖος, -α, -ον	in secret
ἀφανίζουσιν, ἀφανίζω	make ugly	σκυθρωπός, -ή, -όν	sad

_____§64 (MATT 6:19–21, LUKE 12:33–34[§203])

ἀνέκλειπτος, -ον	unfailing	διορύσσουσιν, διορύσσω	break through
ἀφανίζει, ἀφανίζω	destroy; make ugly	θησαυρίζετε, θησαυρίζω	treasure up
βαλλάντιον, -ου, τό	money bag	παλαιούμενα, παλαιόω	make old
διαφθείρει, διαφθείρω	destroy utterly	σής, σητός, ὁ	moth

_____§65 (MATT 6:22–23, LUKE 11:34–36[§194])

ἁπλοῦς, -ῆ, -οῦν	generous	σκόπει, σκοπέω	notice carefully; watch out for
ἀστραπή, -ῆς, ἡ	lightning, bright beam		
ἐπάν	whenever	σκοτεινός, -ή, -όν	dark
		φωτεινός, -ή, -όν	full of light; bright

_____§66 (MATT 6:24, LUKE 16:13[§225])

ἀνθέξεται, ἀντέχομαι	adhere to	μαμωνᾶς, -ᾶ, ὁ	wealth
καταφρονήσει, καταφρονέω	despise	οἰκέτης, -ου, ὁ	house servant

_____§67 (MATT 6:25–34, LUKE 12:22–32[§64])

ἀμφιέζει, ἀμφιέζω	clothe	μετεωρίζεσθε, μετεωρίζομαι	be anxious about
ἀμφιέννυσιν, ἀμφιέννυμι	clothe; adorn	νήθουσιν, νήθω	spin
ἀποθήκη, -ης, ἡ	storehouse	ὀλιγόπιστος, -ον	of little faith
ἀρκετός, -ή, -όν	sufficient	οὐράνιος, -ον	heavenly
ἔνδυμα, -τος, τό	clothing	πῆχυς, -εως, ὁ	cubit
ἡλικία, -ας, ἡ	lifetime; stature	ποίμνιον, -ου, τό	flock
καταμάθετε, καταμανθάνω	consider	ταμεῖον, -ου, τό	inner room; hidden room
κλίβανος, -ου, ὁ	oven	τρέφει, τρέφω	provide food for; take care of
κόραξ, -ακος, ὁ	crow, raven	χρήζετε, χρήζω	need
κρίνον, -ου, τό	wild flower; lily		

_____§68 (MATT 7:1–5, LUKE 6:37–42[§73])

ἀντιμετρηθήσεται, ἀντιμετρέω	repay	καταδικάζετε, καταδικάζω	condemn
		καταδικασθῆτε, καταδικάζω	condemn
βόθυνος, -ου, ὁ	pit; ditch	κόλπος, -ου, ὁ	lap; fold; bay
διαβλέψεις, διαβλέπω	see clearly	ὁδηγεῖν, ὁδηγέω	guide; guide in learning
δοκός, -οῦ, ἡ	beam (of wood)	πεπιεσμένον, πιέζω	press down
ἐμπεσοῦνται, ἐμπίπτω	fall into	ὑπερεκχυννόμενον, ὑπερεκχύννομαι	overflow
κάρφος, -ους, τό	splinter, speck		

_____§69 (MATT 7:6)

καταπατήσουσιν, καταπατέω	trample on	μαργαρίτης, -ου, ὁ	pearl
		ῥήξωσιν, ῥήγνυμι	rip
κύων, κυνός, ὁ	dog		

_____§70 (MATT 7:7–11, LUKE 11:9–13[§188])

δόμα, -τος, τό	gift	σκορπίος, -ου, ὁ	scorpion
ἐπιδώσει, ἐπιδίδωμι	give to; yield	ᾠόν, -οῦ, τό	egg
κρούετε, κρούοντι, κρούω	knock		

_____§71 (MATT 7:12)

_____§72 (MATT 7:13–14)

| εὐρύχωρος, -ον | broad | στενός, -ή, -όν | narrow |
| πλατύς, -εῖα, -ύ | wide | | |

_____§73 (MATT 7:15–20, LUKE 6:43–45)

ἅρπαξ, -αγος	vicious	σαπρός, -ά, -όν	bad
βάτος, -ου, ὁ, ἡ	thorn bush	σταφυλή, -ῆς, ἡ	(bunches of) grapes
ἔνδυμα, -τος, τό	clothing	σῦκον, -ου, τό	fig
λύκος, -ου, ὁ	wolf; fierce person	συλλέγουσιν, συλλέγω	pick
περίσσευμα, -τος, τό	abundance	τρίβολος, -ου, ὁ	thorn plant
προφέρει, προφέρω	produce	τρυγῶσιν, τρυγάω	pick

_____§74 (MATT 7:21–23, LUKE 6:46)

| ἀποχωρεῖτε, ἀποχωρέω | go away | | |

_____§75 (MATT 7:24–27, LUKE 6:47–49[§85])

ἄμμος, -ου, ἡ	sand	προσέπεσαν, προσπίπτω	strike against
βροχή, -ῆς, ἡ	rain	προσέρηξεν, προσρήγνυμι	strike against
ἐβάθυνεν, βαθύνω	make deep	πτῶσις, -εως, ἡ	destruction; fall
ἔπνευσαν, πνέω	blow	ῥῆγμα, -τος, τό	destruction
ἔσκαψεν, σκάπτω	dig	συνέπεσεν, συμπίπτω	collapse
περίσσευμα, -ατος, τό	abundance	τεθεμελίωτο, θεμελιόω	lay a foundation; establish a belief
πλήμμυρα, -ης, ἡ	flood		
προσέκοψαν, προσκόπτω	strike against	ὑποδείξω, ὑποδείκνυμι	make known; explain

_____§76 (MATT 7:28–29[§42])

_____§77 (LUKE 6:17–20a): See §50

_____§78 (LUKE 6:20b–23): See §51

_____§79 (LUKE 6:24–26)

| γελῶντες, γελάω | laugh | ἐμπεπλησμένοι, ἐμπίμπλημι | satisfy (with food) |

_____§80 (LUKE 6:27–36[§68])

ἀγαθοποιεῖτε, ἀγαθοποιῆτε, ἀγαθοποιοῦντας, ἀγαθοποιέω	do good	ἐπηρεαζόντων, ἐπηρεάζω	mistreat
		ἴσος, -η, -ον	equal
		καταρωμένους, καταράομαι	curse
ἀπαίτει, ἀπαιτέω	ask back	οἰκτίρμων, -ον	merciful
ἀπελπίζοντες, ἀπελπίζω	expect	σιαγών, -όνος, ἡ	cheek
ἀχάριστος, -ον	unthankful; ungrateful	χρηστός, -ή, -όν	good
δανίζετε, δανίζουσιν, δανίσητε, δανίζω	borrow (money)		

_____§81 (Luke 6:37–42): See §68

_____§82 (Luke 6:43–45): See §73

_____§83 (Luke 6:46–49): See §75

_____§84 (Matt 8:1–4): See §42

_____§85 (Matt 8:5–13[§37], Luke 7:1–10)

ἀνακλιθήσονται, ἀνακλίνω	to recline to eat	ἠξίωσα, ἀξιόω	regard worthy
βρυγμός, -οῦ, ὁ	gnashing	σκύλλου, σκύλλω	trouble
δεινῶς	terribly	σπουδαίως	doing one's best; eagerly
διασώσῃ, διασῴζω	rescue; heal	στέγη, -ης, ἡ	roof
δυσμή, -ῆς, ἡ	west	τασσόμενος, τάσσω	assign; cause to be; command; suggest; give oneself up
ἑκατόνταρχος, -ου, ὁ	Rom. officer; centurion		
ἔντιμος, -ον	valuable; honored		
ἐξώτερος, -α, -ον	farthest, extreme		

_____§86 (Luke 7:11–17[§106])

ἀνεκάθισεν, ἀνακαθίζω	sit up	περίχωρος, -ου, ἡ	surrounding region
ἐξεκομίζετο, ἐκκομίζω	carry out	σορός, -οῦ, ἡ	bier
ἐξῆς	the next	συνεπορεύοντο, συμπορεύομαι	go with
κλαυθμός, -οῦ, ὁ	weeping		
μονογενής, -ές	unique; only	τεθνηκώς, θνῄσκω	die
Ναΐν, ἡ	Nain		

_____§87 (Matt 8:14–15): See §37

_____§88 (Matt 8:16–17): See §38

_____§89 (Matt 8:18–22, Luke 9:57–62[§177])

ἀλώπηξ, -εκος, ἡ	fox	εὔθετος, -ον	suitable; useful
ἀποτάξασθαι, ἀποτάσσομαι	say goodbye; take leave of	κατασκήνωσις, -εως, ἡ	nest
ἄροτρον, -ου, τό	plow	κλίνῃ, κλίνω	lie down (to rest)
διάγγελλε, διαγγέλλω	proclaim	φωλεός, -οῦ, ὁ	den

_____§90 (Matt 8:23–27, Mark 4:35–41, Luke 8:22–25)

ἀφύπνωσεν, ἀφυπνόω	fall asleep	κλύδων, -ωνος, ὁ	wave
γαλήνη, -ης, ἡ	calm	κῦμα, -τος, τό	wave
γεμίζεσθαι, γεμίζω	fill	λαῖλαψ, -απος, ἡ	windstorm
δειλός, -ή, -όν	cowardly	ὀλιγόπιστος, -ου	of little faith
διεγερθείς, διεγείρω	wake up	πεφίμωσο, φιμόω	muzzle; to silence
διήγειραν, διεγείρω	wake up	πλεόντων, πλέω	sail
ἐκινδύνευον, κινδυνεύω	be in danger	ποταπός, -ή, -όν	what sort of
ἐκόπασεν, κοπάζω	cease	προσκεφάλαιον, -ου, τό	cushion
ἐπιστάτης, -ου, ὁ	master	πρύμνα, -ης, ἡ	stern (of a boat)
καλύπτεσθαι, καλύπτω	cover; keep secret	συνεπληροῦντο, συμπληρόω	be swamped; come to an end

_____§91 (Matt 8:28–34[§43], Mark 5:1–20[§95], Luke 8:26–39[§95])

ἄβυσσος, -ου, ἡ	very deep place	ἀγέλη, -ης, ἡ	herd

ἀνακράξας, ἀνακράζω	shout	ἱματισμένον, ἱματίζω	clothe
ἀντιπέρα	across from	κατακόπτων, κατακόπτω	cut; beat
ἀπεπνίγη, ἀποπνίγω	choke; drown	κατέπλευσαν, καταπλέω	sail toward
βοσκομένη, βόσκοντες, βόσκω	feed animals	κατοίκησις, -εως, ἡ	dwelling place
		κρημνός, -οῦ, ὁ	steep slope
Γαδαρηνός, -οῦ, ὁ	a Gadarene	λεγιών, -ῶνος, ἡ	army unit
Γερασηνός, -οῦ, ὁ	a Gerasene	μνῆμα, -τος, τό	grave
δαίμων, -ονος, ὁ	demon	ὁρκίζω, ὁρκίζω	put under oath
δαμάσαι, δαμάζω	bring under control; subdue	πέδη, -ης, ἡ	fetter
Δεκάπολις, -εως, ἡ	Decapolis, Ten Cities	περίχωρος, -ου, ἡ	surrounding region
διαρρήσσων, διαρ(ρ)ήσσω	rip	προσέπεσεν, προσπίπτω	prostrate oneself before
διεσπάσθαι, διασπάω	tear apart	συνηρπάκει, συναρπάζω	sieze
διηγήσαντο, διηγοῦ, διηγέομαι	tell fully	συντετρῖφθαι, συντρίβω	break into pieces
		σωφρονοῦντα, σωφρονέω	be sane; be sensible
δισχίλιοι, -αι, -α	two thousand	ὑπάντησις, -εως, ἡ	drawing near
ἐδεσμεύετο, δεσμεύω	bind	χαλεπός, -ή, -όν	troublous; fierce
ἐπνίγοντο, πνίγω	choke; drown	ὥρμησεν, ὁρμάω	rush
ἠλαύνετο, ἐλαύνω	drive along		

_____§92 (MATT 9:1–8): See §43

_____§93 (MATT 9:9–13): See §44

_____§94 (MATT 9:14–17): See §45

_____§95 (MATT 9:18–26, MARK 5:21–43[§33], LUKE 8:40–56[§142])

αἱμορροοῦσα, αἱμορροέω	bleed	κουμ	stand up (Aram.)
ἀλαλάζοντας, ἀλαλάζω	clang; weep loudly	κράσπεδον, -ου, τό	fringe; tassel
ἀπεδέξατο, ἀποδέχομαι	welcome	μάστιξ, -ιγος, ἡ	flogging; disease
ἀποθλίβουσιν, ἀποθλίβω	crowd against	μεθερμηνευόμενον, μεθερμηνεύομαι	translate
ἀρχισυνάγωγος, -ου, ὁ	leader of a synagogue		
αὐλητής, -οῦ, ὁ	flutist	μονογενής, -ές	unique; only
δαπανήσασα, δαπανάω	spend	ὄπισθεν	from behind
διαπεράσαντος, διαπεράω	cross over	παρακούσας, παρακούω	overhear; ignore
διεστείλατο, διαστέλλομαι	command	περιεβλέπετο, περιβλέπομαι	look around
ἐκόπτοντο, κόπτω	mourn; beat one's breast	προσαναλώσασα, προσαναλόω	spend much
ἔκστασις, -εως, ἡ	amazement; ecstatic vision		
ἔλαθεν, λανθάνω	escape notice; forget; not to know	προσέπεσεν, προσπέσουσα, προσπίπτω	prostrate oneself before
ἐπιστάτης, -ου, ὁ	master	ῥύσις, -εως, ἡ	flow
ἐσχάτως	finally; very sick	σκύλλε, σκύλλεις, σκύλλω	trouble
θάρσει, θαρσέω	have courage	συνακολουθῆσαι, συνακολουθέω	accompany
θορυβεῖσθε, θορυβούμενον, θορυβέω	start a riot		
		συνέπνιγον, συμπνίγω	crowd around; oppress
θόρυβος, -ου, ὁ	clamor; riot	συνέθλιβον, συνθλίβοντα, συνθλίβω	crowd around
θυγάτριον, -ου, τό	little daughter		
Ἰάϊρος, -ου, ὁ	Jairus	ταλιθα	little girl (Aram.)
ἰατρός, -ου, ὁ	physician	τέθνηκεν, θνῄσκω	die
κατεγέλων, καταγελάω	laugh at	τρέμουσα, τρέμω	tremble; fear; respect
κοράσιον, -ου, τό	girl	φήμη, -ης, ἡ	report

_____ §96 (MATT 9:27–31, 20:29–34[§269], MARK 10:46–52[§269], LUKE 18:35–43[§265])

αἶνος, -ου, ὁ	praise	ἐπαιτῶν, ἐπαιτέω	beg
ἀναπηδήσας, ἀναπηδάω	jump up	θάρσει, θαρσέω	have courage
ἀποβαλών, ἀποβάλλω	throw off	Ἰεριχώ, ἡ	Jericho
Βαρτιμαῖος, -ου, ὁ	Bartimaeus	Ναζαρηνός, -οῦ, ὁ	a Nazarene
διαπορευομένου, διαπορεύομαι	travel through; pass by	ὄμμα, -τος, τό	eye
		προσαίτης, -ου, ὁ	beggar
διεφήμισαν, διαφημίζω	spread news	ραββουνι	my teacher (Aram.)
ἐνεβριμήθη, ἐμβριμάομαι	scold	Τιμαῖος, -ου, ὁ	Timaeus

_____ §97 (MATT 9:32–34)

_____ §98 (MATT 9:35–38)

ἐρριμμένοι, ρίπτω	be dejected	περιῆγεν, περιάγω	travel about; bring, take along
ἐσκυλμένοι, σκύλλω	trouble		
μαλακία, -ας, ἡ	sickness		

_____ §99 (MATT 10:1–16, MARK 3:13–19[§135], LUKE 6:12–16[§50])

ἀκέραιος, -ον	pure	Ἰσκαριώτης, -ου, ὁ	Iscariot
Ἀλφαῖος, -ου, ὁ	Alphaeus	Καναναῖος, -ου, ὁ	nationalist; zealot (Aram.)
ἀνεκτότερος, -ον	more endurable	καταφρονήσει, καταφρονέω	despise
ἄργυρος, -ου, ὁ	silver; silver money	κονιορτός, -οῦ, ὁ	dust
Βαρθολομαῖος, -ου, ὁ	Bartholomew	κτήσησθε, κτάομαι	acquire
Βοανηργές	Boanerges	λεπρός, -οῦ, ὁ	leper
Γόμορρα, -ας, ἡ, -ων, τά	Gomorrah	λύκος, -ου, ὁ	wolf; fierce person
διανυκτερεύων, διανυκτερεύω	spend the night	μαλακία, -ας, ἡ	sickness
		Μαθθαῖος, -ου, ὁ	Matthew
δωρεάν	as a gift; for no reason	πήρα, -ας, ἡ	traveler's bag
ἐκτινάξατε, ἐκτινάσσω	shake out	προδότης, -ου, ὁ	betrayer
ἐξετάσατε, ἐξετάζω	try to find out; inquire	προσεφώνησεν, προσφωνέω	address; call out to
ζηλωτής, -οῦ, ὁ	enthusiast; zealot	Σαμαρίτης, -ου, ὁ	Samaritan person
ζώνη, -ης, ἡ	belt	Σόδομα, -ων, τά	Sodom
Θαδδαῖος, -ου, ὁ	Thaddaeus	χαλκός, -οῦ, ὁ	bronze; copper money
Ἰσκαριώθ	Iscariot		

_____ §100 (MATT 10:17–25, LUKE 12:11–12[§199])

ἀρκετός, -ή, -όν	sufficient	μαστιγώσουσιν, μαστιγόω	beat with a whip
Βεελζεβούλ, ὁ	Beelzebul	οἰκιακός, -οῦ, ὁ	member of the household; relative
εἰσφέρωσιν, εἰσφέρω	bring in		
ἐπαναστήσονται, ἐπανίσταμαι	rebel against		

_____ §101 (MATT 10: 26–33, LUKE 12:2–9[§118])

ἄνευ	without	ἠριθμημέναι, ἠρίθμηνται, ἀριθμέω	count
ἀσσάριον, -ου, τό	Rom. copper coin (small value)	κεκαλυμμένον, καλύπτω	cover; keep secret
δῶμα, -τος, τό	housetop; roof	στρουθίον, -ου, τό	sparrow
ἐμβαλεῖν, ἐμβάλλω	throw in	συγκεκαλυμμένον, συγκαλύπτω	conceal
ἐπιλελησμένον, ἐπιλανθάνομαι	forget; neglect	ταμεῖον, -ου, τό	inner room; secret room
		ὑποδείξω, ὑποδείκνυμι	make known; explain

_____§102 (Matt 10:34–36)

διχάσαι, διχάζω	cause to revolt; stir in rebellion	οἰκιακός, -οῦ, ὁ	member of the household; relative
νύμφη, -ης, ἡ	bride; daughter-in-law	πενθερά, -ᾶς, ἡ	mother-in-law

_____§103 (Matt 10:37–39)

_____§104 (Matt 10:40–42, Luke 10:16[§180])

ψυχρός, -ά, -όν	cold	

_____§105 (Matt 11:1)

_____§106 (Matt 11:2–6, Luke 7:18–23)

δεσμωτήριον, -ου, τό	prison	μάστιξ, -ιγος, ἡ	disease
λεπρός, -οῦ, ὁ	leper		

_____§107 (Matt 11:7–19, Luke 7:24–35[§114])

βασίλειος, -ον	royal	μαλακός, -ή, -όν	soft
βιάζεται, βιάζομαι	suffer violence	νομικός, -οῦ, ὁ	lawyer
βιαστής, -οῦ, ὁ	violent person	οἰνοπότης, -ου, ὁ	drunkard
γεννητός, -ή, -όν	born	προσφωνοῦντα, προσφωνοῦσιν, προσφωνέω	address; call out to
ἐθρηνήσαμεν, θρηνέω	wail; lament		
ἐκόψασθε, κόπτω	mourn; beat one's breast		
ἔνδοξος, -ον	splendid; honored	τρυφή, -ῆς, ἡ	revelling; living in luxury
ηὐλήσαμεν, αὐλέω	play the flute	φάγος, -ου, ὁ	glutton
ἠμφιεσμένον, ἀμφιέννυμι	clothe; adorn	φοροῦντες, φορέω	wear
ἱματισμός, -οῦ, ὁ	clothing	ὠρχήσασθε, ὀρχέομαι	dance

_____§108 (Matt 11:20–24, Luke 10:13–15[§104])

ἀνεκτότερος, -ον	more endurable	Σιδών, -ῶνος, ἡ	Sidon
Βηθσαϊδά, ἡ	Bethsaida	Σόδομα, -ων, τά	Sodom
ὀνειδίζειν, ὀνειδίζω	insult; reprimand	σποδός, -οῦ, ἡ	ashes
πάλαι	long ago; already	Χοραζίν, ἡ	Chorazin
σάκκος, -ου, ὁ	sackcloth		

_____§109 (Matt 11:25–27)

εὐδοκία, -ας, ἡ	what pleases; desire	συνετός, -ή, -όν	intelligent

_____§110 (Matt 11:28–30[§46])

ἀνάπαυσις, -εως, ἡ	rest	πραΰς, πραεῖα, πραΰ	gentle
ἐλαφρός, -ά, -όν	light; easy	ταπεινός, -ή, -όν	downhearted; humble
ζυγός, -οῦ, ὁ	yoke	φορτίον, -ου, τό	load
πεφορτισμένοι, φορτίζω	cause to carry a heavy load	χρηστός, -ή, -όν	good

_____§111 (Matt 12:1–8): See §46

_____§112 (Matt 12:9–14): See §47

_____§113 (MATT 12:15–21[§117]): See §48

_____§114 (MATT 26:6–13[§307], MARK 14:3–9[§307], LUKE 7:36–50)

ἀγανακτοῦντες, ἀγανακτέω	be indignant	λεπρός, -οῦ, ὁ	leper
ἀλάβαστρον, -ου, τό	alabaster jar	μνημόσυνον, -ου, τό	memorial
βαρύτιμος, -ον	valuable	μυρίσαι, μυρίζω	anoint with perfume
βρέχειν, βρέχω	make wet	νάρδος, -ου, ἡ	perfume of nard
δανιστής, -οῦ, ὁ	moneylender	ὀρθῶς	correct(ly)
διέλιπεν, διαλείπω	cease	πεντακόσιοι, -αι, -α	five hundred
ἔβρεξεν, βρέχω	make wet	πεντήκοντα	fifty
ἐνεβριμῶντο, ἐμβριμάομαι	scold	πιστικός, -ή, -όν	pure
ἐνταφιάσαι, ἐνταφιάζω	prepare for burial	πολυτελής, -ές	valuable
ἐνταφιασμός, -οῦ, ὁ	preparation for burial	ποταπός, -ή, -όν	what sort of
ἐξέμαξεν, ἐξέμασσεν, ἐκμάσσω	wipe dry	πραθῆναι, πιπράσκω	sell
		προέλαβεν, προλαμβάνω	detect; do
εὖ	good	συνανακείμενοι, συνανάκειμαι	associate in eating
ἠγανάκτησαν, ἀγανακτέω	be indignant		
ἤλειφεν, ἤλειψας, ἤλειψεν, ἀλείφω	anoint	συντρίψασα, συντρίβω	break into pieces
		τριακόσιοι, -αι, -α	three hundred
κατεκλίθη, κατακλίνω	recline to eat	ὑπολαμβάνω	suppose
κατεφίλει, κατεφιλοῦσα, καταφιλέω	kiss	φίλημα, -τος, τό	kiss
		χάριν	because of (οὗ, therefore)
κατέχεεν, καταχέω	pour over	χρεοφειλέτης, -ου, ὁ	debtor

_____§115 (LUKE 8:1–3[§122])

διώδευεν, διοδεύω	travel through	καθεξῆς	one after another; later
ἐπίτροπος, -ου, ὁ	foreman	Σουσάννα, -ης, ἡ	Susanna
Ἰωάννα, -ας, ἡ	Joanna	Χουζᾶς, -ᾶ, ὁ	Chuza

_____§116 (MARK 3:20–21): See §135

_____§117 (MATT 12:22–30, MARK 3:22–27)

Βεελζεβούλ, ὁ	Beelzebul	ἐρημοῦται, ἐρημόομαι	be destroyed
διαρπάσαι, διαρπάσει, διαρπάζω	plunder	ἔφθασεν, φθάνω	come to; go prior to; attain; come upon
ἐνθύμησις, -εως, ἡ	thought	σκορπίζει, σκορπίζω	scatter; give generously

_____§118 (MATT 12:31–37, MARK 3:28–30[§135], LUKE 12:10[§100])

ἁμάρτημα, -τος, τό	sin	καταδικασθήσῃ, καταδικάζω	condemn
ἀργός, -ή, -όν	useless; indifferent	περίσσευμα, -τος, τό	abundance
γέννημα, -τος, τό	offspring	σαπρός, -ά, -όν	bad
ἔχιδνα, -ης, ἡ	snake; evil person		

_____§119 (MATT 12:38–42, LUKE 11:29–32[§192])

βασίλισσα, -ης, ἡ	queen	κῆτος, -ους, τό	big fish
ἐπαθροιζομένων, ἐπαθροίζομαι	gather together more	μοιχαλίς, -ί	adulterous; unfaithful
		Νινευίτης, -ου, ὁ	a Ninevite
Ἰωνᾶς, -ᾶ, ὁ	Jonah	νότος, -ου, ὁ	south; south wind
κήρυγμα, -τος, τό	preaching	πέρας, -ατος, τό	limit; conclusion

_____§120 (MATT 12:43–45[§135], LUKE 11:24–26[§190])

ἀνάπαυσις, -εως, ἡ	place to rest	σεσαρωμένον, σαρόω	sweep
ἄνυδρος, -ον	waterless	σχολάζοντα, σχολάζω	be empty

_____§121 (MATT 12:46–50, MARK 3:31–35[§117]): See §135

_____§122 (MATT 13:1–9, MARK 4:1–9, LUKE 8:4–8)

αἰγιαλός, -οῦ, ὁ	shore	ἰκμάς, -άδος, ἡ	moisture
ἀνέτειλεν, ἀνατέλλω	rise	κατεπατήθη, καταπατέω	trample on
ἀπέπνιξαν, ἀποπνίγω	choke	κατέπεσεν, καταπίπτω	fall; fall down
βάθος, -ους, τό	depth	πετρώδης, -ες	rocky; stony
ἑκατονταπλασίων, -ον	hundred times as much	σπόρος, -ου, ὁ	seed
ἐκαυματίσθη, καυματίζω	harm by heat	συνέπνιξαν, συμπνίγω	choke
ἐξανέτειλεν, ἐξανατέλλω	sprout leaves	συνιόντος, σύνειμι	come together
ἑξήκοντα	sixty	συμφυεῖσαι, συμφύω	grow with
ἐπιπορευομένων, ἐπιπορεύομαι	arrive	τριάκοντα	thirty
		φυέν, φύω	grow
ἔπνιξαν, πνίγω	choke		

_____§123 (MATT 13:10–17, MARK 4:10–12, LUKE 8:9–10)

ἀναπληροῦνται, ἀναπληρόω	complete number of; bring to completion	ἐκάμμυσαν, καμμύω	close (the eyes)
βαρέως	with difficulty	ἐπαχύνθη, παχύνομαι	become thick; be unable to understand

_____§124 (MATT 13:18–23[§127], MARK 4:13–20, LUKE 8:11–15)

ἄκαρπος, -ον	without fruit; useless	παραδέχονται, παραδέχομαι	receive; welcome
ἀπάτη, -ης, ἡ	deception	πετρώδης, -ες	rocky; stony
δή	then	πρόσκαιρος, -ον	temporary
ἑξήκοντα	sixty	σπόρος, -ου, ὁ	seed
ἡδονή, -ῆς, ἡ	pleasure; passion	συμπνίγει, συμπνίγονται, συμπνίγουσιν, συμπνίγω	choke; crowd around
καρποφορεῖ, καρποφοροῦσιν, καρποφορέω	bear fruit	τελεσφοροῦσιν, τελεσφορέω	bear ripe fruit
		τριάκοντα	thirty
μέριμνα, -ης, ἡ	anxiety		

_____§125 (MARK 4:21–25, LUKE 8:16–18[§135])

ἀπόκρυφος, -ον	secret	κλίνη, -ης, ἡ	bed
καλύπτει, καλύπτω	cover; keep secret	μόδιος, -ου, ὁ	container

_____§126 (MARK 4:26–29[§128])

αὐτόματος, -η, -ον	without any cause; by itself	μηκύνηται, μηκύνομαι	grow
βλαστᾷ, βλαστάνω	bear fruit	σπόρος, -ου, ὁ	seed
δρέπανον, -ου, τό	sickle	στάχυς, -υος, ὁ	head of wheat
καρποφορεῖ, καρποφορέω	bear fruit		

_____§127 (MATT 13:24–30)

ἀποθήκη, -ης, ἡ	storehouse	ἐκριζώσητε, ἐκριζόω	uproot
δέσμη, -ης, ἡ	bundle	ἐπέσπειρεν, ἐπισπείρω	sow on top of
ἐβλάστησεν, βλαστάνω	bear fruit; sprout	ζιζάνιον, -ου, ὁ	darnel

θεριστής, -οῦ, ὁ	reaper	συναυξάνεσθαι,	grow with
συλλέγοντες, συλλέξατε,	pick	συναυξάνομαι	
συλλέξωμεν, συλλέγω			

_____§128 (MATT 13:31–32, MARK 4:30–32[§130], LUKE 13:18–19)

κατασκηνοῦν,	make a nest	κόκκος, -ου, ὁ	seed
κατασκήνωσεν,		λάχανον, -ου, τό	garden plant
κατασκηνόω		σίναπι, -εως, τό	mustard plant
κῆπος, -ου, ὁ	garden	σκιά, -ᾶς, ἡ	shade; shadow

_____§129 (MATT 13:33, LUKE 13:20–21[§211])

| ἄλευρον, -ου, τό | wheat flour | ἐζυμώθη, ζυμόω | leaven |
| ἐνέκρυψεν, ἐγκρύπτω | conceal in | σάτον, -ου, τό | batch (measurement) |

_____§130 (MATT 13:34–35, MARK 4:33–34[§90])

| ἐπέλυεν, ἐπιλύω | explain; resolve | ἐρεύξομαι, ἐρεύγομαι | announce |

_____§131 (MATT 13:36–43)

βρυγμός, -οῦ, ὁ	gnashing	κάμινος, -ου, ἡ	furnace
διασάφησον, διασαφέω	explain; tell in detail	κλαυθμός, -οῦ, ὁ	weeping
ἐκλάμψουσιν, ἐκλάμπω	shine forth	συλλέγεται, συλλέξουσιν,	pick
ζιζάνιον, -ου, τό	darnel	συλλέγω	
θεριστής, -οῦ, ὁ	reaper	συντέλεια, -ας, ἡ	end

_____§132 (MATT 13:44–46)

| ἔμπορος, -ου, ὁ | merchant | πέπρακεν, πιπράσκω | sell |
| μαργαρίτης, -ου, ὁ | pearl | πολύτιμος, -ον | valuable |

_____§133 (MATT 13:47–50)

ἄγγος, -ους, τό	container	κλαυθμός, -οῦ, ὁ	weeping
αἰγιαλός, -οῦ, ὁ	shore	σαγήνη, -ης, ἡ	seine net
ἀναβιβάσαντες, ἀναβιβάζω	pull up	σαπρός, -ά, -όν	bad
βρυγμός, -οῦ, ὁ	gnashing	συνέλεξαν, συλλέγω	pick
κάμινος, -ου, ἡ	furnace		

_____§134 (MATT 13:51–52[§33])

| μαθητευθείς, μαθητεύω | follow; make followers | | |

_____§135 (MATT 12:46–50[§122], MARK 3:20–21[§117],3:31–35[§122], LUKE 8:19–21[§90])

κύκλῳ	around	συντυχεῖν, συντυγχάνω	come near to
περιβλεψάμενος,	look around		
περιβλέπομαι			

_____§136 (MARK 4:35–41, LUKE 8:22–25): See §90

_____§137 (MARK 5:1–20, LUKE 8:26–39): See §91

_____§138 (MARK 5:21–43, LUKE 8:40–56): See §95

_____§139 (MATT 13:53–58, MARK 6:1–6a): See §33

_____§142 (MARK 6:6b–13, LUKE 9:1–6)

ἀποτινάσσετε, ἀποτινάσσω	shake off	περιῆγεν, περιάγω	travel about
ἄρρωστος, -ον	ill	πήρα, -ας, ἡ	traveler's bag
ἐκτινάξατε, ἐκτινάσσω	shake out	σανδάλιον, -ου, τό	sandal
ζώνη, -ης, ἡ	belt	συγκαλεσάμενος, συγκαλέω	call together
ἤλειφον, ἀλείφω	anoint	ὑποδεδεμένους, ὑποδέομαι	put on (shoes)
κονιορτός, -οῦ, ὁ	dust	χαλκός, -οῦ, ὁ	bronze; copper money
κύκλῳ	around	χοῦς, χοός, ὁ	dust
πανταχοῦ	everywhere		

_____§143 (MATT 14:1–2, MARK 6:14–16, LUKE 9:7–9[§145])

ἀπεκεφάλισα, ἀποκεφαλίζω	behead	τετραάρχης, -ου, ὁ	tetrarch
διηπόρει, διαπορέω	be perplexed		

_____§144 (MATT 14:3–12[§146], MARK 6:17–29)

ἀπέθετο, ἀποτίθεμαι	put away	μεγιστάνε, -ἄνος, ὁ	very important persons
ἀπεκεφάλισεν, ἀποκεφαλίζω	behead	ὀρχησαμένης, ὀρχέομαι	dance
γενέσια, -ων, τά	birthday celebration	περίλυπος, -ον	very sad
ἐνεῖχεν, ἐνέχω	have grudge against; be hostile toward	πίναξ, -ακος, ἡ	plate
		προβιβασθεῖσα, προβιβάζω	urge
ἐξαυτῆς	immediately	πτῶμα, -τος, τό	corpse
εὔκαιρος, -ον	favorable time	σπεκουλάτωρ, -ορος, ὁ	courier; executioner
ἡδέως	gladly	συνανακειμένοις,	associate in eating
ἥμισυς, -εια, -υ	one half	συνανακειμένους,	
ἠπόρει, ἀπορέω	be at a loss	συνανάκειμαι	
Ἡρωδιάς, -άδος, ἡ	Herodias	συνετήρει, συντηρέω	preserve; keep in mind
κοράσιον, -ου, τό	girl	ὠρχήσατο, ὀρχέομαι	dance

_____§145 (MARK 6:30–31, LUKE 9:10a)

διηγήσαντο, διηγέομαι	tell fully	εὐκαίρουν, εὐκαιρέω	have time to; have opportunity

_____§146 (MATT 14:13–21, MARK 6:32–44, LUKE 9:10b–17[§158])

ἀνακλιθῆναι, ἀνακλῖναι, ἀνακλίνω	cause to lie down; cause to recline to eat	κλισία, -ας, ἡ	eating group
		κόφινος, -ου, ὁ	large basket
ἀποδεξάμενος, ἀποδέχομαι	welcome	κύκλῳ	around
ἄρρωστος, -ον	ill	πεζῇ	on foot
Βηθσαϊδά, ἡ	Bethsaida	πεντακισχίλιοι, -αι, -α	five thousand
διακόσιοι, -αι, -α	two hundred	πεντήκοντα	fifty
ἐπισιτισμός, -ους, ὁ	food	πρασιά, -ᾶς, ἡ	group (of people)
θεραπεία, -ας, ἡ	healing	προῆλθον, προέρχομαι	go prior to
κατακλίνατε, κατέκλιναν, κατακλίνω	cause to recline to eat	συμπόσιον, -ου, τό	eating group (symposium)
		συνέδραμον, συντρέχω	run together
κατέκλασεν, κατακλάω	break into pieces	ὑπεχώρησεν, ὑποχωρέω	withdraw
κλάσμα, -τος, τό	piece of; fragment	χλωρός, -ά, -όν	light green
κλίνειν, κλίνω	draw to a close; begin to end		

§147 (Matt 14:22–33, Mark 6:45–52)

ἀνέκραξαν, ἀνακράζω	shout	καταποντίζεσθαι, καταποντίζομαι	sink
ἀποταξάμενος, ἀποτάσσομαι	say goodbye		
Βηθσαϊδά, ἡ	Bethsaida	κῦμα, -τος, τό	wave
ἐδίστασας, διστάζω	doubt	ὀλιγόπιστος, -ου	of little faith
ἐκόπασεν, κοπάζω	cease	πεπωρωμένη, πωρόω	harden; have closed mind
ἐλαύνειν, ἐλαύνω	drive along	περισσός, -ή, -όν	exceptional
ἐναντίος	against	στάδιος, -ου, ὁ	stade (600 feet)
ἠνάγκασεν, ἀναγκάζω	compel	φάντασμα, -τος, τό	ghost
θαρσεῖτε, θαρσέω	have courage		

§148 (Matt 14:34–36[§150], Mark 6:53–56[§150])

Γεννησαρέτ, ἡ	Gennesaret	περιφέρειν, περιφέρω	carry around
διαπεράσαντες, διαπεράω	cross over	περίχωρος, -ου, ἡ	surrounding region
διεσώθησαν, διασῴζω	rescue; heal	προσωρμίσθησαν, προσορμίζομαι	moor
κράσπεδον, -ου, τό	fringe; tassel		
περιέδραμον, περιτρέχω	run about		

§150 (Matt 15:1–20, Mark 7:1–23)

ἀκμήν	yet, still	ξέστης, -ου, ὁ	pitcher
ἀκυροῦντες, ἀκυρόω	invalidate	ὁδηγῇ, ὁδηγέω	guide
ἄνιπτος, -ον	not washed	ὁδηγός, -οῦ, ὁ	guide; leader
ἀσύνετος, -ον	without understanding	οὐράνιος, -ον	heavenly
ἀφεδρών, -ῶνος, ὁ	latrine; toilet	παραβαίνετε, παραβαίνουσιν, παραβαίνω	disobey
ἀφροσύνη, -ης, ἡ	foolishness		
βαπτισμός, -οῦ, ὁ	washing	παρόμοιος, -ον	very similar
βόθυνος, -ου, ὁ	pit; ditch	πονηρία, -ας, ἡ	wickedness
ἐκριζωθήσεται, ἐκριζόω	uproot	πόρρω	far away
ἔνταλμα, -τος, τό	commandment	πυγμή, -ῆς, ἡ	fist
ἠκυρώσατε, ἀκυρόω	invalidate	ὑπερηφανία, -ας, ἡ	arrogance
κακολογῶν, κακολογέω	revile	φόνος, -ου, ὁ	murder
κλίνη, -ης, ἡ	bed	φράσον, φράζω	explain
κλοπή, -ῆς, ἡ	theft	φυτεία, -ας, ἡ	plant
κορβᾶν	gift to God (Aram.)	χαλκίον, -ου, ὁ	bronze vessel
μάτην	in vain	χεῖλος, -ους, τό	shore; speech
μοιχεία, -ας, ἡ	adultery	ψευδομαρτυρία, -ας, ἡ	false testimomy

§151 (Matt 15:21–28, Mark 7:24–30)

βοήθει, βοηθέω	help	ὄπισθεν	from behind; on the back of; on the outside
Ἑλληνίς, -ίδος, ἡ	Greek woman		
θυγάτριον, -ου, τό	little daughter	προσέπεσεν, προσπίπτω	prostrate oneself before
Καναναῖος, -α, -ον	Canaanite	Σιδών, -ῶνος, ἡ	Sidon
κλίνη, -ης, ἡ	bed	Συροφοινίκισσα, -ης, ἡ	Syrophoenician woman
κυνάριον, -ου, τό	house dog	ψιχίον, -ου, τό	crumb
λαθεῖν, λανθάνω	escape notice		

§152 (Matt 15:29–31, Mark 7:31–37)

ἄλαλος, -ον	mute	διεστείλατο, διεστέλλετο, διαστέλλομαι	command
δάκτυλος, -ου, ὁ	finger		
Δεκάπολις, -εως, ἡ	Decapolis	ἔρριψαν, ῥίπτω	put down
διανοίχθητι, διανοίγω	make open	ἐστέναξεν, στενάζω	groan; complain strongly

εφφαθα	be opened (Aram.)	πτύσας, πτύω	spit
κυλλός, -ή, -όν	crippled	Σιδών, -ῶνος, ἡ	Sidon
μογιλάλος, -ον	hardly able to speak	ὑπερπερισσῶς	extremely
ὀρθῶς	correct(ly)		

_____§153 (MATT 15:32–39, MARK 8:1–10)

Δαλμανουθά, ἡ	Dalmanutha	νῆστις, νήστιδος, νήστεις	hunger
ἐκλυθήσονται, ἐκλυθῶσιν, ἐκλύομαι	become extremely weary	(acc. pl.), ὁ	
		περίσσευμα, -τος, τό	abundance
ἐρημία, -ας, ἡ	lonely place	προσμένουσιν, προσμένω	stay on; keep on
ἰχθύδιον, -ου, τό	little fish	σπυρίς, -ίδος, ἡ	large basket
κλάσμα, -τος, τό	piece of; fragment	τετρακισχίλιοι, -αι, -α	four thousand
Μαγαδάν, ἡ	Magadan		

_____§154 (MATT 16:1–4, MARK 8:11–13, LUKE 12:54–56[§55])

ἀναστενάξας, ἀναστενάζω	groan deeply	μοιχαλίς, -ί	adulterous; unfaithful
ἀνατέλλουσαν, ἀνατέλλω	rise	νότος, -ου, ὁ	south; south wind
δυσμή, -ῆς, ἡ	west	ὄμβρος, -ου, ὁ	rainstorm
ἐπιδεῖξαι, ἐπιδείκνυμι	show	πνέοντα, πνέω	blow
εὐδία, -ας, ἡ	fair weather	πυρράζει, πυρράζω	be fiery red
Ἰωνᾶς, -ᾶ, ὁ	Jonah	στυγνάζων, στυγνάζω	become dark and gloomy
καύσων, -ωνος, ὁ	scorching heat	χειμών, -ῶνος, ὁ	winter; bad weather

_____§155 (MATT 16:5–12[§158], MARK 8:14–21, LUKE 12:1[§101])

διεστέλλετο, διαστέλλομαι	command	ὀλιγόπιστος, -ου	of little faith
ἐπελάθοντο, ἐπιλανθάνομαι	forget; neglect	πεντακισχίλιοι, -αι, -α	five thousand
ἐπισυναχθεισῶν, ἐπισυνάγω	cause to come together	πεπωρωμένην, πωρόω	harden; have closed mind
καταπατεῖν, καταπατέω	trample on	σπυρίς, -ίδος, ἡ	large basket
κλάσμα, -τος, τό	piece of; fragment	τετρακισχίλιοι, -αι, -α	four thousand
κόφινος, -ου, ὁ	large basket	ὑπόκρισις, -εως, ἡ	pretense; hypocrisy; phony
μυριάς, -άδος, ἡ	ten thousand; countless		

_____§156 (MARK 8:22–26[§158])

ἀπεκατέστη, ἀποκαθίστημι	restore	ὄμμα, -τος, τό	eye
Βηθσαϊδά, ἡ	Bethsaida	πτύσας, πτύω	spit
διέβλεψεν, διαβλέπω	see clearly	τηλαυγῶς	clearly
ἐξήνεγκεν, ἐκφέρω	carry out; lead out		

_____§158 (MATT 16:13–20, MARK 8:27–30, LUKE 9:18–21)

Βαριωνᾶ, -ᾶ, ὁ	Bar-Jonas (Son of Jonah)	κατισχύσουσιν, κατισχύω	defeat
διεστείλατο, διαστέλλομαι	command	κλείς, κλειδός, ἡ	key
Ἰερεμίας, -ου, ὁ	Jeremiah	συνῆσαν, σύνειμι	come together

_____§159 (MATT 16:21–23, MARK 8:31–33, LUKE 9:22)

ἀποδοκιμασθῆναι, ἀποδοκιμάζω	regard as unworthy	ἵλεως, -ων	merciful

_____§160 (MATT 16:24–28, MARK 8:34–9:1, LUKE 9:23–27)

ἀντάλλαγμα, -τος, τό	something given in exchange	αὐτοῦ	here

ζημιωθείς, ζημιωθῇ,	suffer loss	μοιχαλίς, -ί	adulterous; unfaithful
ζημιωθῆναι, ζημιόομαι		πρᾶξις, -εως, ἡ	deed; function

_____§161 (MATT 17:1–9, MARK 9:2–10, LUKE 9:28–36[§163])

βεβαρημένοι, βαρέω	weigh down; burden	ἐπιστάτης, -ου, ὁ	master
γναφεύς, -έως, ὁ	bleacher	ἱματισμός, -οῦ, ὁ	clothing
διαγρηγορήσαντες,	become fully awake	λευκᾶναι, λευκαίνω	make white
διαγρηγορέω		μετεμορφώθη,	change; change apearance
διαχωρίζεσθαι, διαχωρίζομαι	depart from	μεταμορφόομαι	
διεστείλατο, διαστέλλομαι	command	ὀκτώ	eight
διηγήσωνται, διηγέομαι	tell fully	περιβλεψάμενοι,	look around
εἶδος, -ους, τό	form	περιβλέπομαι	
ἔκφοβος, -ον	terrified	στίλβοντα, στίλβω	glisten
ἔλαμψεν, λάμπω	shine	συλλαλοῦντες, συλλαλέω	talk with
ἐξάπινα	immediately	συνελάλουν, συλλαλέω	talk with
ἐξαστράπτων, ἐξαστράπτω	glisten	ὕπνος, -ου, ὁ	sleep
ἔξοδος, -ου, ἡ	departure; death	φωτεινός, -ή, -όν	full of light; bright
ἐπεσκίαζεν, ἐπισκιάζουσα,	cast a shadow upon		
ἐπεσκίασεν, ἐπισκιάζω			

_____§162 (MATT 17:10–13, MARK 9:11–13)

ἀποκαθιστάνει,	restore; send back	ἐξουδενηθῇ, ἐξουδενέω	ill-treat
ἀποκαθίστημι		κύκλῳ	around
ἀποκαταστήσει,	restore; send back		
ἀποκαθίστημι			

_____§163 (MATT 17:14–21, MARK 9:14–29, LUKE 9:37–43a)

ἀδυνατήσει, ἀδυνατέω	be powerless; be disabled	μεγαλειότης, -ητος, ἡ	prominence
ἄλαλος, -ον	mute	μόγις	scarcely; with difficulty
ἀποχωρεῖ, ἀποχωρέω	go away	μονογενής, -ές	unique; only
ἀφρίζει, ἀφρίζων, ἀφρίζω	foam up	νηστεία, -ας, ἡ	fasting
ἀφρός, -οῦ, ὁ	foam	ὀλιγοπιστία, -ας, ἡ	limited faith
βοήθει, βοηθέω	help	παιδιόθεν	since childhood
βοήθησον, βοηθέω	help	προσάγαγε, προσάγω	bring into presence
γονυπετῶν, γονυπετέω	kneel down	προστρέχοντες, προστρέχω	run up to
διεστραμμένη, διαστρέφω	mislead; pervert	ῥήσσει, ῥήγνυμι	throw into a fit
ἔνθεν	from here	σεληνιάζεται, σεληνιάζομαι	be an epileptic
ἐκυλίετο, κυλίομαι	roll about	σίναπι, -εως, τό	mustard plant
ἐξαίφνης	immediately	σπαράξας, σπαράσσει,	throw into a fit
ἐξεθαμβήθησαν, ἐκθαμβέομαι	be astounded	σπαράσσω	
ἑξῆς	the next day	συνεσπάραξεν,	throw into a fit
ἐπιβλέψαι, ἐπιβλέπω	notice; pay attention to	συσπαράσσω	
ἐπισυντρέχει, ἐπισυντρέχω	run together	συνήντησεν, συναντάω	meet up
ἔρρηξεν, ῥήγνυμι	rip; begin to shout; break forth with; throw into a fit	συντρῖβον, συντρίβω	break into pieces; crush; overcome completely
κόκκος, -ου, ὁ	seed	τρίζει, τρίζω	gnash

_____§164 (MATT 17:22–23, MARK 9:30–32[§166], LUKE 9:43b–45[§166])

αἴσθωνται, αἰσθάνομαι	be able to understand	παρεπορεύοντο,	pass by
παρακεκαλυμμένον,	make secret	παραπορεύομαι	
παρακαλύπτω		συστρεφομένων, συστρέφω	gather together

_____§165 (Matt 17:24–27)

ἄγκιστρον, -ου, τό	**fish hook**	κῆνσος, -ου, ὁ	**tax**
δίδραχμον, -ου, τό	**two drachma (two day's wages)**	προέφθασεν, προφθάνω	**anticipate**
		στατήρ, -ῆρος, ὁ	**silver coin (four day's wages)**

_____§166 (Matt 18:1–5[§168], Mark 9:33–37, Luke 9:46–48)

ἐναγκαλισάμενος, ἐναγκαλίζομαι	**embrace**

_____§167 (Mark 9:38–41, Luke 9:49–50[§174])

ἐπιστάτης, -ου, ὁ	**master**	κακολογῆσαι, κακολογέω	**revile**

_____§168 (Matt 18:6–9, Mark 9:42–50[§174])

ἅλας, -ατος, τό	**salt**	κυλλός, -ή, -όν	**crippled**
ἁλισθήσεται, ἁλίζω	**salt**	μονόφθαλμος, -ον	**one-eyed**
ἄναλος, -ον	**without salt**	μύλος, -ου, ὁ	**mill; millstone**
ἀπόκοψον, ἀποκόπτω	**cut down, cut off**	ὀνικός, -ή, -όν	**of a donkey**
ἀρτύσετε, ἀρτύω	**season**	πέλαγος, -ους, τό	**open sea**
ἄσβεστος, -ον	**unquenchable**	περίκειται, περίκειμαι	**be around; be put around; wear**
εἰρηνεύετε, εἰρηνεύω	**live in peace**		
ἔξελε, ἐξαιρέω	**take out**	σβέννυται, σβέννυμι	**extinguish a fire; stop**
καταποντισθῇ, καταποντίζομαι	**sink**	σκώληξ, -ηκος, ὁ	**maggot**
		τράχηλος, -ου, ὁ	**neck**
κρεμασθῇ, κρεμάννυμι	**cause to hang**		

_____§169 (Matt 18:10–14)

ἐνενήκονταεννέα	**ninety-nine**	καταφρονήσητε, καταφρονέω	**despise**

_____§170 (Matt 18:15–18)

ἐθνικός, -ή, -όν	**heathen; Gentile**	παρακούσῃ, παρακούω	**ignore**
μεταξύ	**between**		

_____§171 (Matt 18:19–20)

συμφωνήσωσιν, συμφωνέω	**agree; match**

_____§172 (Matt 18:21–22)

ἑβδομηκοντάκις	**seventy times; seventy multiples**	ἑπτάκις	**seven times**
		ποσάκις	**how often?**

_____§173 (Matt 18:23–35)

βασανιστής, -οῦ, ὁ	**prison guard; torturer**	οὐράνιος, -ον	**heavenly**
δάνειον, -ου, τό	**debt; loan**	ὀφειλέτης, -ου, ὁ	**debtor**
διεσάφησον, διασαφέω	**explain**	ὀφειλή, -ῆς, ἡ	**debt**
ἔπνιγεν, πνίγω	**choke**	πραθῆναι, πιπράσκω	**sell**
μύριοι, -αι, -α	**ten thousand**	συναίρειν, συνᾶραι, συναίρω	**check accounts**
ὀργισθείς, ὀργίζομαι	**be very angry**		

_____§174 (MATT 19:1–2[§252], MARK 10:1[§252], LUKE 9:51)

ἀνάλημψις, -εως, ἡ	ascension	συμπληροῦσθαι, συμπληρόω	come to an end; complete
εἰώθει, εἴωθα	be in the habit of	συμπορεύονται,	come together
μετῆρεν, μεταίρω	depart	συμπορεύομαι	

_____§175 (LUKE 9:52–56[§89])

ἀναλῶσαι, ἀναλίσκω	destroy	Σαμαρίτης, -ου, ὁ	Samaritan person

_____§176 (LUKE 9:57–62): See §89

_____§177 (LUKE 10:1–12[§108])

ἀνακάμψει, ἀνακάμπτω	return	ἐπαναπαήσεται,	remain
ἀνέδειξεν, ἀναδείκνυμι	give a task	ἐπαναπαύομαι	
ἀνεκτότερος, -ον	more endurable	κονιορτός, -οῦ, ὁ	dust
ἀπομασσόμεθα,	wipe off	λύκος, -ου, ὁ	wolf
ἀπομάσσομαι		μήγε	not
ἀρήν, ἀρνός, ὁ	lamb	πήρα, -ας, ἡ	traveler's bag
βαλλάντιον, -ου, τό	money bag	πλατεῖα, -ας, ἡ	wide street
ἑβδομήκοντα	seventy	Σόδομα, -ων, τά	Sodom
ἑβδομήκοντα δύο	seventy-two		

_____§178 (LUKE 10:13–15): See §108

_____§179 (LUKE 10:16): See §104

_____§180 (LUKE 10:17–20)

ἀστραπή, -ῆς, ἡ	lightning	ἐγγέγραπται, ἐγγράφω	record
ἑβδομήκοντα	seventy	πατεῖν, πατέω	step on
ἑβδομήκοντα δύο	seventy-two	σκορπίος, -ου, ὁ	scorpion

_____§181 (LUKE 10:21–24)

ἀπέκρυψας, ἀποκρύπτω	keep secret	συνετός, -ή, -όν	intelligent
εὐδοκία, -ας, ἡ	what pleases; desire		

_____§182 (MATT 22:34–40[§283], MARK 12:28–34[§283], LUKE 10:25–28)

ἐκπειράζων, ἐκπειράζω	test; try to trap	ὁλοκαύτωμα, -τος, τό	whole burnt offering
ἐφίμωσεν, φιμόω	muzzle; put to silence	ὀρθῶς	correct(ly)
κρέμαται, κρεμάννυμι	cause to hang	σύνεσις, -εως, ἡ	what is understood;
νομικός, -οῦ, ὁ	lawyer		intelligence
νουνεχῶς	wisely		

_____§183 (LUKE 10:29–37)

ἀντιπαρῆλθεν,	pass by on opposite side	ἐπεμελήθη, ἐπεμελήθητι,	take care of; think about
ἀντιπαρέρχομαι		ἐπιμελέομαι	
ἐκδύσαντες, ἐκδύω	take off clothes	ἐπιβιβάσας, ἐπιβιβάζω	cause to mount
ἐμπέσοντος, ἐμπίπτω	fall into; experience	ἐπιχέων, ἐπιχέω	pour on
ἐπανέρχεσθαι, ἐπανέρχομαι	return to	ἡμιθανής, -ές	half dead
		Ἰεριχώ, ἡ	Jericho

κατέδησεν, καταδέω	wrap	προσδαπανήσῃς, προσδαπανάω	spend in addition
κτῆνος, -ους, τό	beast of burden	Σαμαρίτης, -ου, ὁ	Samaritan person
Λευίτης, -ου, ὁ	Levite	συγκυρία, -ας, ἡ	by coincidence
ὁδεύων, ὁδεύω	travel	τραῦμα, -τος, τό	wound
πανδοχεῖον, -ου, τό	inn	ὑπολαβών, ὑπολαμβάνω	take; reply
πανδοχεύς, -έως, ὁ	innkeeper		
περιέπεσεν, περιπίπτω	run into; fall into hand of		

_____§184 (LUKE 10:38–42[§62])

θορυβάζῃ, θορυβάζω	be upset	περιεσπᾶτο, περισπάομαι	be distracted and anxious
μερίς, -ίδος, ἡ	portion	συναντιλάβηται, συναντιλαμβάνομαι	join in helping
παρακαθεσθεῖσα, παρακαθέζομαι	sit down by	ὑπεδέξατο, ὑποδέχομαι	welcome

_____§185 (LUKE 11:1–4): See §62

_____§186 (LUKE 11:5–8[§70])

ἀναίδεια, -ας, ἡ	insolence	χρῄζει, χρῄζω	need
κοίτη, -ης, ἡ	bed	χρῆσον, κίχρημι	lend
μεσονύκτιον, -ου, τό	midnight		

_____§187 (LUKE 11:9–13): See §70

_____§188 (LUKE 11:14–23[§120])

Βεελζεβούλ, ὁ	Beelzebul	ἐρημοῦται, ἐρημόομαι	be destroyed
δάκτυλος, -ου, ὁ	finger; power	καθωπλισμένος, καθοπλίζομαι	arm fully
διαδίδωσιν, διαδίδωμι	give out		
διανόημα, -τος, τό	thought	πανοπλία, -ας, ἡ	weapons and armor
ἔφθασεν, φθάνω	come to; go prior to; attain; come upon	σκορπίζει, σκορπίζω	scatter; give generously
		σκῦλον, -ου, τό	armor (pl. booty)
ἐπάν	whenever	σκῦλα, σκύλων, τά	booty
ἐπελθών, ἐπέρχομαι	arrive; assault; happen		

_____§189 (LUKE 11:24–26): See §120

_____§190 (LUKE 11:27–28[§119])

ἐθήλασας, θηλάζω	nurse a baby	μενοῦν	on the contrary
μαστός, -οῦ, ὁ	breast		

_____§191 (LUKE 11:29–32): See §119

_____§192 (LUKE 11:33[§65])

κρύπτη, -ης, ἡ	secret place; cellar	μόδιος, -ου, ὁ	container

_____§193 (LUKE 11:34–36): See §65

_____§194 (LUKE 11:37–54[§155])

Ἄβελ, ὁ	Abel	ἀποδεκατοῦτε, ἀποδεκατόω	give a tenth; collect tithes
ἄδηλος, -ον	not evident		

ἀποστοματίζειν,   ask hostile questions   θηρεῦσαι, θηρεύω   catch in mistake
  ἀποστοματίζω   κλείς, κλειδός, ἡ   key
ἀριστήσῃ, ἀριστάω   eat a meal; have breakfast   λάχανον, -ου, τό   garden plant
ἄριστον, -ου, τό   meal; noon meal   μεταξύ   between
ἁρπαγή, -ῆς, ἡ   plunder; greed   νομικός, -οῦ, ὁ   lawyer
δάκτυλος, -ου, ὁ   finger; power   παρεῖναι, παρίημι   avoid
δεινῶς   terribly   πήγανον, -ου, τό   rue
δυσβάστακτος, -ον   difficult   πίναξ, -ακος, ἡ   plate
ἐκζητηθῇ, ἐκζητηθήσεται,   bring charges against   πονηρία, -ας, ἡ   wickedness
  ἐκζητέω   προσψαύετε, προσψαύω   touch; touch to help
ἐνεδρεύοντες, ἐνεδρεύω   be in ambush; make plans   πρωτοκαθεδρία, -ας, ἡ   seat of honor
                               against   συνευδοκεῖτε, συνευδοκέω   agree
ἐνέχειν, ἐνέχω   have grudge against   ὑβρίζεις, ὑβρίζω   maltreat; insult
ἐνόντα, ἔνειμι   be inside   φορτίζετε, φορτίζω   cause to carry
ἡδύοσμον, -ου, τό   mint   φορτίον, -ου, τό   load

_____§195 (LUKE 12:1) : See §155

_____§196 (LUKE 12:2–9): See §101

_____§197 (LUKE 12:10): See §118

_____§198 (LUKE 12:11–12): See §100

_____§199 (LUKE 12:13–15)

μεριστής, -οῦ, ὁ   divider

_____§200 (LUKE 12:16–21[§67])

ἀπαιτοῦσιν, ἀπαιτέω   ask back   θησαυρίζων, θησαυρίζω   treasure up
ἀποθήκη, -ης, ἡ   storehouse   καθελῶ, καθαιρέω   take down; tear down
εὐφόρησεν, εὐφορέω   produce much fruit

_____§201 (LUKE 12:22–32): See §67

_____§202 (LUKE 12:33–34): See §64

_____§203 (LUKE 12:35–48)

ἀνακλινεῖ, ἀνακλίνω   cause to lie down; cause to   μεθύσκεσθαι, μεθύσκομαι   get drunk
                               recline to eat   ὀσφῦς, -ύος, ἡ   waist; genitals
ἀναλύσῃ, ἀναλύω   return   περιεζωσμέναι,   be girded
διορυχθῆναι, διορύσσω   break through   περιζώσεται, περιζώννυμαι
διχοτομήσει, διχοτομέω   cut in two; punish severely   σιτομέτριον, -ου, τό   food ration
θεραπεία, -ας, ἡ   healing; household servants   χρονίζει, χρονίζω   be late
κρούσαντος, κρούω   knock

_____§204 (LUKE 12:49–53[§154])

ἀνήφθη, ἀνάπτω   start fire   ὅτου   until; while
διαμερισμός, -οῦ, ὁ   division   πενθερά, -ᾶς, ἡ   mother-in-law
νύμφη, -ης, ἡ   bride; daughter-in-law

_____§205 (LUKE 12:54–56): See §154

_____§206 (LUKE 12:57–59): See §55

_____§207 (LUKE 13:1–9)

ἀμπελουργός, -οῦ, ὁ	vinedresser	ὅτου	until; while
δεκαοκτώ	eighteen	ὀφειλέτης, -ου, ὁ	debtor; sinner
ἔμιξεν, μίγνυμι	mix	πύργος, -ου, ὁ	(watch)tower
ἱνατί	why?	Σιλωάμ, ὁ	Siloam
κόπριον, -ου, τό	dung	σκάψω, σκάπτω	dig; till ground
μήγε	not		

_____§208 (LUKE 13:10–17[§128])

ἀγανακτῶν, ἀγανακτέω	be indignant	δεκαοκτώ	eighteen
ἀνακύψαι, ἀνακύπτω	straighten up	ἔνδοξος, -ον	splendid; honored
ἀντικείμενοι, ἀντίκειμαι	be hostile toward	ὄνος, -ου, ὁ, ἡ	donkey
ἀνωρθώθη, ἀνορθόω	build up again	παντελής, -ές	complete
ἀρχισυνάγωγος, -ου, ὁ	leader of a synagogue	προσεφώνησεν, προσφωνέω	call to oneself
βοῦς, βοός, ὁ, ἡ	cattle	συγκύπτουσα, συγκύπτω	be doubled up
δέκα καὶ ὀκτώ	eighteen	φάτνη, -ης, ἡ	feed box, stall

_____§209 (LUKE 13:18–19): See §128

_____§210 (LUKE 13:20–21): See §129

_____§211 (LUKE 13:22–30)

ἀγωνίζεσθε, ἀγωνίζομαι	fight; make effort	δυσμή, -ῆς, ἡ	west
ἀνακλιθήσονται, ἀνακλίνω	cause to lie down; cause to recline to eat	κλαυθμός, -οῦ, ὁ	weeping
		κρούειν, κρούω	knock
ἀποκλείσῃ, ἀποκλείω	close	νότος, -ου, ὁ	south; south wind
βορρᾶς, -ᾶ, ὁ	north	πλατεῖα, -ας, ἡ	wide street
βρυγμός, -οῦ, ὁ	gnashing	πορεία, -ας, ἡ	journey
διεπορεύετο, διαπορεύομαι	travel through; pass by	στενός, -ή, -όν	narrow

_____§212 (LUKE 13:31–33)

ἀλώπηξ, -εκος, ἡ	fox	ἐνδέχεται, ἐνδέχομαι	be possible
ἀποτελῶ, ἀποτελέω	complete	ἴασις, -εως, ἡ	healing

_____§213 (MATT 23:37–39[§287], LUKE 13:34–35)

ἐπισυναγαγεῖν, ἐπισυνάξαι, ἐπισυνάγω	cause to come together; gather together	νοσσίον, -ου, τό	young bird
		ὄρνις, -ιθος, ἡ	bird
λιθοβολοῦσα, λιθοβολέω	stone to death	ποσάκις	how often
νοσσιά, -ᾶς, ἡ	brood	πτέρυξ, -υγος, ἡ	wing

_____§214 (LUKE 14:1–6)

ἀνασπάσει, ἀνασπάω	pull up	νομικός, -οῦ, ὁ	lawyer
ἀνταποκριθῆναι, ἀνταποκρίνομαι	answer in return	παρατηρούμενοι, παρατηρέω	watch closely
		ὑδρωπικός, -ή, -όν	suffering from dropsy
βοῦς, βοός, ὁ, ἡ	cattle	φρέαρ, -ατος, τό	well; deep pit
ἡσύχασαν, ἡσυχάζω	remain quiet		

_____ §215 (LUKE 14:7–14)

αἰσχύνη, -ης, ἡ	shame	ἔντιμος, -ον	honored; valuable
ἀνάπειρος, -ον	maimed	ἐπέχων, ἐπέχω	watch; notice
ἀνταπόδομα, -τος, τό	repayment	κατακλιθῇς, κατακλίνω	cause to recline to eat
ἀνταποδοῦναι, ἀνταποδίδωμι	pay back; repay	προσανάβηθι, προσαναβαίνω	move up to
ἀντικαλέσωσιν, ἀντικαλέω	invite back	πρωτοκλισία, -ας, ἡ	seat of honor
ἀνώτερον	higher	συγγενής, -οῦς, ὁ	relative
ἄριστον, -ου, τό	meal; noon meal	συνανακειμένων,	associate in eating
γείτων, -ονος, ὁ, ἡ	neighbor	συνανάκειμαι	
δοχή, -ῆς, ἡ	banquet		

_____ §216 (MATT 22:1–14[§280], LUKE 14:15–24)

ἀμελήσαντες, ἀμελέω	disregard	ζεῦγος, -ους, τό	pair
ἀνάγκασον, ἀναγκάζω	compel	κλαυθμός, -οῦ, ὁ	weeping
ἀνάπειρος, -ον	maimed	ὀργισθείς, ὀργίζομαι	be very angry
ἄριστον, -ου, τό	meal; noon meal	πλατεῖα, -ας, ἡ	wide street
βοῦς, βοός, ὁ, ἡ	cattle	ῥύμη, -ης, ἡ	narrow street
βρυγμός, -οῦ, ὁ	gnashing	σιτιστός, -ή, -όν	fattened
γεμισθῇ, γεμίζω	fill	στράτευμα, -τος, τό	army; soldiers
διέξοδος, -ου, ἡ	main street crossing	συνανακειμένων,	associate in eating
ἐμπορία, -ας, ἡ	business	συνανάκειμαι	
ἔνδυμα, -τος, τό	clothing	ταῦρος, -ου, ὁ	bull
ἐνέπρησεν, ἐμπίμπρημι	set on fire	ὕβρισαν, ὑβρίζω	maltreat; insult
ἐξώτερος, -α, -ον	outside	φονεύς, -έως, ὁ	murderer
ἑταῖρος, -ου, ὁ	companion	φραγμός, -οῦ, ὁ	fence; byway
ἐφιμώθη, φιμόω	muzzle; cease to make sound	ὠργίσθη, ὀργίζομαι	be very angry

_____ §217 (LUKE 14:25–33[§52])

ἀπαρτισμός, -οῦ, ὁ	completion	πόρρω	far away
ἀποτάσσεται, ἀποτάσσομαι	say goodbye; renounce	πρεσβεία, -ας, ἡ	representative
βουλεύσεται, βουλεύομαι	think about carefully	πύργος, -ου, ὁ	(watch)tower
δαπάνη, -ης, ἡ	expense	συμβαλεῖν, συμβάλλω	debate; meet
εἴκοσι	twenty	συνεπορεύοντο,	go with
ἐκτελέσαι, ἐκτελέω	complete	συμπορεύομαι	
μήγε	not	ψηφίζει, ψηφίζω	calculate; figure out

_____ §218 (LUKE 14:34–35): See §52

_____ §219 (LUKE 15:1–7)

γείτων, -ονος, ὁ, ἡ	neighbor	συγχάρητε, συγχαίρω	rejoice with
διεγόγγυζον, διαγογγύζω	grumble	συνεσθίει, συνεσθίω	eat together
ἐνενήκονταεννέα	ninety-nine	ὦμος, -ου, ὁ	shoulder
συγκαλεῖ, συγκαλέω	call together		

_____ §220 (LUKE 15:8–10)

γείτων, -ονος, ὁ, ἡ	neighbor	σαροῖ, σαρόω	sweep
δραχμή, -ῆς, ἡ	Greek coin (about a day's wage)	συγκαλεῖ, συγκαλέω	call together
ἐπιμελῶς	carefully	συγχάρητε, συγχαίρω	rejoice with

_____§221 (LUKE 15:11–32)

ἀνέζησεν, ἀναζάω	live again
ἀπεδήμησεν, ἀποδημέω	leave home on a journey
ἀσώτως	recklessly; dissolutely
βόσκειν, βόσκω	feed animals, herd animals
δακτύλιος, -ου, ὁ	ring
δαπανήσαντος, δαπανάω	spend; waste
διεῖλεν, διαιρέω	divide
διεσκόρπισεν, διασκορπίζω	scatter; squander
ἐξενέγκατε, ἐκφέρω	carry out; lead out; grow
ἔριφος, -ου, ὁ	he-goat; kid
κατεφίλησεν, καταφιλέω	kiss
κεράτιον, -ου, τό	carob pod
μακρός, -ά, -όν	far (away)
μίσθιος, -ου, ὁ	hired worker
μόσχος, -ου, ὁ	calf
οὐσία, -ας, ἡ	property
πολίτης, -ου, ὁ	citizen
σιτευτός, -ή, -όν	fattened; prized
στολή, -ῆς, ἡ	long robe
συμφωνία, -ας, ἡ	music
τράχηλος, -ου, ὁ	neck
χορός, -οῦ, ὁ	dancing
ὠργίσθη, ὀργίζομαι	be very angry

_____§222 (LUKE 16:1–9)

αἰσχύνομαι	be ashamed
βάτος, -ου, ὁ	bath (eight to nine gallons)
διασκορπίζων, διασκορπίζω	scatter; squander
διεβλήθη, διαβάλλω	accuse; slander
ἐκλίπῃ, ἐκλείπω	fail
ἐπαιτεῖν, ἐπαιτέω	beg
ἐπήνεσεν, ἐπαινέω	praise
κόρος, -ου, ὁ	cor (Heb. measurement)
μαμωνᾶς, -ᾶ, ὁ	worldly wealth
μεταςταθῶ, μεθίστημι	cause to move; cause change; be discharged
ὀγδοήκοντα	eighty
οἰκονομεῖν, οἰκονομέω	manage a household
οἰκονομία, -ας, ἡ	management of a household
πεντήκοντα	fifty
σκάπτειν, σκάπτω	dig; till ground
φρονίμως	shrewdly; wisely
χρεοφειλέτης, -ου, ὁ	debtor

_____§223 (LUKE 16:10–12[§66])

μαμωνᾶς, -ᾶ, ὁ	wealth

_____§224 (LUKE 16:13): See §66

_____§225 (LUKE 16:14–15[§54])

βδέλυγμα, -τος, τό	what is detestable
ἐξεμυκτήριζον, ἐκμυκτηρίζω	ridicule
φιλάργυρος, -ον	loving money

_____§226 (LUKE 16:16–17): See §54

_____§227 (LUKE 16:18)

_____§228 (LUKE 16:19–31)

ἄκρον, -ου, τό	tip, top
ἀπενεχθῆναι, ἀποφέρω	carry away; lead off
βάσανος, -ου, ἡ	torment
βάψῃ, βάπτω	dip in
βύσσος, -ου, ἡ	fine linen
δάκτυλος, -ου, ὁ	finger
διαβῆναι, διαβαίνω	cross over
διαπερῶσιν, διαπεράω	cross over
ἕλκος, -ους, τό	sore
εἱλκωμένος, ἑλκόομαι	have sores
ἐνεδιδύσκετο, ἐνδιδύσκω	clothe
ἔνθεν	from here
ἐπέλειχον, ἐπιλείχω	lick
καταψύξῃ, καταψύχω	make cool
κόλπος, -ου, ὁ	lap
κύων, κυνός, ὁ	dog
λαμπρῶς	luxuriously
μεταξύ	between
ὀδυνᾶσαι, ὀδυνῶμαι, ὀδυνάομαι	be in great pain

πορφύρα, -ας, ἡ   **purple cloth**   χάσμα, -τος, τό   **chasm**
φλόξ, φλογός, ἡ   **flame**

_____§229 (LUKE 17:1–3a)

ἀνένδεκτος, -ον   **impossible**   μυλικός, -ή, -όν   **of a mill**
ἔρριπται, ῥίπτω   **throw**   περίκειται, περίκειμαι   **be put around**
λυσιτελεῖ, λυσιτελέω   **be advantageous, be better**   τράχηλος, -ου, ὁ   **neck**

_____§230 (LUKE 17:3b–4)

ἑπτάκις   **seven times**

_____§231 (LUKE 17:5–6)

ἐκριζώθητι, ἐκριζόω   **uproot**   σίναπι, -εως, τό   **mustard plant**
κόκκος, -ου, ὁ   **seed**   συκάμινος, -ου, ἡ   **mulberry tree**

_____§232 (LUKE 17:7–10)

ἀροτριῶντα, ἀροτριάω   **plow**   περιζωσάμενος,   **be girded**
ἀχρεῖος, -ον   **useless; not worthy of praise**   περιζώννυμαι
δειπνήσω, δειπνέω   **eat a meal**

_____§233 (LUKE 17:11–19)

ἀλλογενής, -ές   **foreign**   ἐπιστάτης, -ου, ὁ   **master**
ἀπήντησαν, ἀπαντάω   **meet up with**   λεπρός, -οῦ, ὁ   **leper**
ἐννέα   **nine**   πόρρωθεν   **far away**
ἐπιδείξατε, ἐπιδείκνυμι   **show**   Σαμαρίτης, -ου, ὁ   **Samaritan person**

_____§234 (LUKE 17:20–21)

ἐντός   **among; inside**   παρατήρησις, -εως, ἡ   **close watch; observation**

_____§235 (LUKE 17:22–37)

ἀετός, -οῦ, ὁ   **eagle; vulture**   ζωογονήσει, ζωογονέω   **keep alive; make live**
ἀλήθουσαι, ἀλήθω   **grind grain**   θεῖον, -ου, τό   **sulfur**
ἀποδοκιμασθῆναι,   **regard as unworthy**   κατακλυσμός, -οῦ, ὁ   **flood**
  ἀποδοκιμάζω   κιβωτός, -οῦ, ἡ   **boat, ark**
ἀστραπή, -ῆς, ἡ   **lightning, bright beam** κλίνη, -ης, ἡ   **bed**
ἀστράπτουσα, ἀστράπτω   **glisten**   λάμπει, λάμπω   **shine**
δῶμα, -τος, τό   **housetop**   Λώτ, ὁ   **Lot**
ἔβρεξεν, βρέχω   **rain; send rain; make wet**   Νῶε, ὁ   **Noah**
ἐγαμίζοντο, γαμίζω   **marry; give in marriage**   περιποιήσασθαι,   **acquire**
ἐπισυναχθήσονται,   **cause to come together**   περιποιέομαι
  ἐπισυνάγω   Σόδομα, -ων, τά   **Sodom**

_____§236 (LUKE 18:1–8)

ἀντίδικος, -ου, ὁ   **accuser; adversary**   ἐντρεπόμενος, ἐντρέπω   **make ashamed**
ἄρα   **indeed**   τάχος, -ους, τό   **speed**
ἐγκακεῖν, ἐγκακέω   **become discouraged**   ὑπωπιάζῃ, ὑπωπιάζω   **annoy and wear out; give a**
ἐκδίκησις, -εως, ἡ   **justice; revenge**   **black eye**
ἐκδίκησον, ἐκδικήσω,   **give justice; revenge**
  ἐκδικέω

_____ §237 (LUKE 18:9–14[§253])

ἀποδεκατῶ, ἀποδεκατόω	give a tenth; collect tithes	κτῶμαι, κτάομαι	acquire
ἅρπαξ, -αγος	violently greedy	μοιχός, -οῦ, ὁ	adulterer
δίς	twice	στῆθος, -ους, τό	chest
ἱλάσθημι, ἱλάσκομαι	forgive; show mercy		

_____ §251 (MATT 19:1–2, MARK 10:1): See §174

_____ §252 (MATT 19:3–12, MARK 10:2–12)

ἀποστάσιον, -ου, τό	notice of divorce	μοιχᾶται, μοιχάομαι	commit adultery
ἄρσην, -εν	male	προσκολληθήσεται, προσκολλάομαι	join
ἕνεκα	because of		
εὐνούχισαν, εὐνουχίσθησαν, εὐνουχίζω	make a eunuch	σκληροκαρδία, -ας, ἡ	stubbornness; hardness of heart
εὐνοῦχος, -ου, ὁ	eunuch	συνέζευξεν, συζεύγνυμι	join in marriage
θῆλυς, -εια, -υ	female		

_____ §253 (MATT 19:13–15, MARK 10:13–16, LUKE 18:15–17)

βρέφος, -ους, τό	infant; childhood	ἠγανάκτησαν, ἀγανακτέω	be indignant
ἐναγκαλισάμενος, ἐναγκαλίζομαι	embrace	κατευλόγει, κατευλογέω	bless

_____ §254 (MATT 19:16–22, MARK 10:17–22, LUKE 18:18–23)

ἀποστερήσῃς, ἀποστερέω	defraud; deprive of	περίλυπος, -ον	very sad
γονυπετήσας, γονυπετέω	kneel down	προσδραμών, προστρέχω	run up to
δεῦρο	(come) here	στυγνάσας, στυγνάζω	become dark and gloomy; be shocked
διάδος, διαδίδωμι	give out		
κτῆμα, -ατος, τό	property	ψευδομαρτυρήσεις, ψευδομαρτυρήσῃς, ψευδομαρτυρέω	give false witness
λείπει, λείπω	be in need; not possessed		
νεότης, -ητος, ἡ	youth		

_____ §255 (MATT 19:23–30, MARK 10:23–31[§262], LUKE 18:24–30[§262])

βελόνη, -ης, ἡ	needle	περίλυπος, -ον	very sad
δύσκολος, -ον	difficult	περισσῶς	excessive
δυσκόλως	with difficulty	πολλαπλασίων, -ον	many times as much
ἐθαμβοῦντο, θαμβέομαι	be amazed	ῥαφίς, -ίδος, ἡ	needle
ἑκατονταπλασίων, -ον	hundred times as much	τρῆμα, -τος, τό	hole; eye of needle
εὐκοπώτερος, -α, -ον	easier	τρυμαλιά, -ᾶς, ἡ	hole; eye of needle
κάμηλος, -ου, ὁ, ἡ	camel	τρύπημα, -ατος, τό	hole; eye of needle
παλιγγενεσία, -ας, ἡ	new age; rebirth	χρῆμα, -τος, τό	riches; money
περιβλεψάμενος, περιβλέπομαι	look around		

_____ §256 (MATT 20:1–16[§262])

ἀργός, -ή, -όν	idle; lazy	ἑταῖρος, -ου, ὁ	companion
βάρος, -ους, τό	hardship; burden	ἴσος, -η, -ον	equal
ἐγόγγυζον, γογγύζω	complain	καύσων, -ωνος, ὁ	scorching heat
ἐμισθώσατο, μισθόομαι	hire	μισθώσασθαι, μισθόομαι	hire
ἐνδέκατος, -η, -ον	eleventh	συμφωνήσας, συνεφώνησας, συμφωνέω	agree
ἐπίτροπος, -ου, ὁ	foreman		

_____§262 (Matt 20:17–19, Mark 10:32–34, Luke 18:31–34[§96])

ἐθαμβοῦντο, θαμβέομαι	be amazed	μαστιγῶσαι,	beat with a whip; punish
ἐμπτυσθήσεται,	spit	μαστιγώσαντες,	
ἐμπτύσουσιν, ἐμπτύω		μαστιγώσουσιν, μαστιγόω	
		συμβαίνειν, συμβαίνω	happen
		ὑβρισθήσεται, ὑβρίζω	maltreat; insult

_____§263 (Matt 20:20–28[§96], Mark 10:35–45[§96])

ἀριστερός, -ά, -όν	left	κατεξουσιάζουσιν,	reign
διχάσαι, διχάζω	cause to revolt	κατεξουσιάζω	
εὐώνυμος, -ον	left	λύτρον, -ου, τό	ransom
ἡγανακτεῖν, ἡγανάκτησαν,	be indignant	προσπορεύονται,	approach
ἀγανακτέω		προσπορεύομαι	
κατακυριεύουσιν,	rule; overpower		
κατακυριεύω			

_____§264 (Matt 20:29–34, Mark 10:46–52, Luke 18:35–43): See §96

_____§265 (Luke 19:1–10)

ἀρχιτελώνης, -ου, ὁ	chief tax collector	καθότι	because
διεγόγγυζον, διαγογγύζω	grumble	προδραμών, προτρέχω	run in front of
ἐσυκοφάντησα, συκοφαντέω	make false charges	σπεύσας, σπεύδω	do quickly; hasten
Ζακχαῖος, -ου, ὁ	Zacchaeus	συκομορέα, -ας, ἡ	sycamore tree
ἡλικία, -ας, ἡ	stature	τετραπλοῦς, -ῆ, οῦν	four times (as much)
ἥμισυς, -εια, -υ	one half	ὑπεδέξατο, ὑποδέχομαι	welcome
Ἰεριχώ, ἡ	Jericho		

_____§266 (Matt 25:14–30[§300], Luke 19:11–27[§269])

ἀναφαίνεσθαι, ἀναφαίνω	come into view	μνᾶ, -ᾶς, ἡ	Greek monetary unit (large
ἀπεδήμησεν, ἀποδημέω	leave home on a journey		amount)
ἀποδημῶν, ἀποδημέω	leave home on a journey	ὀκνηρός, -ά, -όν	lazy
ἀποκειμένην, ἀπόκειμαι	put away	πολίτης, -ου, ὁ	citizen
αὐστηρός, -ά, -όν	exacting	πραγματεύσασθε,	do business
ἀχρεῖος, -ον	useless	πραγματεύομαι	
βρυγμός, -οῦ, ὁ	gnashing	πρεσβεία, -ας, ἡ	representative
διεπραγματεύσαντο,	earn by trade or commerce	προσηργάσατο,	earn in addition
διαπραγματεύομαι		προσεργάζομαι	
διεσκόρπισας, διασκορπίζω	scatter	σκληρός, -ά, -όν	harsh; demanding
ἐξώτερος, -α, -ον	outside; farthest	σουδάριον, -ου, τό	face cloth
ἐπανελθεῖν, ἐπανέρχομαι	return to	συναίρει, συναίρω	check accounts; settle
εὖ	good		accounts
εὐγενής, -ές	wellborn; high status	τόκος, -ου, ὁ	interest
κατασφάξατε, κατασφάζω	slaughter	τραπεζίτης, -ου, ὁ	banker
κλαυθμός, -οῦ, ὁ	weeping	ὤρυξεν, ὀρύσσω	dig
μακρός, -ά, -όν	far (away)		

_____§269 (Matt 21:1–9[§271], Mark 11:1–10[§271], Luke 19:28–40)

αἰνεῖν, αἰνέω	praise	ἔκοπτον, κόπτω	cut
ἄμφοδον, -ου, τό	city street	ἐλαιών, -ῶνος, ὁ	olive orchard
Βηθφαγή, ἡ	Bethphage	ἔστρωσαν, στρωννύω	spread out

ἐπεβίβασαν, ἐπιβιβάζω	cause to mount	πραΰς, πραεῖα, πραΰ	gentle
ἐπεκάθισεν, ἐπικαθίζω	sit upon	πώποτε	ever
ἐπιβεβηκώς, ἐπιβαίνω	go onto; mount	Σιών, ἡ	(Mount) Zion
ἐπιρίψαντες, ἐπιρίπτω	throw on	στιβάς, -άδος, ἡ	leafy branch
ἐστρώννυον, ἔστρωσαν, στρωννύω	spread out	συνέταξεν, συντάσσω	command
		ὑπεστρώννυον, ὑποστρωννύω	spread out underneath
κατάβασις, -εως, ἡ	slope		
κατέναντι	opposite	ὑποζύγιον, -ου, τό	pack animal
κόψαντες, κόπτω	cut	ὡσαννά	hosanna (Heb.)
ὄνος, -ου, ὁ, ἡ	donkey		

_____§270 (LUKE 19:41–44[§273])

ἐδαφιοῦσιν, ἐδαφίζω	raze	περικυκλώσουσιν, περικυκλόω	surround
ἐπισκοπή, -ῆς, ἡ	visitation		
πάντοθεν	from all directions; all over	χάραξ, -ακος, ὁ	barricade
παρεμβαλοῦσιν, παρεμβάλλω	surround		

_____§271 (MATT 21:10–17, MARK 11:11)

αἶνος, -ου, ὁ	praise	κολλυβιστής, -οῦ, ὁ	moneychanger
ἐσείσθη, σείω	shake; cause great anxiety	Ναζαρέθ, ἡ	Nazareth
ἠγανάκτησαν, ἀγανακτέω	be indignant	ὄψιος, -α, -ον	late
ηὐλίσθη, αὐλίζομαι	spend the night	περιβλεψάμενος, περιβλέπομαι	look around
θαυμάσιος, -α, -ον	marvelous		
θηλαζόντων, θηλάζω	nurse a baby	σπήλαιον, -ου, τό	cave
καθέδρα, -ας, ἡ	chair	ὡσαννά	hosanna (Heb.)
κατέστρεψεν, καταστρέφω	turn over		

_____§272 (MATT 21:18–19[§275], MARK 11:12–14)

ἐπανάγων, ἐπανάγω	return to	φύλλον, -ου, τό	leaf
σῦκον, -ου, τό	fig		

_____§273 (MARK 11:15–17, LUKE 19:45–46)

καθέδρα, -ας, ἡ	chair	κολλυβιστής, -οῦ, ὁ	moneychanger
κατέστρεψεν, καταστρέφω	turn over	σπήλαιον, -ου, τό	cave

_____§274 (MARK 11:18–19, LUKE 19:47–48[§276])

ἐξεκρέματο, ἐκκρεμάννυμι	hand on	ὀψέ	late; evening; after

_____§275 (MATT 21:20–22, MARK 11:20–26)

ἀναμνησθείς, ἀναμιμνήσκω	cause to remember	παραπορευόμενοι, παραπορεύομαι	pass by
κατηράσω, καταράομαι	curse		

_____§276 (MATT 21:23–27, MARK 11:27–33[§278], LUKE 20:1–8[§278])

καταλιθάσει, καταλιθάζω	stone to death	συνελογίσαντο, συλλογίζομαι	talk with

_____§277 (MATT 21:28–32)

μεταμεληθείς, μεταμελήθητε, μεταμέλομαι	feel sad about; change one's mind

_____§278 (Matt 21:33–46[§216], Mark 12:1–12[§280], Luke 20:9–19[§280])

ἀπεδήμησεν, ἀποδημέω	leave home on a journey	θαυμαστός, -ή, -όν	marvelous
ἀπεδοκίμασαν, ἀποδοκιμάζω	regard as unworthy	ἴσως	probably
ἀτιμάσαντες, ἀτιμάζω	treat shamefully; cause to be dishonored	ληνός, -οῦ, ἡ	wine press
		λικμήσει, λικμάω	crush
γωνία, -ας, ἡ	corner	περιέθηκεν, περιτίθημι	put around
ἐκδώσεται, ἐκδίδωμαι	rent out	πύργος, -ου, ὁ	(watch)tower
ἐκεφαλίωσαν, κεφαλιόω	beat on the head	συνθλασθήσεται, συνθλάω	break into pieces
ἐλιθοβόλησαν, λιθοβολέω	stone to death	τραυματίσαντες, τραυματίζω	hurt; wound
ἐντραπήσονται, ἐντρέπω	make ashamed; respect (middle)	ὑπολήνιον, -ου, τό	wine trough
		φραγμός, -οῦ, ὁ	fence
ἐξέδετο, ἐκδίδωμαι	rent out	ὤρυξεν, ὀρύσσω	dig
ἠτίμασαν, ἀτιμάζω	treat shamefully; cause to be dishonored		

_____§279 (Matt 22:1–14): See §216

_____§280 (Matt 22:15–22, Mark 12:13–17, Luke 20:20–26)

ἀγρεύσωσιν, ἀγρεύω	catch in mistake	παγιδεύσωσιν, παγιδεύω	catch in mistake; trap
ἀπόκρισις, -εως, ἡ	answer	πανουργία, -ας, ἡ	treachery; craftiness
ἐγκάθετος, -ου, ὁ	spy	παρατηρήσαντες, παρατηρέω	watch closely
ἐναντίον	in front of	πονηρία, -ας, ἡ	wickedness
ἐξεθαύμαζον, ἐκθαυμάζω	be very amazed	συμβούλιον, -ου, τό	plan
ἐπιγραφή, -ῆς, ἡ	inscription	τοίνυν	therefore
ἐπιδείξατε, ἐπιδείκνυμι	show	ὑποκρινομένους, ὑποκρίνομαι	pretend
Ἡρῳδιανοί, -ῶν, οἱ	Herodians		
κῆνσος, -ου, ὁ	tax	ὑπόκρισις, -εως, ἡ	pretense; hypocrisy
νόμισμα, -τος, τό	coin	φόρος, -ου, ὁ	tribute
ὀρθῶς	correct(ly)		

_____§281 (Matt 22:23–33[§182], Mark 12:18–27[§182], Luke 20:27–40[§283])

ἄτεκνος, -ον	childless	ἐξαναστήσῃ, ἐξανίστημι	raise up; beget
βάτος, -ου, ὁ, ἡ	thorn bush	ἐπιγαμβρεύσει, ἐπιγαμβρεύω	marry
γαμίζονται, γαμίζω	marry; give in marriage	ἰσάγγελος, -ον	like an angel
γαμίσκονται, γαμίσκω	give in marriage	καταξιωθέντες, καταξιόομαι	regard as worthy
ἐμήνυσεν, μηνύω	inform		

_____§282 (Matt 22:34–40, Mark 12:28–34): See §182

_____§283 (Matt 22:41–46, Mark 12:35–37a, Luke 20:41–44)

ὑποπόδιον, -ου, τό	footstool	ψαλμός, -οῦ, ὁ	song of praise

_____§284 (Matt 23:1–36[§213], Mark 12:37b–40[§286], Luke 20:45–47[§286])

Ἄβελ, ὁ	Abel	βαρύς, -εῖα, -ύ	heavy; important
ἀκρασία, -ας, ἡ	lack of self-control	γέννημα, -τος, τό	offspring
ἄνηθον, -ου, τό	dill	δάκτυλος, -ου, ὁ	finger
ἀποδεκατοῦτε, ἀποδεκατόω	give a tenth; tithe	δεσμεύουσιν, δεσμεύω	bind
ἁρπαγή, -ῆς, ἡ	plunder; violent greed	διπλοῦς, -ῆ, -οῦν	double
Βαραχίας, -ου, ὁ	Barachiah	διϋλίζοντες, διϋλίζω	filter out

δυσβάστακτος, -ον	difficult	μεταξύ	between
ἕκτος, -η, -ον	sixth	ξηρός, -ά, -όν	dry
ἐντός	among; what is inside	ὁδηγός, -οῦ, ὁ	guide; leader
ἔχιδνα, -ης, ἡ	snake	ὀστέον, -ου, τό	bone
ἡδέως	gladly	οὐράνιος, -ον	heavenly
ἡδύοσμον, -ου, τό	mint	παρομοιάζετε, παρομοιάζω	be very similar to
καθέδρα, -ας, ἡ	chair	παροψίς, -ίδος, ἡ	plate
καθηγητής, -οῦ, ὁ	teacher	περιάγετε, περιάγω	travel about
κάμηλος, -ου, ὁ, ἡ	camel	πλατύνουσιν, πλατύνω	widen
καταπίνοντες, καταπίνω	swallow	προσήλυτος, -ου, ὁ	proselyte
κεκονιαμένοις, κονιάω	whitewash	πρόφασις, -εως, ἡ	pretense; excuse
κινῆσαι, κινέω	move; cause to move; shake; start a riot; cause	πρωτοκαθεδρία, -ας, ἡ	seat of honor
		πρωτοκλισία, -ας, ἡ	seat of honor
κράσπεδον, -ου, τό	fringe; tassel	στολή, -ῆς, ἡ	long robe
κύμινον, -ου, τό	cumin	τάφος, -ου, ὁ	grave
κώνωψ, -ωπος, ὁ	gnat	ὑπόκρισις, -εως, ἡ	pretense; hypocrisy
μακρός, -ά, -όν	long	φορτίον, -ου, τό	load
μαστιγώσετε, μαστιγόω	beat with a whip	φυλακτήριον, -ου, τό	phylactery
μεγαλύνουσιν, μεγαλύνω	make large; honor highly	ὦμος, -ου, ὁ	shoulder
μεστός, -ή, -όν	very full	ὡραῖος, -α, -ον	beautiful; timely

_____§285 (MATT 23:37–39): See §213

_____§286 (MARK 12:41–44, LUKE 21:1–4)

γαζοφυλάκιον, -ου, τό	treasury; offering box	πενιχρός, -ά, -όν	poor
κατέναντι	opposite	ὑστέρημα, -τος, τό	need; absence
κοδράντης, -ου, ὁ	coin	ὑστέρησις, -εως, ἡ	need
λεπτόν, -οῦ, τό	Rom. copper coin (small value)	χαλκός, -οῦ, ὁ	copper money

_____§287 (MATT 24:1–2, MARK 13:1–2, LUKE 21:5–6)

| ἀνάθημα, -τος, τό | offering | ποταπός, -ή, -όν | what sort of |
| ἐπιδεῖξαι, ἐπιδείκνυμι | cause to be seen; show to be true | | |

_____§288 (MATT 24:3–8, MARK 13:3–8, LUKE 21:7–11)

ἀκαταστασία, -ας, ἡ	rebellion; riot	συντέλεια, -ας, ἡ	end
θροεῖσθε, θροέομαι	be alarmed	συντελεῖσθαι, συντελέω	complete; end
κατέναντι	opposite; in the judgment of	φόβητρον, -ου, τό	fearful thing
λοιμός, -οῦ, ὁ	plague	ὠδίν, -ῖνος, ἡ	birth pains; great suffering
πτοηθῆτε, πτοέομαι	be terrified		

_____§289 (MATT 24:9–14, MARK 13:9–13, LUKE 21:12–19)

ἀντικείμενοι, ἀντίκειμαι	be hostile toward	προμελετᾶν, προμελετάω	plan ahead
ἀποβήσεται, ἀποβαίνω	lead to; result in	προμεριμνᾶτε, προμεριμνάω	worry beforehand
ἐπαναστήσονται, ἐπανίσταμαι	rebel against	συγγενής, -οῦς, ὁ	relative
κτήσασθε, κτάομαι	acquire	ψυγήσεται, ψύχομαι	become cold; diminish greatly

§290 (MATT 24:15–22, MARK 13:14–20, LUKE 21:20–24[§292])

αἰχμαλωτισθήσονται, αἰχμαλωτίζω	take captive	ἐκχωρείτωσαν, ἐκχωρέω	depart
		ἐρήμωσις, -εως, ἡ	devastation
βδέλυγμα, -τος, τό	what is detestable	θηλαζούσαις, θηλάζω	nurse
Δανιήλ, ὁ	Daniel	κολοβωθήσονται, κολοβόω	reduce in number
γαστήρ, -τρός, ἡ	belly; womb	κυκλουμένην, κυκλόω	surround
δῶμα, -τος, τό	housetop	πατουμένη, πατέω	step on; trample
ἐκδίκησις, -εως, ἡ	revenge; punishment	στρατόπεδον, -ου, τό	army
ἐκολοβώθησαν, ἐκολόβωσεν, κολοβόω	reduce in number	φυγή, -ῆς, ἡ	flight
		χειμών, -ῶνος, ὁ	winter

§291 (MATT 24:23–28, MARK 13:21–23)

ἀετός, -οῦ, ὁ	eagle; vulture	πτῶμα, -ατος, τό	corpse
ἀποπλανᾶν, ἀποπλανάω	cause wrong views; mislead	ταμεῖον, -ου, τό	inner room; storeroom
ἀστραπή, -ῆς, ἡ	lightning	ψευδόχριστος, -ου, ὁ	false messiah
δυσμή, -ῆς, ἡ	west		

§292 (MATT 24:29–31, MARK 13:24–27, LUKE 21:25–28)

ἄκρον, -ου, τό	extreme boundary; top	ἦχος, -ου, ὁ; -ους; τό	sound
ἀνακύψατε, ἀνακύπτω	straighten up	κόψονται, κόπτω	mourn; beat one's breast
ἀπορία, -ας, ἡ	consternation	προσδοκία, -ας, ἡ	expectation
ἀποψυχόντων, ἀποψύχω	faint	σάλος, -ου, ὁ	surging waves
ἄστρον, -ου, τό	star; planet; constellation	σελήνη, -ης, ἡ	moon
ἐπερχομένων, ἐπέρχομαι	happen	σκοτισθήσεται, σκοτίζομαι	become dark
ἐπισυνάξει, ἐπισυνάξουσιν, ἐπισυνάγω	cause to come together; gather together	συνοχή, -ῆς, ἡ	distress; prison
		φέγγος, -ους, τό	light

§293 (MATT 24:32–36[§296], MARK 13:28–32, LUKE 21:29–33[§295])

ἁπαλός, -ή, -όν	tender	προβάλωσιν, προβάλλω	sprout leaves
ἐκφύῃ, ἐκφύω	sprout leaves	φύλλον, -ου, τό	leaf
θέρος, -ους, τό	summer		

§294 (MARK 13:33–37[§305])

ἀγρυπνεῖτε, ἀγρυπνέω	be alert	θυρωρός, -οῦ, ὁ	doorkeeper
ἀλεκτοροφωνία, -ας, ἡ	cock crow; before dawn	μεσονύκτιον, -ου, τό	midnight
ἀπόδημος, -ον	away on a journey	ὀψέ	late; evening; after
ἐξαίφνης	immediately		

§295 (LUKE 21:34–36[§301])

ἀγρυπνεῖτε, ἀγρυπνέω	be alert; take care of	κατισχύσητε, κατισχύω	be strong
αἰφνίδιος, -ον	immediate; sudden	κραιπάλη, -ης, ἡ	drunken dissipation
βαρηθῶσιν, βαρέω	weigh down; burden	μέθη, -ης, ἡ	drunkenness
βιωτικός, -ή, -όν	of daily life	μέριμνα, -ης, ἡ	anxiety
ἐκφυγεῖν, ἐκφεύγω	flee from; escape	παγίς, -ίδος, ἡ	snare
ἐπεισελεύσεται, ἐπεισέρχομαι	happen		

§296 (MATT 24:37–44)

ἀλήθουσαι, ἀλήθω	grind grain	γαμίζοντες, γαμίζω,	marry; give in marriage

διορυχθῆναι, διορύσσω	break through	μύλος, -ου, ὁ	mill
κατακλυσμός, -οῦ, ὁ	flood	Νῶε, ὁ	Noah
κιβωτός, -οῦ, ἡ	boat, ark	τρώγοντες, τρώγω	eat

_____§297 (Matt 24:45–51)

βρυγμός, -οῦ, ὁ	gnashing	μεθυόντων, μεθύω	be drunk; drink a lot
διχοτομήσει, διχοτομέω	cut in two; punish severely	οἰκετεία, -ας, ἡ	household servants (slaves)
κλαυθμός, -οῦ, ὁ	weeping	χρονίζει, χρονίζω	be late

_____§298 (Matt 25:1–13[§266])

ἀγγεῖον, -ου, τό	container	λαμπάς, -άδος, ἡ	torch, lamp
ἀπάντησις, -εως, ἡ	meeting up with	σβέννυνται, σβέννυμι	extinguish a fire; stop
ἀρκέσῃ, ἀρκέω	be sufficient	ὑπάντησις, -εως, ἡ	drawing near
ἐνύσταξαν, νυστάζω	grow drowsy	χρονίζοντος, χρονίζω	be late
κραυγή, -ῆς, ἡ	shout		

_____§299 (Matt 25:14–30): See §266

_____§300 (Matt 25:31–46[§305])

ἐθρέψαμεν, τρέφω	provide food for	εὐώνυμος, -ον	left
ἐρίφιον, -ου, τό	he-goat; kid	κατηραμένοι, καταράομαι	curse
ἔριφος, -ου, ὁ	he-goat; kid	κόλασις, -εως, ἡ	punishment

_____§301 (Luke 21:37–38[§305])

| ἐλαιών, -ου, τό | olive orchard | ὤρθριζεν, ὀρθρίζω | get up early |
| ηὐλίζετο, αὐλίζομαι | spend the night | | |

_____§305 (Matt 26:1–5[§114], Mark 14:1–2[§114], Luke 22:1–2[§307])

ἄζυμος, -ον	without leaven	συνεβουλεύσαντο,	advise
θόρυβος, -ου, ὁ	clamor; riot	συμβουλεύω	
Καϊάφας, -α, ὁ	Caiaphas		

_____§306 (Matt 26:6–13, Mark 14:3–9): See §114

_____§307 (Matt 26:14–16, Mark 14:10–11, Luke 22:3–6)

ἄτερ	without	Ἰσκαριώτης, -ου, ὁ	Iscariot
εὐκαιρία, -ας, ἡ	opportunity	συνέθεντο, συντίθεμαι	agree together
εὐκαίρως	at a favorable time	συνελάλησεν, συλλαλέω	talk with
Ἰσκαριώθ	Iscariot	τριάκοντα	thirty

_____§308 (Matt 26:17–20[§310], Mark 14:12–17[§310], Luke 22:7–14[§311])

ἄζυμος, -ον	without leaven	κατάλυμα, -τος, τό	inn; room
ἀνάγαιον, -ου, τό	upstairs room	κεράμιον, -ου, τό	jar
ἀπαντήσει, ἀπαντάω	meet up with	συναντήσει, συναντάω	meet up
δεῖνα, ὁ, ἡ	somebody	συνέταξεν, συντάσσω	command
ἐστρωμένον, στρωννύω	spread out; furnish a room		

_____§310 (Matt 26:21–25, Mark 14:18–21, Luke 22:21–23[§313])

| ἐμβαπτόμενος, ἐμβάψας, | dip in | τρύβλιον, -ου, τό | bowl |
| ἐμβάπτω | | ὡρισμένον, ὁρίζω | decide; appoint |

_____ §311 (MATT 26:26–29[§315], MARK 14:22–25[§315], LUKE 22:15–20[§310])

ἄμπελος, -ου, ἡ	grapevine	δειπνῆσαι, δειπνέω	eat a meal
ἀνάμνησις, -εως, ἡ	reminder; remembrance	Καιάφας, -α, ὁ	Caiaphas
γένημα, -τος, τό	product	ὅτου	until; while

_____ §312 (LUKE 22:21–23): See §310

_____ §313 (LUKE 22:24–30[§315])

διαμεμενηκότες, διαμένω	continue; remain	ἐξουσιάζοντες, ἐξουσιάζω	have authority; reign
διατίθεμαι, διατίθεμαι	designate; give the right to rule	εὐεργέτης, -ου, ὁ	benefactor
		κυριεύουσιν, κυριεύω	rule
διέθετο, διατίθεμαι	designate; give the right to rule	φιλονεικία, -ας, ἡ	desire to quarrel

_____ §315 (MATT 26:30–35[§330], MARK 14:26–31[§330], LUKE 22:31–34)

διασκορπισθήσονται, διασκορπίζω	scatter	ποίμνη, -ης, ἡ	flock
		σινιάσαι, σινιάζω	sift
δίς	twice	συναποθανεῖν, συναποθνήσκω	die with
ἐκλίπῃ, ἐκλείπω	fail		
ἐκπερισσῶς	excessive	ὑμνήσαντες, ὑμνέω	sing a hymn
ἐξῃτήσατο, ἐξαιτέομαι	ask for		

_____ §316 (LUKE 22:35–38[§330])

ἄτερ	without	οὐθείς, -έν	no one; nothing
βαλλάντιον, -ου, τό	money bag	πήρα, -ας, ἡ	traveler's bag

_____ §330 (MATT 26:36–46, MARK 14:32–42, LUKE 22:39–46)

ἀββά, ὁ	father (diminutive, Aram.)	ἐνισχύων, ἐνισχύω	strengthen
ἀγωνία, -ας, ἡ	intense sorrow	θρόμβος, -ου, ὁ	clot of blood
ἀδημονεῖν, ἀδημονέω	be upset	ἱδρώς, -ῶτος, ὁ	sweat
ἀπεσπάσθη, ἀποσπάω	pull out; lure away	καταβαρυνόμενοι, καταβαρύνω	weigh down; be very sleepy
αὐτοῦ	here		
βεβαρημένοι, βαρέω	weigh down	παρένεγκε, παραφέρω	take away
βολή, -ῆς, ἡ	throw	περίλυπος, -ον	very sad
Γεθσημανί	Gethsemane	προελθών, προέρχομαι	go on; go along; go prior to; lead
ἐκθαμβεῖσθαι, ἐκθαμβέομαι	be astounded		
ἐκτενῶς	continuously; eagerly	πρόθυμος, -ον	eager

_____ §331 (MATT 26:47–56, MARK 14:43–52, LUKE 22:47–53)

ἀπέσπασεν, ἀποσπάω	pull out; lure away	σινδών, -όνος, ἡ	linen cloth
ἀπόστρεψον, ἀποστρέφω	return, put back	σπασάμενος, σπάομαι	pull; draw
ἀσφαλῶς	safely; certainly	συνηκολούθει, συνακολουθέω	accompany; follow
ἐκαθεζόμην, καθέζομαι	sit (down)		
ἔπαισεν, παίω	hit; sting	σύσσημον, -ου, τό	signal
ἑταῖρος, -ου, ὁ	companion	φίλημα, -τος, τό	kiss
κατεφίλησεν, καταφιλέω	kiss	ὠτάριον, -ου, τό	ear
λεγιών, -ῶνος, ἡ	army unit	ὠτίον, -ου, τό	ear
προήρχετο, προέρχομαι	go on; go along; go prior to; lead		

_____§332 (MATT 26:57–68, MARK 14:53–65, LUKE 22:54–71[§334])

ἀχειροποίητος, -ον	not made by hand	κολαφίζειν, κολαφίζω	strike with fist
βραχύς, -εῖα, -ύ	little	παίσας, παίω	hit
διαρρήξας, διαρ(ρ)ήσσω	rip	περιαψάντων, περιάπτω	start a fire
διαστάσης, διΐστημι	move on; pass (time)	περικαλύπτειν,	cover
διέρρηξεν, διαρ(ρ)ήσσω	rip	περικαλύψαντες,	
διϊσχυρίζετο, διϊσχυρίζομαι	insist firmly	περικαλύπτω	
ἐκολάφισαν, κολαφίζω	strike with fist	πικρῶς	with agony; bitterly
ἐμπτύειν, ἐμπτύω	spit	πρεσβυτέριον, -ου, τό	high council of the Jews;
ἐνέπτυσαν, ἐμπτύω	spit		group of elders
ἐξορκίζω	put under oath	ῥάπισμα, -τος, τό	blow of a whip; slap
ἐράπισαν, ῥαπίζω	whip	συγκαθήμενος, συγκάθημαι	sit down with
ἔσω	inside	συγκαθισάντων, συγκαθίζω	sit down with
εὐλογητός, -ή, -όν	be praised	ὑπεμνήσθη, ὑπομιμνήσκω	remind, remember
ἐψευδομαρτύρουν,	give false witness	χειροποίητος, -ον	hand-made
ψευδομαρτυρέω		ψευδομαρτυρήσῃς,	give false witness
θερμαινόμενος, θερμαίνομαι	warm oneself	ψευδομαρτυρέω	
ἴσος, -η, -ον	equal	ψευδομαρτυρία, -ας, ἡ	false testimomy
Καϊάφας, -α, ὁ	Caiaphas	ψευδόμαρτυς, -υρος, ὁ	false witness
καταμαρτυροῦσιν,	witness against		
καταμαρτυρέω			

_____§333 (MATT 26:69–75, MARK 14:66–72)

ἀναθεματίζειν, ἀναθεματίζω	curse	κάτω	below (location); down to
ἀνεμνήσθη, ἀναμιμνήσκω	cause to remember		(direction)
δῆλος, -η, -ον	evident	λαλιά, -ᾶς, ἡ	utterance; accent
δίς	twice	Ναζαρηνός, -οῦ, ὁ	a Nazarene
θερμαινόμενον, θερμαίνομαι	warm oneself	πικρῶς	with agony; bitterly
καταθεματίζειν,	curse	προαύλιον, -ου, τό	forecourt
καταθεματίζω			

_____§334 (MATT 27:1–2, MARK 15:1[§336], LUKE 23:1[§336])

ἀπήνεγκαν, ἀποφέρω	carry away; lead off	συμβούλιον, -ου, τό	plan
πρωΐα, -ας, ἡ	early morning		

_____§335 (MATT 27:3–10)

ἀθῷος, -ον	innocent	μεταμεληθείς, μεταμέλομαι	feel sad about; change one's
ἀπήγξατο, ἀπάγχομαι	hang oneself		mind
Ἰερεμίας, -ου, ὁ	Jeremiah	ῥίψας, ῥίπτω	throw
καθά	just as	συμβούλιον, -ου, τό	plan
κεραμεύς, -έως, ὁ	potter	συνέταξεν, συντάσσω	command
κορβανᾶς, -ᾶς, ὁ	treasury	ταφή, -ῆς, ἡ	burial place
		τριάκοντα	thirty

_____§336 (MATT 27:11–14[§339], MARK 15:2–5[§339], LUKE 23:2–5)

αἴτιος, -α, -ον	guilty; crime	καταμαρτυροῦσιν,	witness against
ἀνεσείει, ἀνασείω	cause an uproar	καταμαρτυρέω	
διαστρέφοντα, διαστρέφω	mislead	φόρος, -ου, ὁ	tribute
ἐπίσχυον, ἐπισχύω	persist in		

_____ §337 (LUKE 23:6–12)

ἀνέπεμψεν, ἀναπέμπω	send back	λαμπρός, -ά, -όν	shining; sparkling
ἐσθής, -ῆτος, ἡ	clothing	προϋπῆρχον, προϋπάρχω	exist formerly
εὐτόνως	vigorously	στράτευμα, -τος, τό	army; soldiers
ἔχθρα, -ας, ἡ	enmity		

_____ §338 (LUKE 23:13–16)

αἴτιος, -α, -ον	guilty; crime	οὐθείς, -έν	no one; nothing
ἀνέπεμψεν, ἀναπέμπω	send back	συγκαλεσάμενος, συγκαλέω	call together
ἀποστρέφοντα, ἀποστρέφω	lead astray		

_____ §339 (MATT 27:15–23[§341], MARK 15:6–14[§341], LUKE 23:17–23[§341])

αἴτιος, -α, -ον	guilty; crime	ὄναρ, τό	dream
ἀνέκραγον, ἀνακράζω	shout	παμπληθεί	all together
ἀνέσεισαν, ἀνασείω	cause an uproar	περισσῶς	excessively
εἰώθει, εἴωθα	be in the habit of	προσεφώνησεν, προσφωνέω	call out to; address
ἐπέκειντο, ἐπίκειμαι	lie on; press against; be in force; keep on; exist	στασιαστής, -οῦ, ὁ	rebel
		στάσις, -εως, ἡ	rebellion
ἐπεφώνουν, ἐπιφωνέω	cry out	φθόνος, -ου, ὁ	jealousy
ἐπίσημος, -ον	well known	φόνος, -ου, ὁ	murder
κατίσχυον, κατισχύω	be strong enough		

_____ §341 (MATT 27:24–26, MARK 15:15, LUKE 23:24–25[§343])

ἀθῷος, -ον	innocent	θόρυβος, -ου, ὁ	clamor
αἴτημα, -τος, τό	request	προσέπεσεν, προσπίπτω	prostrate oneself before
ἀπέναντι	opposite; against	στάσις, -εως, ἡ	rebellion
ἀπενίψατο, ἀπονίπτω	wash off	φόνος, -ου, ὁ	murder
ἐπέκρινεν, ἐπικρίνω	decide	φραγελλώσας, φραγελλόω	beat with a whip

_____ §342 (MATT 27:27–31a, MARK 15:16–20a)

ἀκάνθινος, -η, -ον	thorny	περιέθηκαν, περιτίθημι	put around
γονυπετήσαντες, γονυπετέω	kneel down	περιτιθέασιν, περιτίθημι	put around
ἐκδύσαντες, ἐκδύω	take off clothes; strip	πλέξαντες, πλέκω	braid
ἐμπτύσαντες, ἐμπτύω	spit	πορφύρα, -ας, ἡ	purple cloth
ἐνδιδύσκουσιν, ἐνδιδύσκω	clothe	πραιτώριον, -ου, τό	palace; palace guard
ἐνέπτυον, ἐμπτύω	spit	σπεῖρα, -ης, ἡ	band of soldiers (600 men)
ἐξέδυσαν, ἐκδύω	take off clothes	συγκαλοῦσιν, συγκαλέω	call together
ἔσω	inside	χλαμύς, -ύδος, ἡ	cloak
κόκκινος, -η, -ον	scarlet		

_____ §343 (MATT 27:31b–32, MARK 15:20b–21, LUKE 23:26–32)

ἀγγαρεύουσιν, ἀγγαρεύω	force to carry	καλύψατε, καλύπτω	cover; hide
Ἀλέξανδρος, -ου, ὁ	Alexander	Κυρηναῖος, -ου, ὁ	a Cyrenian
βουνός, -οῦ, ὁ	hill	μαστός, -οῦ, ὁ	breast
ἔθρεψαν, τρέφω	provide food for; take care of	ξηρός, -ά, -όν	dry
ἐθρήνουν, θρηνέω	wail; lament	ὄπισθεν	from behind
ἐκόπτοντο, κόπτω	mourn; beat one's breast	Ῥοῦφος, -ου, ὁ	Rufus
ἠγγάρευσαν, ἀγγαρεύω	force to carry	στεῖρα, -ας, ἡ	barren
κακοῦργος, -ου, ὁ	evildoer; criminal	ὑγρός, -ά, -όν	wet

_____ §344 (MATT 27:33–37, MARK 15:22–26, LUKE 23:33–34)

ἀριστερός, -ά, -όν	left	κρανίον, -ου, τό	skull
Γολγοθᾶ, -ᾶν (acc.), ἡ	Golgotha	μεθερμηνευόμενον,	translate
ἐπιγεγραμμένη, ἐπιγράφω	write on	μεθερμηνεύομαι	
ἐπιγραφή, -ῆς, ἡ	inscription	μεμιγμένον, μίγνυμι	mix
ἐσμυρνισμένον, σμυρνίζω	mix with myrrh	χολή, -ῆς, ἡ	gall
κακοῦργος, -ου, ὁ	evildoer, criminal		

_____ §345 (MATT 27:38–43, MARK 15:27–32a, LUKE 23:35–38)

ἐξεμυκτήριζον, ἐκμυκτηρίζω	ridicule	ὄξος, -ους, τό	sour wine
ἐπιγραφή, -ῆς, ἡ	inscription	οὐά	aha
εὐώνυμος, -ον	left	παραπορευόμενοι,	pass by
κινοῦντες, κινέω	move; shake	παραπορεύομαι	

_____ §346 (MATT 27:44, MARK 15:32b, LUKE 23:39–43)

ἄτοπος, -ον	bad	συνεσταυρωμένοι,	crucify with
δικαίως	right(ly); justly	συσταυρόω	
κακοῦργος, -ου, ὁ	evildoer, criminal	συσταυρωθέντες,	crucify with
κρεμασθέντων, κρεμάννυμι	cause to hang	συσταυρόω	
παράδεισος, -ου, ὁ	paradise	ὠνείδιζον, ὀνειδίζω	insult; reprimand

_____ §347 (MATT 27:45–54, MARK 15:33–39, LUKE 23:44–48)

ἀνεβόησεν, ἀναβοάω	shout	κάτω	below
γεμίσας, γεμίζω	fill	κεντυρίων, -ωνος, ὁ	Rom. officer (centurion)
ἔγερσις, -εως, ἡ	resurrection	λεμα	why (Heb.)
ἐκατόνταρχος, -ου, ὁ	Rom. officer; centurion	μεθερμηνευόμενον,	translate
ἐκλιπόντος, ἐκλείπω	fail	μεθερμηνεύομαι	
ελωι	my God (Aram.)	ὄξος, -ους, τό	sour wine
ἐξέπνευσεν, ἐκπνέω	die; breathe out	περιέθηκεν, περιτίθημι	put around
ἐναντίος	against; opposite	περιθείς, περιτίθημι	put around
ἐσείσθη, σείω	shake; cause great anxiety	σαβαχθανι	forsake (Aram.)
ηλι	my God (Heb.)	σπόγγος, -ου, ὁ	sponge
θεωρία, -ας, ἡ	spectacle	στῆθος, -ους, τό	chest
ἱνατί	why?	συμπαραγενόμενοι,	come together
καθελεῖν, καθαιρέω	lower; take down	συμπαραγίνομαι	
καταπέτασμα, -τος, τό	curtain		

_____ §348 (MATT 27:55–56[§350], MARK 15:40–41[§350], LUKE 23:49[§350])

Ἰωσῆς, -ῆ (-ῆτος), ὁ	Joses	συνακολουθοῦσαι,	accompany
Σαλώμη, -ης, ἡ	Salome	συνακολουθέω	
		συναναβᾶσαι, συναναβαίνω	come, go up with

_____ §350 (MATT 27:57–61, MARK 15:42–47[§352], LUKE 23:50–56[§352])

ἀπέναντι	opposite	ἐμαθητεύθη, μαθητεύω	follow; make followers
Ἁριμαθαία, -ας, ἡ	Arimathea	ἐνείλησεν, ἐνειλέω	wrap
ἄρωμα, -τος, τό	perfumed ointment	ἐνετύλιξεν, ἐντυλίσσω	wrap; roll up
βουλευτής, -οῦ, ὁ	member of council	ἐπέφωσκεν ἐπιφωσκούσῃ,	dawn; shine forth
ἐδωρήσατο, δωρέομαι	grant	ἐπιφώσκω	
ἐλατόμησεν, λατομέω	hew out rock	εὐσχήμων, -ον	honored

ἡσύχασαν, ἡσυχάζω	rest; remain quiet	πρᾶξις, -εως, ἡ	deed
Ἰωσῆς, -ῆ (-ῆτος), ὁ	Joses	προσάββατον, -ου, τό	Friday (Before the Sabbath)
καθελών, καθαιρέω	lower; take down	προσεκύλισεν,	roll up to
κατακολουθήσασαι,	follow along behind	προσκυλίσας, προσκυλίω	
κατακολουθέω		πτῶμα, -τος, τό	corpse
κεντυρίων, -ωνος, ὁ	Rom. officer (centurion)	σινδών, -όνος, ἡ	linen cloth
λελατομημένον, λατομέω	hew out rock	συγκατατεθειμένος,	agree together
λαξευτός, -ή, -όν	hewn out of rock	συγκατατίθεμαι	
μνῆμα, -τος, τό	grave	τάφος, -ου, ὁ	grave
πάλαι	long ago; already	τέθνηκεν, θνήσκω	die
παρασκευή, -ῆς, ἡ	day of preparation	τοὔνομα (τό ὄνομα)	named; by the name

§351 (MATT 27:62–66)

ἀσφαλίσασθε,	make safe	κουστωδία, -ας, ἡ	guard
ἀσφαλισθῆναι,		παρασκευή, -ῆς, ἡ	day of preparation
ἀσφαλίζομαι		πλάνος, -ον	deceitful
ἠσφαλίσαντο, ἀσφαλίζομαι	make safe; fasten	τάφος, -ου, ὁ	grave

§352 (MATT 28:1–8, MARK 16:1–8[§363], LUKE 24:1–12[§355])

ἀλείψωσιν, ἀλείφω	anoint	ἐσείσθησαν, σείω	shake; cause great anxiety
ἀνατείλαντος, ἀνατέλλω	rise	ἐσθής, -ῆτος, ἡ	clothing
ἀπεκύλισεν,	roll away	ἠπίστουν, ἀπιστέω	not think true; not trust; not believe
ἀποκεκυλισμένον,			
ἀποκεκύλισται,		Ἰωάννα, -ας, ἡ	Joanna
ἀποκυλίσει, ἀποκυλίω		κλινουσῶν, κλίνω	bow
ἀπορεῖσθαι, ἀπορέω	be at a loss	λῆρος, -ου, ὁ	pure nonsense
ἄρωμα, -τος, τό	perfumed ointment	μνῆμα, -τος, τό	grave
ἀστραπή, -ῆς, ἡ	lightning	Ναζαρηνός, -οῦ, ὁ	a Nazarene
ἀστραπτούσῃ, ἀστράπτω	glisten	ὀθόνιον, -ου, τό	linen cloth
βαθύς, βαθεῖα, βαθύ	deep; extremely	ὄρθρος, -ου, ὁ	early morning; daybreak
διαγενομένου, διαγίνομαι	pass (of time)	ὀψέ	late; evening; after
ἔκστασις, -εως, ἡ	amazement	παρακύψας, παρακύπτω	bend over; look into
εἰδέα, -ας, ἡ	form; appearance	Σαλώμη, -ης, ἡ	Salome
ἐκθαμβεῖσθε, ἐκθαμβέομαι	be astounded	στολή, -ῆς, ἡ	long robe
ἔμφοβος, -ον	terrified	τάφος, -ου, ὁ	grave
ἔνδεκα	eleven	τρόμος, -ου, ὁ	trembling
ἔνδυμα, -τος, τό	clothing	χιών, -όνος, ἡ	snow
ἐξεθαμβήθησαν, ἐκθαμβέομαι	be astounded		

§353 (MATT 28:9–10)

§354 (MATT 28:11–15[§364])

ἀμέριμνος, -ον	without worry	κουστωδία, -ας, ἡ	guard
διεφημίσθη, διαφημίζω	spread news	συμβούλιον, -ου, τό	plan

§355 (LUKE 24:13–35)

ἀνόητος, -ον	without understanding	διηνοίχθησαν, διανοίγω	make open; explain
ἀντιβάλλετε, ἀντιβάλλω	discuss	Ἐμμαοῦς, ἡ	Emmaus
ἄφαντος, -ον	invisible	ἐναντίον	in front of
βραδύς, -εῖα, -ύ	slow	ἔνδεκα	eleven
διερμήνευσεν, διερμηνεύω	interpret; explain	ἐξηγοῦντο, ἐξηγέομαι	tell fully; make fully known

ἑξήκοντα	sixty	ὀρθρινός, -ή, -όν	early in the morning
ἐπεδίδου, ἐπιδίδωμι	give to; yield	παρεβιάσαντο, παραβιάζομαι	urge
ἑσπέρα, -ας, ἡ	evening	παροικεῖς, παροικέω	live as a foreigner
ἠθροισμένους, ἀθροίζω	come together	πόρρω	far away
κατακλιθῆναι, κατακλίνω	cause to recline to eat	προσεποιήσατο,	act as though
κέκλικεν, κλίνω	draw to a close	προσποιέομαι	
κλάσις, -εως, ἡ	breaking	σκυθρωπός, -ή, -όν	sad
Κλεοπᾶς, -ᾶ, ὁ	Cleopas	στάδιος, -ου, ὁ	stade (600 feet)
λυτροῦσθαι, λυτρόομαι	liberate	συμβεβηκότων, συμβαίνω	happen
Ναζαρηνός, -οῦ, ὁ	a Nazarene	συνεπορεύετο, συμπορεύομαι	go with; come together
ὁμιλεῖν, ὁμιλέω	talk (with)	ὡμίλουν, ὁμιλέω	talk (with)
ὀπτασία, -ας, ἡ	vision		

_____ §356 (LUKE 24:36–43[§365])

ἀπιστούντων, ἀπιστέω	not think true; not trust; not believe	ἐπέδωκαν, ἐπιδίδωμι	give to; yield
		ὀπτός, -ή, -όν	broiled, baked
βρώσιμος, -ον	eatable	ὀστέον, -ου, τό	bone
ἔμφοβος, -ον	terrified	πτοηθέντες, πτοέομαι	be terrified
ἐνθάδε	here	ψηλαφήσατε, ψηλαφάω	touch; try to find

_____ §362 (MARK 16:1–8)

δύσις, -εως, ἡ	west	ἱερός, -ά, -όν	holy
ἐξήγγειλαν, ἐξαγγέλλω	proclaim throughout	συντόμως	briefly

_____ §363 (MARK 16:9–20)

ἄρρωστος, -ον	ill	θανάσιμος, -ον	deadly
βεβαιοῦντος, βεβαιόω	cause to believe; verify	μορφή, -ῆς, ἡ	visual form
βλάψῃ, βλάπτω	injure	πανταχοῦ	everywhere
ἕνδεκα	eleven	παρακολουθήσει,	be follower of; investigate
ἐπακολουθούντων,	happen along; accompany	παρακολουθέω	carefully; happen along
ἐπακολουθέω		σκληροκαρδία, -ας, ἡ	stubborn; hardness of heart
ἠπίστησαν, ἀπιστέω	not think true; not trust; not believe	συνεργοῦντος, συνεργέω	work together with
		ὠνείδισεν, ὀνειδίζω	reprimand

_____ §364 (MATT 28:16–20)

ἐδίστασαν, διστάζω	doubt	μαθητεύσατε, μαθητεύω	follow; make followers
ἕνδεκα	eleven	συντέλεια, -ας, ἡ	end
ἐτάξατο, τάσσω	assign; command		

_____ §365 (LUKE 24:44–53)

διέστη, διΐστημι	move on; depart from; pass (of time)	ὕψος, -ους, τό	height; world above
		ψαλμός, -οῦ, ὁ	song of praise
διήνοιξεν, διανοίγω	make open; explain		

_____ JOHN 1 (1–18, §1; 19–23, §13; 24–28, §16; 29–34, §18)

ἀμνός, -οῦ, ὁ	lamb	ἑρμηνεύεται, ἑρμηνεύω	translate
ἀπόκρισις, -εως, ἡ	answer	ἐσκήνωσεν, σκηνόω	take up residence; pitch a tent
Βηθσαϊδά, ἡ	Bethsaida		
δέκατος, -η, -ον	tenth	εὐθύνατε, εὐθύνω	make straight; pilot a ship
ἐξηγήσατο, ἐξηγέομαι	tell fully; make fully known	ἱμάς, -άντος, ὁ	strap; whipping

Ἰσραηλίτης, -ου, ὁ   **Israelite**
Κηφᾶς, -ᾶ, ὁ   **Cephas**
κόλπος, -ου, ὁ   **lap; bosom**
Λευίτης, -ου, ὁ   **Levite**
μεθερμηνευόμενον,   **translate**
   μεθερμηνεύομαι

Μεσσίας, -ου, ὁ   **Messiah**
μονογενής, -ές   **unique; only**
Ναζαρέτ   **Nazareth**
Ναθαναήλ, ὁ   **Nathanael**
πώποτε   **ever**

_____ JOHN 2

ἀνέτρεψεν, ἀνατρέπω   **turn over**
ἀντλήσατε, ἀντλέω   **draw water**
ἄνω   **above, upwards**
ἀρχιτρίκλινος, -ου, ὁ   **head steward**
βοῦς, βοός, ὁ, ἡ   **cattle**
γεμίσατε, γεμίζω   **fill**
ἐγέμισαν, γεμίζω   **fill**
ἐλάσσων, -ον   **lesser; inferior**
ἐμπόριον, -ου, τό   **marketplace**
ἠντληκότες, ἀντλέω   **draw water**
καθαρισμός, -οῦ, ὁ   **purification**

Κανά, ἡ   **Cana**
κέρμα, -τος, τό   **coin**
κερματιστής, -οῦ, ὁ   **moneychanger**
κολλυβιστής, -οῦ, ὁ   **moneychanger**
λίθινος, -η, -ον   **made of stone**
μεθυσθῶσιν, μεθύω   **be drunk; drink a lot**
μετρητής, -οῦ, ὁ   **measure**
σχοινίον, -ου, τό   **rope**
τεσσεράκοντα καὶ ἕξ   **forty-six**
ὑδρία, -ας, ἡ   **pitcher**
φραγέλλιον, -ου, τό   **whip**

_____ JOHN 3

Αἰνών, ἡ   **Aenon**
γέρων, -οντος, ὁ   **old man**
διέτριβεν, διατρίβω   **stay**
ἐλαττοῦσθαι, ἐλαττόω   **make less (status)**
ἐπίγειος, -ον   **on the earth; human**
ζήτησις, -εως, ἡ   **discussion; dispute**
καθαρισμός, -οῦ, ὁ   **purification**

μονογενής, -ές   **unique; only**
Νικόδημος, -ου, ὁ   **Nicodemus**
νύμφη, -ης, ἡ   **bride**
πνεῖ, πνέω   **blow**
Σαλείμ   **Salim**
φαῦλος, -η, -ον   **bad**

_____ JOHN 4 (1–3, §30; 4–42, §31; 43–46a, §32; 46b–54, §85)

ἁλλομένου, ἅλλομαι   **jump; bubble up**
ἀντλεῖν, ἀντλέω   **draw water**
ἄντλημα, -τος, τό   **bucket**
ἀντλῆσαι, ἀντλέω   **draw water**
βαθύς, -εῖα, -ύ   **deep**
βασιλικός, -ή, -όν   **royal**
ἕβδομος, -η, -ον   **seventh**
ἐκαθέζετο, καθέζομαι   **sit (down)**
ἐνθάδε   **here**
ἐχθές   **yesterday**
θρέμμα, -τος, τό   **livestock**
καίτοιγε   **although**
Κανά, ἡ   **Cana**
κομψότερον   **be in better health**
λαλιά, -ᾶς, ἡ   **utterance; accent**

Μεσσίας, -ου, ὁ   **Messiah**
μέντοι   **nevertheless; though**
μεταξύ   **ἐν τῷ, meanwhile**
ὁδοιπορία, -ας, ἡ   **journey**
ὁμοῦ   **together**
πατρίς, -ίδος, ἡ   **homeland**
προσκυνητής, -οῦ, ὁ   **worshipper**
πυρετός, -οῦ, ὁ   **fever**
Σαμαρίτης, -ου, ὁ   **Samaritan person**
Σαμαρῖτις, -ιδος, ἡ   **Samaritan woman**
συγχρῶνται, συγχράομαι   **associate**
Συχάρ, ἡ   **Sychar**
τετράμηνος, -ου, ἡ   **four-month period**
ὑδρία, -ας, ἡ   **pitcher**
φρέαρ, -ατος, τό   **well**

_____ JOHN 5

Βηθζαθά, ἡ   **Bethzatha**
δήποτε   **ever**
Ἑβραϊστί   **Heb. language**
εἶδος, -ους, τό   **form; sight**

ἐξένευσεν, ἐκνεύω   **slip out**
ἐπιλεγομένη, ἐπιλέγομαι   **name (pass.)**
ἐραυνᾶτε, ἐραυνάω   **try to learn; search**
ἴσος, -η, -ον   **equal**

κολυμβήθρα, -ας, ἡ	pool	πώποτε	ever
νόσημα, -τος, τό	sickness	στοά, -ᾶς, ἡ	porch
ξηρός, -ά, -όν	paralyzed	τριάκοντα και; ὀκτώ	thirty-eight
προβατικός, -ή, -όν	of sheep	φαῦλος, -η, -ον	bad

_____ JOHN 6 (1–15, §146; 16–21, §147; 22–25, §148; 67–71, §158)

ἀνῆλθεν, ἀνέρχομαι	move up; go up	κλάσμα, -τος, τό	piece of; fragment
ἀρκοῦσιν, ἀρκέω	be sufficient	κόφινος, -ου, ὁ	large basket
βεβρωκόσιν, βιβρώσκω	eat	κρίθινος, -η, -ον	made of barley
βραχύς, -εῖα, -ύ	few; little	μάννα, τό	manna
γογγύζετε, γογγύζουσιν, γογγύζω	complain; murmur	ὀψάριον, -ου, τό	fish
		παιδάριον, -ου, τό	child
διακόσιοι, -αι, -α	two hundred	πεντακισχίλιοι, -αι, -α	five thousand
διδακτός, -ή, -όν	instructed	πλοιάριον, -ου, τό	small boat
διεγείρετο, διεγείρω	wake up; become stormy	πνέοντος, πνέω	blow
διέδωκεν, διαδίδωμι	give out	πόσις, -εως, ἡ	drink; drinking
εἴκοσι πέντε	twenty-five	πώποτε	ever
ἐγέμισαν, γεμίζω	fill	σκληρός, -ά, -όν	harsh; demanding
ἐγόγγυζον, γογγύζω	complain; murmur	στάδιον, -ου, τό	stade (600 feet)
ἐληλακότες, ἐλαύνω	drive along; row	συνεισῆλθεν, συνεισέρχομαι	enter with
ἑλκύσῃ, ἕλκω	pull	Τιβεριάς, -άδος, ἡ	Tiberias
ἐμάχοντο, μάχομαι	clash severely	τριάκοντα	thirty
ἐνεπλήσθησαν, ἐμπίμπλημι	satisfy with food	τρώγων, τρώγω	eat; munch; gnaw
Ἰσκαριώτης, -ου, ὁ	Iscariot		

_____ JOHN 7

Βηθλέεμ, ἡ	Bethlehem	Νικόδημος, -ου, ὁ	Nicodemus
γογγύζοντος, γογγύζω	complain	οὐδέπω	not yet
γογγυσμός, -οῦ, ὁ	complaint	ὄψις, -εως, ἡ	face; appearance
διασπορά, -ᾶς, ἡ	diaspora	πότερον	whether
ἐπάρατος, -ον	accursed	ῥεύσουσιν, ῥέω	flow
ἐραύνησον, ἐραυνάω	try to learn	σκηνοπηγία, -ας, ἡ	festival of the tents
Ἱεροσολυμίτης, -ου, ὁ	inhabitant of Jerusalem	σχίσμα, -τος, τό	tear; division
μέντοι	nevertheless	φανερῶς	publicly; clearly seen
μεσούσης, μεσόω	be half over	χολᾶτε, χολάω	be very angry

_____ JOHN 8

ἀνακύψας, ἀνακύπτω	straighten up	κατακύψας, κατακύπτω	stoop down
ἀναμάρτητος, -ον	guiltless; without sin	κατέγραφεν, καταγράφω	write down
ἀνέκυψεν, ἀνακύπτω	straighten up	κάτω	below
ἀνθρωποκτόνος, -ου, ὁ	murderer	κύψας, κύπτω	stoop down
ἄνω	above	λαλιά, -ᾶς, ἡ	utterance; accent
ἀρεστός, -ή, -όν	pleasing	λιθάζειν, λιθάζω	stone to death
ἀτιμάζετε, ἀτιμάζω	treat shamefully; dishonor	μοιχεία, -ας, ἡ	adultery
αὐτόφωρος, -ον	in the act	ὄρθρος, -ου, ὁ	early morning; daybreak
γαζοφυλάκιον, -ου, τό	treasury; offering box	πεντήκοντα	fifty
δάκτυλος, -ου, ὁ	finger; power	πώποτε	ever
ἐλευθερώσει, ἐλευθερώσῃ, ἐλευθερόω	set free	Σαμαρίτης, -ου, ὁ	Samaritan person

JOHN 9

ἀποσυνάγωγος, -ον	expelled from synagogue	κολυμβήθρα, -ας, ἡ	pool
γείτων, -ονος, ὁ, ἡ	neighbor	ὅτου	until
γενετή, -ῆς, ἡ	birth	πηλός, -οῦ, ὁ	clay
ἐλοιδόρησαν, λοιδορέω	slander; insult	προσαίτης, -ου, ὁ	beggar
ἐπέχρισεν, ἐπιχρίω	rub on	προσαιτῶν, προσαιτέω	beg
ἔπτυσεν, πτύω	spit	πτύσμα, -τος, τό	saliva; spit
ἑρμηνεύεται, ἑρμηνεύω	translate	Σιλωάμ, ὁ	Siloam
ἡλικία, -ας, ἡ	lifetime; maturity	συνετέθειντο, συντίθεμαι	agree together
θαυμαστός, -ή, -όν	marvelous	σχίσμα, -τος, τό	tear; division
θεοσεβής, -ές	religious; devout	χαμαί	on the ground

JOHN 10

ἀλλαχόθεν	from elsewhere	μισθωτός, -οῦ, ὁ	hired worker
ἐγκαίνια, -ων, τά	festival of dedication of the Temple	νομή, -ῆς, ἡ	pasture
		παροιμία, -ας, ἡ	proverb
ἐκύκλωσαν, κυκλόω	surround	περισσός, -ή, -όν	exceptional; superfluous
θυρωρός, -οῦ, ὁ	doorkeeper	ποίμνη, -ης, ἡ	flock
λιθάζετε, λιθάζομεν, λιθάσωσιν, λιθάζω	stone to death	σκορπίζει, σκορπίζω	scatter
		στοά, -ᾶς, ἡ	porch
λύκος, -ου, ὁ	wolf	σχίσμα, -τος, τό	tear; division
μαίνεται, μαίνομαι	be insane	χειμών, -ῶνος, ὁ	winter; bad weather

JOHN 11

ἁγνίσωσιν, ἁγνίζω	purify	κοίμησις, -εως, ἡ	sleep
ἀλείψασα, ἀλείφω	anoint	λάθρᾳ	secretly
ἄνω	above, upwards	λιθάσαι, λιθάζω	stone to death
δεκαπέντε	fifteen	μηνύσῃ, μηνύω	inform
δεῦρο	(come) here	ὄζει, ὄζω	stink
Δίδυμος, -ου, ὁ	Didymus	ὄψις, -εως, ἡ	face; appearance
διεσκορπισμένα, διασκορπίζω	scatter	παραμυθήσωνται, παραμυθούμενοι, παραμυθέομαι	console
ἐβουλεύσαντο, βουλεύομαι	intend; deliberate		
ἐδάκρυσεν, δακρύω	weep	περιεδέδετο, περιδέω	wrap up
ἐκαθέζετο, καθέζομαι	sit (down)	περιεστῶτα, περιΐστημι	stand around
ἐκμάξασα, ἐκμάσσω	wipe dry	προσκόπτει, προσκόπτω	stumble
ἐκραύγασεν, κραυγάζω	shout	σουδάριον, -ου, τό	face cloth
ἐμβριμώμενος, ἐμβριμάομαι	feel strongly	σπήλαιον, -ου, τό	cave
ἐνεβριμήσατο, ἐμβριμάομαι	feel strongly	στάδιον, -ου, τό	stade (600 feet)
ἐξυπνίσω, ἐξυπνίζω	wake up	συμμαθητής, -οῦ, ὁ	fellow disciple
ἐπέκειτο, ἐπίκειμαι	lie on	τεθνηκώς, θνήσκω	die
Ἐφραίμ, ὁ	Ephraim	τεταρταῖος, -α, -ον	the fourth day
Καϊάφας, -α, ὁ	Caiaphas	ὕπνος, -ου, ὁ	sleep
κειρία, -ας, ἡ	strip of cloth		

JOHN 12 (12–19, §269)

ἀποσυνάγωγος, -ον	expelled from synagogue	γλωσσόκομον, -ου, τό	money box
βαΐον, -ου, τό	palm branch	ἐβουλεύσαντο, βουλεύομαι	intend; deliberate
Βηθσαϊδά, ἡ	Bethsaida	ἐκραύγαζον, κραυγάζω	shout
βραχίων, -ονος, ὁ	arm; power	ἑλκύσω, ἕλκω	pull

ἐνταφιασμός, -οῦ, ὁ — preparation for burial
ἐξέμαξεν, ἐκμάσσω — wipe dry
ἐπράθη, πιπράσκω — sell
ἐπώρωσεν, πωρόω — harden; have closed mind
ἤλειψεν, ἀλείφω — anoint
ἤπερ — than
Ἰσκαριώτης, -ου, ὁ — Iscariot
κόκκος, -ου, ὁ — seed
λίτρα, -ας, ἡ — pound
μέντοι — nevertheless
νάρδος, -ου, ἡ — perfume of nard
ὅμως — although; nevertheless
ὀνάριον, -ου, τό — foal

ὄνος, -ου, ὁ, ἡ — donkey
ὀσμή, -ῆς, ἡ — odor; fragrance
πιστικός, -ή, -όν — pure
πολύτιμος, -ον — valuable
σημαίνων, σημαίνω — make clear
Σιών, ἡ — (Mount) Zion
τετύφλωκεν, τυφλόω — blind; make to not understand
τριακόσιοι, -αι, -α — three hundred
ὑπάντησις, -εως, ἡ — drawing near
φοίνιξ, -ίκος, ὁ — palm tree
ὡσαννά — hosanna (Aram.)

_____JOHN 13 (21–30, §310; 36–38, §315)

ἀπορούμενοι, ἀπορέω — be at a loss
βάψας, βάψω, βάπτω — dip in
γλωσσόκομον, -ου, τό — money box
διέζωσεν, διεζωσμένος, διαζώννυμι — gird
ἐκμάσσειν, ἐκμάσσω — wipe dry
Ἰσκαριώτης, -ου, ὁ — Iscariot
κόλπος, -ου, ὁ — lap; bosom
λελουμένος, λούω — wash

λέντιον, -ου, τό — towel
νεύει, νεύω — gesture
νιπτήρ, -ῆρος, ὁ — washbasin
πτέρνα, -ης, ἡ — heel
στῆθος, -ους, τό — chest
τεκνίον, -ου, τό — child
τρώγων, τρώγω — eat; munch
ὑπόδειγμα, -τος, τό — example
ψωμίον, -ου, τό — piece of bread

_____JOHN 14

ἀρκεῖ, ἀρκέω — be sufficient
δειλιάτω, δειλιάω — be cowardly
Ἰσκαριώτης, -ου, ὁ — Iscariot
μονή, -ῆς, ἡ — dwelling place

ὀρφανός, -οῦ, ὁ — orphan
παράκλητος, -ου, ὁ — helper
ὑπομνήσει, ὑπομιμνήκσω — remind

_____JOHN 15

ἄμπελος, -ου, ἡ — grapevine
δωρεάν — without cause; for no reason; for no purpose
καθαίρει, καθαίρω — make clean; prune

κλῆμα, -τος, τό — branch
παράκλητος, -ου, ὁ — helper
πρόφασις, -εως, ἡ — pretense; excuse

_____JOHN 16

ἀποσυνάγωγος, -ον — expelled from synagogue
θαρσεῖτε, θαρσέω — have courage
θρηνήσετε, θρηνέω — wail; lament
λατρεία, -ας, ἡ — worship

ὁδηγήσει, ὁδηγέω — guide
παράκλητος, -ου, ὁ — helper
παροιμία, -ας, ἡ — proverb
σκορπισθῆτε, σκορπίζω — scatter

_____JOHN 17

_____JOHN 18 (1, §330; 2–12, §331; 13–24, §332; 25–27, §333; 28, §334; 29–38, §336; 39–40, §339)

ἀνθρακιά, -ᾶς, ἡ — charcoal fire
Ἄννας, -α, ὁ — Annas
ἀπέκοψεν, ἀποκόπτω — cut down, cut off
ἐθερμαίνοντο, θερμαίνομαι — warm oneself

εἵλκυσεν, ἕλκω — pull
ἐκραύγασαν, κραυγάζω — shout
ἔπαισεν, παίω — hit; sting
ἠγωνίζοντα, ἀγωνίζομαι — fight

θερμαινόμενος, θερμαίνομαι — warm oneself
θήκη, -ης, ἡ — receptacle; sheath
θυρωρός, -οῦ, ὁ — doorkeeper
Καϊάφας, -α, ὁ — Caiaphas
κατηγορία, -ας, ἡ — accusation
Κεδρών, ὁ — Kidron
κῆπος, -ου, ὁ — garden
λαμπάς, -άδος, ἡ — torch, lamp
Μάλχος, -ου, ὁ — Malchus
μιανθῶσιν, μιαίνω — defile
ὅπλον, -ου, τό — tool; weapon
οὐκοῦν — marker of a question
πενθερός, -οῦ, ὁ — father-in-law
πραιτώριον, -ου, τό — palace; palace guard

ῥάπισμα, -τος, τό — whip; slap
σημαίνων, σημαίνω — make clear
σπεῖρα, -ης, ἡ — band of soldiers (600 men)
συγγενής, -οῦς, ὁ — fellow countryman
συμβουλεύσας, συμβουλεύω — advise
συνεισῆλθεν, συνεισέρχομαι — enter with
συνήθεια, -ας, ἡ — custom
φανός, -οῦ, ὁ — lantern
χαμαί — on the ground
χείμαρρος, -ου, ὁ — winter stream; ravine
ψῦχος, -ους, τό — cold
ὠτάριον, -ου, τό — ear
ὠτίον, -ου, τό — ear

_____JOHN 19 (16a, §341; 16b–17a, §343; 17b–27, §344; 28–30, §347; 38–42, §350)

ἀκάνθινος, -η, -ον — thorny
ἀλόη, -ης, ἡ — aloes
ἀπόκρισις, -εως, ἡ — answer
ἄραφος, -ον — seamless
Ἀριμαθαία, -ας, ἡ — Arimathea
ἄρωμα, -τος, τό — perfumed ointment
Γαββαθά — Gabbatha
Γολγοθᾶ, -ᾶν (acc.), ἡ — Golgotha
Ἑβραϊστί — Heb. language
ἐκραύγασαν, κραυγάζω — shout
Ἑλληνιστί — in Greek
ἐμαστίγωσεν, μαστιγόω — beat with a whip
ἐνταφιάζειν, ἐνταφιάζω — prepare for burial
ἔνυξεν, νύσσω — pierce
ἐξεκέντησαν, ἐκκεντέω — pierce
ἱματισμός, -οῦ, ὁ — clothing
κατεαγῶσιν, κατέαξαν, κατάγνυμι — break
κῆπος, -ου, ὁ — garden
κλίνας, κλίνω — bow
Κλωπᾶς, -ᾶ, ὁ — Clopas
κρανίον, -ου, τό — skull
λάχωμεν, λαγχάνω — choose by lot
λιθόστρωτος, -ου, τό — The Stone Pavement
λίτρα, -ας, ἡ — pound
λόγχη, -ης, ἡ — spear

μεστός, -ή, -όν — very full; completely; constantly
μίγμα, -τος, τό — mixture
Νικόδημος, -ου, ὁ — Nicodemus
ὀθόνιον, -ου, τό — linen cloth
ὄξος, -ους, τό — sour wine
ὀστέον, -ου, τό — bone
οὐδέπω — not yet
παρασκευή, -ῆς, ἡ — day of preparation
περιθέντες, περιτίθημι — put around
πλέξαντες, πλέκω — braid
πλευρά, -ᾶς, ἡ — side of the body
πορφυροῦς, -ᾶ, -οῦν — purple
πραιτώριον, -ου, τό — palace; palace guard
ῥάπισμα, -τος, τό — blow of a whip; slap
Ῥωμαϊστί — Latin language
σκέλος, -ους, τό — leg
σμύρνα, -ης, ἡ — myrrh
σπόγγος, -ου, ὁ — sponge
συντριβήσεται, συντρίβω — break into pieces; crush
συσταυρωθέντος, συσταυρόω — crucify with
τεθνηκότα, θνήσκω — die
τίτλος, -ου, ὁ — inscription
ὕσσωπος, -ου, ὁ, ἡ — hyssop
ὑφαντός, -ή, -όν — woven
φορῶν, φορέω — wear

_____JOHN 20 (1–13, §352; 14–18, §353; 19–23, §356)

ἀγγέλλουσα, ἀγγέλλω — inform; announce
δάκτυλος, -ου, ὁ — finger
Δίδυμος, -ου, ὁ — Didymus
Ἑβραϊστί — Heb. language
ἐνεφύσησεν, ἐμφυσάω — breathe on
ἐντετυλιγμένον, ἐντυλίσσω — wrap; roll up
ἔσω — inside

ἧλος, -ου, ὁ — nail
καθεζομένους, καθέζομαι — sit (down)
κηπουρός, -οῦ, ὁ — gardner
μέντοι — nevertheless
ὀθόνιον, -ου, τό — linen cloth
ὀκτώ — eight
ὁμοῦ — together

οὐδέπω	not yet	προέδραμεν, προτρέχω	run in front of
παρακύψας, παρέκυψεν, παρακύπτω	bend over	ῥαββουνι	my teacher (Aram.)
πλευρά, -ᾶς, ἡ	side of the body	σουδάριον, -ου, τό	face cloth

_____ JOHN 21

αἰγιαλός, -οῦ, ὁ	shore	ζώσει, ζώννυμι	gird
ἁλιεύειν, ἁλιεύω	catch fish	ἠρίστησαν, ἀριστάω	eat a meal; have breakfast
ἀνθρακιά, -ᾶς, ἡ	charcoal fire	Κανά, ἡ	Cana
ἀπέβησαν, ἀποβαίνω	disembark	μέντοι	nevertheless; though
ἀριστήσατε, ἀριστάω	eat a meal; have breakfast	μεστός, -ή, -όν	very full
βόσκε, βόσκω	feed animals, herd animals	Ναθαναήλ, ὁ	Nathanael
γηράσῃς, γηράσκω	grow old	οἶμαι, οἴομαι	suppose
διακόσιοι, -αι, -α	two hundred	ὁμοῦ	together
διεζώσατο, διαζώννυμι	gird	ὀψάριον, -ου, τό	fish
Δίδυμος, -ου, ὁ	Didymus	πῆχυς, -εως, ὁ	cubit
εἵλκυσεν, ἕλκω	pull; lead by force	πλοιάριον, -ου, τό	small boat
ἐζώννυες, ζώννυμι	gird	προσφάγιον, -ου, τό	fish
ἑκατὸν πεντήκοντα τρεῖς	one hundred and fifty-three	πρωΐα, -ας, ἡ	early morning
ἑλκύσαι, ἕλκω	pull; lead by force	σημαίνων, σημαίνω	make clear
ἐξετάσαι, ἐξετάζω	try to find out; inquire	στῆθος, -ους, τό	chest
ἐπενδύτης, -ου, ὁ	cloak	σύροντες, σύρω	pull; lead by force
ἐπικείμενον, ἐπίκειμαι	lie on	Τιβεριάς, -άδος, ἡ	Tiberias

_____ ACTS 1

Ἀκελδαμάχ	Akeldama	ζηλωτής, -οῦ, ὁ	enthusiast; zealot
Ἁλφαῖος, -ου, ὁ	Alphaeus	Θεόφιλος, -ου, ὁ	Theophilus
ἀνάδειξον, ἀναδείκνυμι	make known	Ἰοῦστος, -ου, ὁ	Justus
ἀποκαθιστάνεις, ἀποκαθίστημι	restore	καρδιογνώστης, -ου, ὁ	knower of hearts
		καταμένοντες, καταμένω	remain
ἀποστολή, -ῆς, ἡ	apostleship	κατηριθμημένος, καταριθμέω	belong to
Βαρθολομαῖος, -ου, ὁ	Bartholomew	Μαθθαῖος, -ου, ὁ	Matthew
Βαρσαββᾶς, -ᾶ, ὁ	Barsabbas	Μαθθίας, -ου, ὁ	Matthias
διάλεκτος, -ου, ἡ	language	ὁδηγός, -οῦ, ὁ	guide; leader
ἔλαχεν, λαγχάνω	receive; choose by lot; be chosen by lot	ὀπτανόμενος, ὀπτάνομαι	be visible to
		παρέβη, παραβαίνω	cease; turn aside
ἑκατὸν εἴκοσι	one hundred and twenty	περιμένειν, περιμένω	wait for
ἐκτήσατο, κτάομαι	acquire	πρηνής, -ές	prostrate
ἐλαιών, -ῶνος, ὁ	olive orchard	συγκατεψηφίσθη, συγκαταψηφίζομαι	count; add
ἐλάκησεν, λακάω	burst open		
ἕνδεκα	eleven	συναλιζόμενος, συναλίζομαι	eat with; live with
ἔπαυλις, -εως, ἡ	residence	τεκμήριον, -ου, τό	convincing proof
ἐπελθόντος, ἐπέρχομαι	arrive; come upon	ὑπέλαβεν, ὑπολαμβάνω	take
ἐπισκοπή, -ῆς, ἡ	office; position of responsibility	ὑπερῷον, -ου, τό	upstairs room
ἐσθής, -ῆτος, ἡ	clothing	ψαλμός, -οῦ, ὁ	song of praise; psalm

_____ ACTS 2

ἀγαλλίασις, -εως, ἡ	extreme joy	Ἄραψ, -βος, ὁ	an Arab
αἰνοῦντες, αἰνέω	praise	ἀπεφθέγξατο, ἀποφθέγγομαι	speak
ἄνω	above, upwards		

ἀποδεδειγμένον, ἀποδείκνυμι	demonstrate; show publicly; show to be true
ἀποδεξάμενοι, ἀποδέχομαι	welcome; accept
ἀποφθέγγεσθαι, ἀποφθέγγομαι	speak
ἀσφαλῶς	safely; certainly
ἀτμίς, -ίδος, ἡ	steam
ἀφελότης, -ητος, ἡ	humbleness; simplicity
ἄφνω	immediately
βίαιος, -α, -ον	violent
γλεῦκος, -ους, τό	sweet wine
διάλεκτος, -ου, ἡ	language
διαφθορά, -ᾶς, ἡ	decay
διαχλευάζοντες, διαχλευάζω	joke at
διηπόρουν, διαπορέω	be perplexed
δούλη, -ης, ἡ	slave woman
ἔκδοτος, -ον	handed over, betrayed
Ἐλαμίτης, -ου, ὁ	an Elamite
ἕνδεκα	eleven
ἐνυπνιασθήσονται, ἐνυπνιάζομαι	dream
ἐνύπνιον, -ου, τό	dream
ἐνωτίσασθε, ἐνωτίζομαι	listen carefully to
ἐπιδημοῦντες, ἐπιδημέω	live as a foreigner; visit
ἐπίπρασκον, πιπράσκω	sell
ἐπιφανής, -ές	wonderful
εὐλαβής, -ές	pious
εὐφροσύνη, -ης, ἡ	joyfulness
ἡμέτερος, -α, -ον	our
ἦχος, -ου, ὁ; -ους, τό	sound
Ἰσραηλίτης, -ου, ὁ	Israelite
Ἰωήλ, ὁ	Joel
καθότι	because
Καππαδοκία, -ας, ἡ	Cappadocia
κατασκηνώσει, κατασκηνόω	make a nest; live
κατενύγησαν, κατανύσσομαι	pierce; be greatly troubled
κάτω	below; down to
κλάσις, -εως, ἡ	breaking
Κρής, -ητός, ὁ	a Cretan
κτῆμα, -τος, τό	property
Κυρήνη, -ης, ἡ	Cyrene
Λιβύη, -ης, ἡ	Libya
μεγαλεῖος, -ου, τό	mighty act
μεθύουσιν, μεθύω	be drunk; drink a lot
μεμεστωμένοι, μεστόω	cause to bulge; fill
Μεσοποταμία, -ας, ἡ	Mesopotamia
μεταστραφήσεται, μεταστρέφω	change
μετελάμβανον, μεταλαμβάνω	receive share in
Μῆδος, -ου, ὁ	a Mede
μνῆμα, -τος, τό	grave
ὁμοῦ	together
ὅρασις, -εως, ἡ	vision
ὅσιος, -α, -ον	holy; dedicated
ὀσφῦς, -ύος, ἡ	waist; genitals
Παμφυλία, -ας, ἡ	Pamphylia
Πάρθος, -ου, ὁ	a Parthian
πατριάρχης, -ου, ὁ	patriarch
πεντηκοστή, -ῆς, ἡ	Pentecost
πνοή, -ῆς, ἡ	wind; breath
Πόντος, -ου, ὁ	Pontus
πρόγνωσις, -εως, ἡ	foreknowledge
προϊδων, προοράω	see beforehand; see in front
προορώμην, προοράω	see beforehand; see in front
προσήλυτος, -ου, ὁ	proselyte
προσπήξαντες, προσπήγνυμι	nail; crucify
σελήνη, -ης, ἡ	moon
σκολιός, -ά, -όν	crooked; unscrupulous
συμπληροῦσθαι, συμπληρόω	come
συνεχύθη, συγχύννω	cause consternation
τρισχίλιοι, -αι, α	three thousand
ὕπαρξις, -εως, ἡ	possessions
ὑπολαμβάνετε, ὑπολαμβάνω	assume
ὑποπόδιον, -ου, τό	footstool
Φρυγία, -ας, ἡ	Phrygia
ὠδίν, -ῖνος, ἡ	birth pains
ὡρισμένη, ὁρίζω	decide; appoint

___ACTS 3

ἄγνοια, -ας, ἡ	ignorance
αἰνοῦντα, αἰνῶν, αἰνέω	praise
ἁλλόμενος, ἅλλομαι	jump; bubble up
ἀνάψυξις, -εως, ἡ	relief; encouragement
ἀπέναντι	opposite; in the presence
ἀποκατάστασις, -εως, ἡ	restoration
ἀποστρέφειν, ἀποστρέφω	turn away from; cause to change belief
ἀρχηγός, -οῦ, ὁ	initiator; pioneer leader
βάσις, -εως, ἡ	foot
διέθετο, διατίθεμαι	make a will; make a covenant
εἰσιέναι, εἴσειμι	move into; go into
ἔκθαμβος, -ον	astounded
ἔκστασις, -εως, ἡ	amazement
ἐνευλογηθήσονται, ἐνευλογέω	act kindly toward; bless
ἐξαλειφθῆναι, ἐξαλείφω	wipe away; eliminate
ἐξαλλόμενος, ἐξάλλομαι	jump up
ἐξολεθρευθήσεται, ἐξολεθρεύω	destroy
ἐπεῖχεν, ἐπέχω	be alert for; hold firmly to; watch

ἐστερέωσεν, ἐστερεώθησαν, στερεόω — make strong; make firm

θάμβος, -ους, τό — astonishment

Ἰσραηλίτης, -ου, ὁ — Israelite

καθεξῆς — one after another; οἱ κ., who came after

ὁλοκληρία, -ας, ἡ — complete health

πατριά, -ᾶς, ἡ — lineage; nation

πονηρία, -ας, ἡ — wickedness

προκατήγγειλεν, προκαταγγέλλω — foretell

προκεχειρισμένον, προχειρίζομαι — choose in advance

Σαμουήλ, ὁ — Samuel

στοά, -ᾶς, ἡ — porch

συμβεβηκότι, συμβαίνω — happen

συνέδραμεν, συντρέχω — run together

σφυδρόν, -οῦ, τό — ankle

φονεύς, -έως, ὁ — murderer

ὡραῖος, -α, -ον — beautiful

ACTS 4

ἀγράμματος, -ον — uneducated

Ἀλέξανδρος, -ου, ὁ — Alexander

Ἄννας, -α, ὁ — Annas

ἀπειλή, -ῆς, ἡ — threaten

ἀπειλησώμεθα, ἀπειλέω — threaten

ἀρχιερατικός, -όν — highpriesly

γωνία, -ας, ἡ — corner

διανεμηθῇ, διανέμομαι — spread; become known

διαπονούμενοι, διαπονέομαι — be irked

διεδίδετο, διαδίδωμι — give out

ἐμελέτησαν, μελετάω — keep thinking about

ἐνδεής, -ές — poor

ἔπιδε, ἐφοράω — pay attention to

ἑσπέρα, -ας, ἡ — evening

εὐεργεσία, -ας, ἡ — good deed

ἐφρύαξαν, φρυάσσω — rave; rage

ἔχρισας, χρίω — anoint; assign

ἴασις, -εως, ἡ — healing

ἰδιώτης, -ου, ὁ — layman

ἱνατί — why?

Καϊάφας, -α, ὁ — Caiaphas

καθόλου — complete(ly); at all

καθότι — because; to the degree that

κολάσωνται, κολάζω — punish

κτήτωρ, -ορος, ὁ — owner

Κύπριος, -ου, ὁ — a Cyprian

Λευίτης, -ου, ὁ — Levite

μεθερμηνευόμενον, μεθερμηνεύομαι — translate

οἰκοδόμος, -ου, ὁ — builder

πιπρασκομένων, πιπράσκω — sell

Πόντιος, -ου; ὁ — Pontius

προσαπειλησάμενοι, προσαπειλέομαι — threaten further

προώρισεν, προορίζω — decide beforehand

συνέβαλλον, συμβάλλω — confer; debate

τήρησις, -εως, ἡ — custody; prison

φθέγγεσθαι, φθέγγομαι — speak

χρῆμα, -τος, τό — riches; money

ACTS 5

αἵρεσις, -εως, ἡ — religious party; division

ἀναστρέψαντες, ἀναστρέφω — return

ἀπογραφή, -ῆς, ἡ — census

ἀρχηγός, -οῦ, ὁ — initiator; pioneer leader

ἀσφάλεια, -ας, ἡ — safety; certainty

ἀτιμασθῆναι, ἀτιμάζω — treat shamefully; cause to be dishonored

βία, -ας, ἡ — violence

βραχύς, -εῖα, -ύ — few; little

Γαμαλιήλ, ὁ — Gamaliel

γερουσία, -ας, ἡ — high council of the Jews

δεσμωτήριον, -ου, τό — prison

δημόσιος, -α, -ον — public

διάστημα, -τος, τό — interval

διελύθησαν, διαλύω — scatter

διεπρίοντο, διαπρίω — be furious

διεσκορπίσθησαν, διασκορπίζω — scatter; squander

διεχειρίσασθε, διαχειρίζομαι — seize and kill

διηπόρουν, διαπορέω — be perplexed

ἐκφέρειν, ἐκφέρω — carry out; lead out

ἐμεγάλυνεν, μεγαλύνω — praise greatness of; honor highly

ἐνοσφίσατο, νοσφίζομαι — embezzle

ἐξενέγκαντες, ἐκφέρω — carry out; lead out

ἐξέψυξεν, ἐκψύχω — die; breathe one's last

ἐξοίσουσιν, ἐκφέρω — carry out; lead out

ἐπαγαγεῖν, ἐπάγω — bring upon

ἐπισκιάσῃ, ἐπισκιάζω — cast a shadow upon

ἔσω — inside

θεομάχος, -ον — fighting against God

Θευδᾶς, -ᾶ, ὁ — Theudas

Ἰσραηλίτης, -ου, ὁ — Israelite

κατηξιώθησαν, καταξιόομαι	regard as worthy
κλινάριον, -ου, τό	cot
κρεμάσαντες, κρεμάννυμι	cause to hang
κτῆμα, -τος, τό	property
λιθασθῶσιν, λιθάζω	stone to death
νομοδιδάσκαλος, -ου, ὁ	teacher of the Law
νοσφίσασθαι, νοσφίζομαι	embezzle
ὄρθρος, -ου, ὁ	early morning; daybreak
ὀχλούμενος, ὀχλέομαι	cause trouble
παραγγελία, -ας, ἡ	command
πειθαρχεῖν, πειθαρχοῦσιν, πειθαρχέω	obey
πέριξ	around
πλατεῖα, -ας, ἡ	wide street

πραθέν, πιπράσκω	sell
προσεκλίθη, προσκλίνομαι	join
Σάπφιρα, -ης, ἡ	Sapphira
σκιά, -ᾶς, ἡ	shade; shadow
στοά, -ᾶς, ἡ	porch
συνειδυίης, σύνοιδα	share in knowledge of
συνεκάλεσαν, συγκαλέω	call together
συνέστειλαν, συστέλλω	draw to a close; remove; wrap up
συνεφωνήθη, συμφωνέω	agree
τετρακόσιοι, -αι, -α	four hundred
τήρησις, -εως, ἡ	prison
θύλαξ, -ακος, ὁ	guard

_____ACTS 6

Ἀλεξανδρεύς, -έως, ὁ	an Alexandrian
ἀλλάξει, ἀλλάσσω	change; exchange
Ἀντιοχεύς, -έως, ὁ	an Antiochean
ἀρεστός, -ή, -όν	pleasing
βλάσφημος, -ον	blasphemous
γογγυσμός, -οῦ, ὁ	complaint
Ἑβραῖος, -ου, ὁ	a Hebrew
Ἑλληνιστής, -οῦ, ὁ	Greek-speaking Jew
καθεζόμενοι, καθέζομαι	sit (down)
καθημερινός, -ή, -όν	daily
Κιλικία, -ας, ἡ	Cilicia
Κυρηναῖος, -ου, ὁ	a Cyrenian
Λιβερτῖνος, -ου, ὁ	free man

Νικάνωρ, -ορος, ὁ	Nicanor
Νικόλαος, -ου, ὁ	Nicolaus
παρεθεωροῦντο, παραθεωρέομαι	disregard
Παρμενᾶς, -ᾶ, ὁ	Parmenas
προσήλυτος, -ου, ὁ	proselyte
Πρόχορος, -ου, ὁ	Prochorus
Στέφανος, -ου, ὁ	Stephen
συνεκίνησαν, συγκινέω	stir up
συνήρπασαν, συναρπάζω	sieze
Τίμων, -ωνος, ὁ	Timon
ὑπέβαλον, ὑποβάλλω	bribe
ψευδής, -ές	lying

_____ACTS 7

Ἀαρών, ὁ	Aaron
Αἰγύπτιος, -α, -ον	Egyptian
ἀεί	always
ἀνεγνωρίσθη, ἀναγνωρίζω	make known again
ἀνεθρέψατο, ἀνατρέφω	rear
ἀνετράφη, ἀνατρέφω	rear
ἀντιπίπτετε, ἀντιπίπτω	resist
ἀπέθεντο, ἀποτίθεμαι	put away; lay down
ἀπερίτμητος, -ον	uncircumcised; obstinate
ἀπώσαντο, ἀπώσατο, ἀπωθέομαι	push away; reject
ἀστεῖος, -α, -ον	beautiful
ἄστρον, -ου, τό	star; constellation
βάτος, -ου, ὁ, ἡ	thorn bush; bath (measure)
βρέφος, -ους, τό	infant
δεῦρο	(come) here
διαδεξάμενοι, διαδέχομαι	succeed to; receive from
διαταγή, -ῆς, ἡ	ordinance
διεπρίοντο, διαπρίω	be furious
διηνοιγμένους, διανοίγω	make open; explain
δικαστής, -οῦ, ὁ	judge

δουλώσουσιν, δουλόω	enslave; make subservient
ἑβδομήκοντα πέντε	seventy-five
ἔβρυχον, βρύχω	gnash
ἐκάκωσεν, κακόω	injure
ἐκδίκησις, -εως, ἡ	revenge; punishment
ἔκθετος, -ον	exposed
ἐκτεθέντος, ἐκτίθημι	put out of
ἔλευσις, -εως, ἡ	coming
ἐλιθοβόλουν, λιθοβολέω	stone to death
Ἑμμώρ, ὁ	Hamor
ἐμοσχοποίησαν, μοσχοποιέω	make calf-idol
ἐναντίον	in front of; in the judgment of
ἔντρομος, -ον	trembling; fearful
ἐξείλατο, ἐξαιρέω	take out; set free (middle)
ἐξελέσται, ἐξαιρέω	take out; set free (middle)
ἐξῶσεν, ἐξωθέω	drive away
ἐπέκεινα	beyond
ἐπιούσῃ, ἔπειμι	next (a participle of time, usually fem.)

ἐρυθρός, -ά, -όν | red
ἐχθές | yesterday
ζῳογονεῖσθαι, ζῳογονέω | keep alive; make live
ἠμύνατο, ἀμύνομαι | help
ἱνατί | why?
κάκωσις, -εως, ἡ | injury; harm
κακώσουσιν, κακόω | injure; harm
κατάπαυσις, -εως, ἡ | rest
καταπονουμένῳ, καταπονέω | mistreat
κατασοφισάμενος, κατασοφίζομαι | exploit with cunning
κατάσχεσις, -εως, ἡ | possession
λόγιον, -ου, τό | a saying
λυτρωτής, -οῦ, ὁ | liberator
Μαδιάμ, ὁ | Midian
μαχομένοις, μάχομαι | clash severely; fight
Μεσοποταμία, -ας, ἡ | Mesopotamia
μετεκαλέσατο, μετακαλέομαι | summon
μετετέθησαν, μετατίθημι | depart; carry back
μετοικιῶ, μετῴκισεν, μετοικίζω | deport
μνῆμα, -τος, τό | grave
Μολόχ or Μόλοχ, ὁ | Moloch
νεανίας, -ου, ὁ | young man
ὄγδοος, -η, -ον | eighth
πάροικος, -ου, ὁ | stranger
πατριάρχης, -ου, ὁ | patriarch
προδότης, -ου, ὁ | betrayer
προκαταγγείλαντος, προκαταγγέλλω | foretell

προπορεύσονται, προπορεύομαι | precede; lead
Ῥαιφάν, ὁ | Rephan
Σινᾶ, τό | Sinai
σιτίον, -ου, τό | grain; food
σκήνωμα, -τος, τό | dwelling
σκληροτράχηλος, -ον | stiff-necked; stubborn
στεναγμός, -οῦ, ὁ | groan
Στέφανος, -ου, ὁ | Stephen
στρατιά, -ᾶς, ἡ | army
συγγένεια, -ας, ἡ | relatives
συνήλλασσεν, συναλλάσσω | reconcile
Συχέμ | Shechem (person); Shechem (place)
σφάγιον, -ου, τό | sacrifice; offering
τεσσερακονταετής | period of forthy years
τετρακόσιοι, -αι, -α | four hundred
ὑπήκοος, -ον | obedient
ὑποπόδιον, -ου, τό | footstool
Φαραώ, ὁ | Pharaoh
φλόξ, φλογός, ἡ | flame
φονεύς, -έως, ὁ | murderer
Χαλδαῖος, -ου, ὁ | a Chaldean
Χανάαν, ἡ | Canaan
Χαρράν, ἡ | Haran
χειροποίητος, -ον | hand-made
χόρτασμα, -τος, τό | food
ὠνήσατο, ὠνέομαι | buy
ὥρμησαν, ὁρμάω | rush

_____ ACTS 8

Ἄζωτος, -ου, ἡ | Azotus
Αἰθίοψ, -οπος, ὁ | an Ethiopian
ἀμνός, -οῦ, ὁ | lamb
ἀναίρεσις, -εως, ἡ | killing
ἄρα | indeed
ἅρμα, -τος, τό | chariot
ἄφωνος, -ον | mute
βασίλισσα, -ης, ἡ | queen
Γάζα, -ης, ἡ | Gaza
γάζα, -ης, ἡ | treasury
διασπαρέντες, διασπείρω | scatter
διεσπάρησαν, διασπείρω | scatter
διηγήσεται, διηγέομαι | tell fully
δυνάστης, -ου, ὁ | official
ἐλυμαίνετο, λυμαίνομαι | injure severely; destroy
ἔναντι | in front of; in the judgment of
ἐναντίον | in front of
ἐπέλθῃ, ἐπέρχομαι | arrive; come upon
ἐπίθεσις, -εως, ἡ | laying on

ἐπίνοια, -ας, ἡ | intention
εὐθύς, -εῖα, -ύ | straight; upright
εὐλαβής, -ές | pious
εὐνοῦχος, -ου, ὁ | eunuch
Κανδάκη, -ης, ἡ | the Candace; Candace
κείραντος, κείρω | cut hair
κοπετός, -οῦ, ὁ | lamentation
κτᾶσθαι, κτάομαι | acquire
μαγεία, -ας, ἡ | magic
μαγεύων, μαγεύω | practice magic
μερίς, -ίδος, ἡ | portion
μεσημβρία, -ας, ἡ | noon; south
ὁδηγήσει, ὁδηγέω | guide
οὐδέπω | not yet
παραλελυμένοι, παραλύομαι | be paralyzed
περιοχή, -ῆς, ἡ | passage (in book)
πικρία, -ας, ἡ | bitterness
προσδραμών, προστρέχω | run up to
προϋπῆρχεν, προϋπάρχω | exist formerly
Σαμαρίτης, -ου, ὁ | Samaritan person

Στέφανος, -ου, ὁ	Stephen	σφαγή, -ῆς, ἡ	slaughter
σύνδεσμος, -ου, ὁ	bond	ταπείνωσις, -εως, ἡ	humility; low status
συνεκόμισαν, συγκομίζω	bury	χολή, -ῆς, ἡ	gall
συνευδοκῶν, συνευδοκέω	agree	χρῆμα, -τος, τό	riches; money
σύρων, σύρω	pull; lead by force		

_____ACTS 9

Αἰνέας, -ου, ὁ	Aeneas	ὀκνήσῃς, ὀκνέω	delay
ἀνεκάθισεν, ἀνακαθίζω	sit up	ὀκτώ	eight
ἀπειλή, -ῆς, ἡ	threat; threatening	παραλελυμένος, παραλύομαι	be paralyzed
ἀπέπεσαν, ἀποπίπτω	fall from	παρετηροῦντο, παρατηρέω	watch closely
βυρσεύς, -έως, ὁ	tanner	παρρησιαζόμενος,	speak boldly; have courage
διερμηνευομένη, διερμηνεύω	translate; explain	παρρησιάζομαι	
διηγήσατο, διηγέομαι	tell fully	περιήστραψεν,	shine brightly around
Δορκάς, -άδος, ἡ	Dorcas	περιαστράπτω	
ἐκλογή, -ῆς, ἡ	choice; chosen	πορθήσας, πορθέω	destroy
Ἑλληνιστής, -οῦ, ὁ	Hellenist; Greek-speaking Jew	ῥύμη, -ης, ἡ	narrow street
		Σαούλ, ὁ	Saul
ἐμπνέων, ἐμπνέω	breathe out; threaten strongly	Σαρών, -ῶνος, ὁ	Sharon
		σπυρίς, -ίδος, ἡ	large basket
ἐνεδυναμοῦτο, ἐνδυναμόω	become able; become strong	στρῶσον, στρωννύω	spread out; make one's bed
ἐνεός, -ά, -όν	speechless	συμβιβάζων, συμβιβάζω	prove
ἐνίσχυσεν, ἐνισχύω	strengthen	συνεβουλεύσαντο,	advise; plot
ἐξαίφνης	immediately	συμβουλεύω	
ἐπαρρησιάσατο,	speak boldly	συνέχυννεν, συγχύννω	cause consternation
παρρησιάζομαι		συνοδεύοντες, συνοδεύω	travel with
ἐπεχείρουν, ἐπιχειρέω	try	Ταβιθά, ἡ	Tabitha
ἐπιβουλή, -ῆς, ἡ	plot	Ταρσεύς, -έως, ὁ	person from Tarsus
ἐπιδεικνύμεναι, ἐπιδείκνυμι	cause to be seen; show	Ταρσός, -οῦ, ἡ	Tarsus
εὐθύς, -εῖα, -ύ	straight; upright	τεῖχος, -ους, τό	city wall
καθῆκαν, καθίημι	let down	ὑπερῷον, -ου, τό	upstairs room
κατήγαγον, κατάγω	lead down; bring	ὑποδείξω, ὑποδείκνυμι	make known; explain
λεπίς, -ίδος, ἡ	flake; scale	φόνος, -ου, ὁ	murder
λούσαντες, λούω	wash	χαλάσαντες, χαλάω	let down
Λύδδα, -ας, ἡ	Lydda	χειραγωγοῦντες, χειραγωγέω	lead by hand
μαθήτρια, -ας, ἡ	woman disciple		

_____ACTS 10

ἀθέμιτος, -ον	forbidden; not allowed	ἔκστασις, -εως, ἡ	ecstatic vision
ἀλλόφυλος, -ου, ὁ	heathen	ἐμφανής, -ές	visible; well known
ἀναγκαῖος, -α, -ον	intimate	ἔμφοβος, -ον	terrified
ἀναντιρρήτως	indisputable	ἐνθάδε	here
βυρσεύς, -έως, ὁ	tanner	ἐξαυτῆς	immediately
δεκτός, -ή, -όν	pleasing; welcomed	ἐξηγησάμενος, ἐξηγέομαι	tell fully; make fully known
διενθυμουμένου,	think seriously about	ἑρπετόν, -οῦ, τό	reptile
διενθυμέομαι		ἐσθής, -ῆτος, ἡ	clothing
διερωτήσαντες, διερωτάω	learn about	εὐεργετῶν, εὐεργετέω	do good
διηπόρει, διαπορέω	be perplexed	εὐσεβής, -ές	religious; godly
δῶμα, -τος, τό	housetop	ἐχρηματίσθη, χρηματίζω	reveal divine message
εἰσηκούσθη, εἰσακούω	listen to	ἔχρισεν, χρίω	anoint; assign
εἰσκαλεσάμενος,	invite in	Ἰταλικός, -ή, -όν	Italian
εἰσκαλέομαι		καθιέμενον, καθίημι	let down

καταδυναστευομένους, καταδυναστεύω — oppress
Κορνήλιος, -ου, ὁ — Cornelius
κρεμάσαντες, κρεμάννυμι — cause to hang
λαμπρός, -ά, -όν — shining; sparkling
μεγαλυνόντων, μεγαλύνω — praise greatness of; honor highly
μεταπεμφθείς, μετάπεμψαι, μεταπέμψασθαι, μετεπεμψασθε, μεταπέμπομαι — send for
μετεκάλεσαι, μετακαλέομαι — summon
μηδαμῶς — by no means
μνημόσυνον, -ου, τό — memorial
Ναζαρέθ, ἡ — Nazareth
ὁδοιπορούντων, ὁδοιπορέω — travel; be on the way
ὀθόνη, -ης, ἡ — linen sheet
οἰκέτης, -ου, ὁ — house servant

παρασκευαζόντων, παρασκευάζω — prepare
προκεχειροτονημένοις, προχειροτονέω — choose in advance
προσέταξεν, προστεταγμένα, προστάσσω — command
πρόσπεινος, -ον — hungry
προσωπολήμπτης, -ου, ὁ — respecter of persons
σπεῖρα, -ης, ἡ — band of soldiers (600 men)
συγγενής, -οῦς, ὁ — relative
συγκαλεσάμενος, συγκαλέω — call together
συναντήσας, συναντάω — happen upon; meet
συνεπίομεν, συμπίνω — drink together
συνεφάγομεν, συνεσθίω — eat together
συνομιλῶν, συνομιλέω — talk with
τετράπους, -ουν — four-footed
φανερῶς — publicly; clearly
ὡρισμένος, ὁρίζω — decide; appoint

_____ACTS 11

Ἄγαβος, -ου, ὁ — Agabus
ἀναζητῆσαι, ἀναζητέω — try to find out
ἀνεσπάσθη, ἀνασπάω — pull up
διασπαρέντες, διασπείρω — scatter
ἔκστασις, -εως, ἡ — ecstatic vision
ἐξαυτῆς — immediately
ἐξετίθετο, ἐκτίθημι — put out of; set forth; explain
ἑρπετόν, -οῦ, τό — reptile
ἐσήμανεν, σημαίνω — make clear; foretell
εὐπορεῖτο, εὐπορέομαι — be rich
ἡσύχασαν, ἡσυχάζω — remain quiet
Ἑλληνιστής, -οῦ, ὁ — Hellenist; Greek-speaking Jew
ἴσος, -η, -ον — equal
καθεξῆς — one after another
καθιεμένην, καθίημι — let down
Κλαύδιος, -ου, ὁ — Claudius

Κυρηναῖος, -ου, ὁ — a Cyrenian
Κύπριος, -ου, ὁ — a Cyprian
Κύπρος, -ου, ἡ — Cyprus
μετάπεμψαι, μεταπέμπομαι — send for
μηδαμῶς — by no means
ὀθόνη, -ης, ἡ — linen sheet
προσμένειν, προσμένω — stay on; keep on
πρώτως — first(ly)
Στέφανος, -ου, ὁ — Stephen
συνέφαγες, συνεσθίω — eat together
Ταρσός, -οῦ, ἡ — Tarsus
τετράπους, -ουν — four-footed
Φοινίκη, -ης, ἡ — Phoenicia
χρηματίσαι, χρηματίζω — give a name to
Χριστιανός, -οῦ, ὁ — Christian
ὥρισαν, ὁρίζω — decide; appoint

_____ACTS 12

ἄζυμος, -ον — without leaven; feast of unleavened bread
ἀρεστός, -ή, -όν — pleasing
αὐτόματος, -η, -ον — without any cause; by itself
βασιλικός, -ή, -όν — royal
Βλάστος, -ου, ὁ — Blastus
δῆμος, -ου, ὁ — assembly
διέτριβεν, διατρίβω — stay
διηγήσατο, διηγέομαι — tell fully
διϊσχυρίζετο, διϊσχυρίζομαι — insist firmly
ἐδημηγόρει, δημηγορέω — make a speech
εἰσδραμοῦσα, εἰστρέχω — run into

ἐκτενῶς — continuously; eagerly
ἔλαμψεν, λάμπω — shine
ἐξείλατο, ἐξαιρέω — take out; set free
ἐπεφώνει, ἐπιφωνέω — cry out
ἐξέψυξεν, ἐκψύχω — breathe one's last; die
ἐσθής, -ῆτος, ἡ — clothing
ζῶσαι, ζώννυμι — gird; dress
θυμομαχῶν, θυμομαχέω — be furious; quarrel angrily
κακῶσαι, κακόω — injure
κατασείσας, κατασείω — give a signal
κοιτών, -ῶνος, ὁ — bedroom
κρούσαντος, κρούων, κρούω — knock

μαίνῃ, μαίνομαι — be insane
Μᾶρκος, -ου, ὁ — Mark
μεταξύ — between
οἴκημα, -τος, τό — quarters; cell
πλευρά, -ᾶς, ἡ — side of the body
προῆλθον, προέρχομαι — go on; go along
προσδοκία, -ας, ἡ — expectation
Ῥόδη, -ης, ἡ — Rhoda
ῥύμη, -ης, ἡ — narrow street
σανδάλιον, -ου, τό — sandal
σιδηροῦς, -ᾶ, -οῦν — made of iron
Σιδώνιος, -α, -ον — Sidonian
σκωληκόβρωτος, -ον — eaten by worms

συμπαραλαβόντες, συμπαραλαμβάνω — bring along with
συνηθροισμένοι, συναθροίζω — cause to gather together
συνιδών, συνοράω — learn about; understand
τακτός, -ή, -όν — determined
τάραχος, -ου, ὁ — commotion
τάχος, -ους, τό — swiftness
τετράδιον, -ου, τό — group of four soldiers
τρέφεσθαι, τρέφω — provide food for
Τύριος, -ου, ὁ — a Tyrian
ὑπόδησαι, ὑποδέομαι — put on shoes
φύλαξ, -ακος, ὁ — guard

_____ACTS 13

ἀναγκαῖος, -α, -ον — necessary
ἀνάγνωσις, -εως, ἡ — reading
ἀνθύπατος, -ου, ὁ — proconsul
ἀπέπλευσαν, ἀποπλέω — sail from
ἀποχωρήσας, ἀποχωρέω — go away
ἀπωθεῖσθε, ἀπωθέομαι — push away; reject
ἀρχισυνάγωγος, -ου, ὁ — leader of a synagogue
ἀφανίσθητε, ἀφανίζω — destroy; perish
ἀχλύς, -ύος, ἡ — mist
Βαριησοῦς, -οῦ, ὁ — Bar-Jesus
Βενιαμίν, ὁ — Benjamin
βραχίων, -ονος, ὁ — arm; power
δή — then
διαστρέφων, διαστρέψαι, διαστρέφω — mislead; pervert
διαφθορά, -ᾶς, ἡ — decay
δρόμος, -ου, ὁ — mission; task
εἴσοδος, -ου, ἡ — coming
ἐκδιηγῆται, ἐκδιηγέομαι — tell fuly
ἐκπεμφθέντες, ἐκπέμπω — send out
ἐκπεπλήρωκεν, ἐκπληρόω — make happen; fulfill
ἐκτιναξάμενοι, ἐκτινάσσω — shake out
Ἐλύμας, -α, ὁ — Elymas
ἐξιόντων, ἔξειμι — go out of
ἐπέλθῃ, ἐπέρχομαι — arrive; assault; happen
ἐπήγειραν, ἐπεγείρω — commence; stir up
ἐτροποφόρησεν, τροποφορέω — put up with
εὐθύς, -εῖα, -ύ — straight; upright
εὐσχήμων, -ον — honored
Ἰεσσαί, ὁ — Jesse
Ἰκόνιον, -ου, τό — Iconium
Ἰσραηλίτης, -ου, ὁ — Israelite
καθελόντες, καθελών, καθαιρέω — take down; tear down; destroy
κατασείσας, κατασείω — give a signal
καταφρονητής, -οῦ, ὁ — scoffer

κατεκληρονόμησεν, κατακληρονομέω — make someone receive a valuable gift (inheritance)
Κίς, ὁ — Kish
κονιορτός, -οῦ, ὁ — dust
Κύπρος, -ου, ἡ — Cyprus
Κυρηναῖος, -ου, ὁ — a Cyrenian
λειτουργούντων, λειτουργέω — serve; perform religious duties
Λούκιος, -ου, ὁ — Lucius
μάγος, -ου, ὁ — magician
Μαναήν, ὁ — Manaen
μεθερμηνεύεται, μεθερμηνεύομαι — translate
μεταξύ — next
μεταστήσας, μεθίστημι — cause to move; remove
νῆσος, -ου, ἡ — island
Νίγερ, ὁ — Niger
ὅσιος, -α, -ον — holy; dedicated
Παμφυλία, -ας, ἡ — Pamphylia
παροικία, -ας, ἡ — time of residence
παρρησιασάμενοι, παρρησιάζομαι — speak boldly; have courage
παρώτρυναν, παροτρύνω — incite
Πάφος, -ου, ἡ — Paphos
Πέργη, -ης, ἡ — Perga
περιάγων, περιάγω — travel about
Πισιδία, -ας, ἡ — Pisidia
προκηρύξαντος, προκηρύσσω — preach beforehand
προσήλυτος, -ου, ὁ — proselyte
προσλαλοῦντες, προσλαλέω — speak to
προσμένειν, προσμένω — stay on; keep on
ῥᾳδιουργία, -ας, ἡ — wrongdoing
Σαλαμίς, -ῖνος, ἡ — Salamis
Σαμουήλ, ὁ — Samuel
Σαούλ, ὁ — Saul
Σελεύκεια, -ας, ἡ — Seleucia

Σέργιος, -ου, ὁ	Sergius
Συμεών, ὁ	Simeon
συναναβᾶσιν, συναναβαίνω	come, go up with
συνετός, -ή, -όν	intelligent
σύντροφος, -ου, ὁ	intimate friend
σχεδόν	almost
τεσσερακονταετής	period of forthy years
τεταγμένοι, τάσσω	assign

τετραάρχης, -ου, ὁ	tetrarch
τετρακοσίοι καὶ πεντήκοντα	four hundred and fifty
ὑπηρετήσας, ὑπηρετέω	serve; provide for
ὑπονοεῖτε, ὑπονοέω	suspect
Χανάαν, ἡ	Canaan
χειραγωγός, -οῦ, ὁ	guide
ψαλμός, -οῦ, ὁ	song of praise; psalm

_____ACTS 14

ἀγαθουργῶν, ἀγαθουργέω	do good
ἀμάρτυρος, -ον	without witness
ἀπέπλευσαν, ἀποπλέω	sail from
Ἀττάλεια, -ας, ἡ	Attalia
Δέρβη, -ης, ἡ	Derbe
διαρρήξαντες, διαρ(ρ)ήσσω	rip
διέτριβον, διέτριψαν, διατρίβω	stay
ἐκάκωσαν, κακόω	injure
ἐμμένειν, ἐμμένω	remain; continue
ἐμπιπλῶν, ἐμπίμπλημι	satisfy with food
ἐξεπήδησαν, ἐκπηδάω	rush out
ἐπήγειραν, ἐπεγείρω	commence; stir up
ἐπῆλθαν, ἐπέρχομαι	arrive
ἐπιστηρίζοντες, ἐπιστηρίζω	strengthen
Ἑρμῆς, -οῦ, ὁ	Hermes
ἔσυρον, σύρω	pull
εὐφροσύνη, -ης, ἡ	joyfulness
Ζεύς, Διός (gen.), Δία (acc.), ὁ	Zeus
ἥλατο, ἅλλομαι	jump
Ἰκόνιον, -ου, τό	Iconium
καίτοι	although
καρποφόρος, -ον	fruitful
κατέπαυσαν, καταπαύω	cause to cease; restrain
κατέφυγον, καταφεύγω	flee; take refuge
κυκλωσάντων, κυκλόω	go around; surround
λιθάσαντες, λιθάζω	stone to death

λιθοβολῆσαι, λιθοβολέω	stone to death
Λυκαονία, -ας, ἡ	Lycaonia
Λυκαονιστί	in Lycaonian
Λύστρα, ἡ, τά	Lystra
μαθητεύσαντες, μαθητεύω	follow; make followers
μάταιος, -α, -ον	futile (subst., idols)
μόλις	scarcely; with difficulty
νηστεία, -ας, ἡ	fasting
ὁμοιοπαθής, -ές	having same kinds of desires
ὀρθός, -ή, -όν	straight
ὁρμή, -ῆς, ἡ	will; impulse
οὐρανόθεν	from the sky
Παμφυλία, -ας, ἡ	Pamphylia
παρρησιαζόμενοι, παρρησιάζομαι	speak boldly
παρῳχημέναις, παροίχομαι	pass
Πέργη, -ης, ἡ	Perga
περίχωρος, -ου, ἡ	surrounding region
Πισιδία, -ας, ἡ	Pisidia
στέμμα, -τος, τό	wreath
συνιδόντες, συνοράω	learn about; understand
ταῦρος, -ου, ὁ	bull
τεθνηκέναι, θνῄσκω	die
ὑβρίσαι, ὑβρίζω	maltreat; insult
ὑετός, -οῦ, ὁ	rain
χειροτονήσαντες, χειροτονέω	choose; appoint

_____ACTS 15

αἵρεσις, -εως, ἡ	religious party
ἀλίσγημα, -τος, τό	a thing defiled (ritually)
ἀνασκευάζοντες, ἀνασκευάζω	cause distress
ἀναστρέψω, ἀναστρέφω	return
ἀνοικοδομήσω, ἀνοικοδομέω	rebuild
ἀνορθώσω, ἀνορθόω	build up again; straighten up
ἀποχωρισθῆναι, ἀποχωρίζομαι	separate definitely
βάρος, -ους, τό	hardship; burden
Βαρσαββᾶς, -ᾶ, ὁ	Barsabbas
δή	then

διατηροῦντες, διατηρέω	avoid; keep from
διεστειλάμεθα, διαστέλλομαι	command
διέτριβον, διατρίβω	stay
εἰδωλόθυτον, -ου, τό	idol offering; sacrificial meat
ἐκδιηγούμενοι, ἐκδιηγέομαι	tell fully
ἐκζητήσωσιν, ἐκζητέω	seek diligently
ἐκπλεῦσαι, ἐκπλέω	sail away from
ἐξανέστησαν, ἐξανίστημι	stand up
ἐξηγήσατο, ἐξηγουμένων, ἐξηγέομαι	tell fully
ἐπάναγκες	necessary
ἐπέδωκαν, ἐπιδίδωμι	give to; deliver

ἐπεστήριξαν, ἐπιστηρίζω	strengthen	Κύπρος, -ου, ἡ	Cyprus
ἐπιλεξάμενος, ἐπιλέγομαι	choose (middle)	Μᾶρκος, -ου, ὁ	Mark
ἐπιστεῖλαι, ἐπιστέλλω	write a letter	μεταξύ	between
ἐπιστηρίζων, ἐπιστηρίζω	strengthen	οὐθείς, -έν	no one; nothing
ἐπιστροφή, -ῆς, ἡ	change of one's beliefs; conversion	Παμφυλία, -ας, ἡ	Pamphylia
		παρεδέχθησαν, παραδέχομαι	receive; welcome
ἔρρωσθε, ῥώννυμαι	farewell; goodbye	παρενοχλεῖν, παρενοχλέω	cause extra difficulty
ἔταξαν, τάσσω	assign; cause to be; command; suggest; give oneself up	παροξυσμός, -οῦ, ὁ	sharp argument
		πνικτός, -ή, -όν	choked
		προπεμφθέντες, προπέμπω	send on one's way
εὖ	good	στάσις, -εως, ἡ	heated quarrel
ζήτημα, -τος, τό	dispute	Συμεών, ὁ	Simeon
ζήτησις, -εως, ἡ	dispute	συμπαραλαβεῖν, συμπαραλαμβάνειν, συμπαραλαμβάνω	take
ζυγός, -οῦ, ὁ	yoke		
ἠξίου, ἀξιόω	choose; prefer		
καρδιογνώστης, -ου, ὁ	knower of hearts	συμφωνοῦσιν, συμφωνέω	agree
κατάλοιπος, -ον	remaining	Συρία, -ας, ἡ	Syria
κατεσκαμμένα, κατασκάπτω	tear down	τράχηλος, -ου, ὁ	neck
Κιλικία, -ας, ἡ	Cilicia	Φοινίκη, -ης, ἡ	Phoenicia

ACTS 16

ἀκατάκριτος, -ον	without trial	εὐθυδρομήσαμεν, εὐθυδρομέω	sail a straight course
ἀνέθη, ἀνίημι	loosen	ἠσφαλίσατο, ἀσφαλίζομαι	fasten
ἀσφαλῶς	safely	Θυάτειρα, -ων, τό	Thyatira
ἄφνω	immediately	Ἰκόνιον, -ου, τό	Iconium
Βιθυνία, -ας, ἡ	Bithynia	κατακολουθοῦσα, κατακολουθέω	follow along behind
βοήθησον, βοηθέω	help		
Γαλατικός, -ή, -όν	Galatian	κολωνία, -ας, ἡ	colony
Δέρβη, -ης, ἡ	Derbe	λάθρα	secretly
δεσμοφύλαξ, -ακος, ὁ	prison guard	Λυδία, -ας, ἡ	Lydia
δεσμωτήριον, -ου, τό	prison	Λύστρα, ἡ, τά	Lystra
δημόσιος, -α, -ον	public	Μακεδών, -όνος, ὁ	a Macedonian
διαβάς, διαβαίνω	cross over	μαντευομένη, μαντεύομαι	tell fortunes
διαπονηθείς, διαπονέομαι	be irked	μερίς, -ίδος, ἡ	district
διατρίβοντες, διατρίβω	stay	μεσονύκτιον, -ου, τό	midnight
διεπορεύοντο, διαπορεύομαι	travel through	Μυσία, -ας, ἡ	Mysia
διήνοιξεν, διανοίγω	make open	Νεάπολις, ἡ	Neapolis
δόγμα, -τος, τό	decree	πανοικεί	with entire household
εἵλκυσαν, ἕλκω	pull	παραγγελία, -ας, ἡ	command
εἰσεπήδησαν, εἰσπηδάω	rush into	παραδέχεσθαι, παραδέχομαι	receive
ἐκπεφευγέναι, ἐκφεύγω	escape	παρεβιάσαντο, παραβιάζομαι	urge
ἐκταράσσουσιν, ἐκταράσσω	stir up against	περιρήξαντες, περιρήγνυμι	tear off
ἔλουσεν, λούω	wash	πορφυρόπωλις, -ιδος, ἡ	dealer in purple cloth
ἐνθάδε	here	προσαγαγόντες, προσάγω	bring into presence
ἔντρομος, -ον	trembling; fearful	προσέπεσεν, προσπίπτω	prostrate oneself before
ἔξυπνος, -ον	awakened	πύθων, -ωνος, ὁ	spirit of divination
ἐπηκροῶντο, ἐπακροάομαι	listen to	ῥαβδίζειν, ῥαβδίζω	beat with a stick
ἐπιούσῃ, ἔπειμι	next (participle of time, usually fem.)	ῥαβδοῦχος, -ου, ὁ	policeman
		Σαμοθράκη, -ης, ἡ	Samothrace
ἐργασία, -ας, ἡ	profit	σπασάμενος, σπάομαι	pull
ἐστερεοῦντο, στερεόω	make strong; make firm	συμβιβάζοντες, συμβιβάζω	conclude
ἐσώτερος, -α, -ον	inner	συνεπέστη, συνεφίστημι	join in attack

| Τρῳάς, -άδος, ἡ | Troas | Φίλιπποι, -ων, οἱ | Philippi |
| ὕμνουν, ὑμνέω | sing a hymn | Φρυγία, -ας, ἡ | Phrygia |

_____ACTS 17

ἄγνοια, -ας, ἡ	ignorance	εὐσεβεῖτε, εὐσεβέω	worship
ἄγνωστος, -ον	unknown	εὐσχήμων, -ον	honored
ἀγοραῖος, -ου, ὁ	loafer (in the marketplace)	ἐχλεύαζον, χλευάζω	joke at
Ἀθῆναι, -ῶν, αἱ	Athens	ηὐκαίρουν, εὐκαιρέω	have time to
Ἀθηναῖος, -α, -ον	Athenian	θεῖος, -α, -ον	divine
Ἀμφίπολις, -εως, ἡ	Amphipolis	Θεσσαλονίκη, -ης, ἡ	Thessalonica
Ἀπολλωνία, -ας, ἡ	Apollonia	Ἰάσων, -ονος, ὁ	Jason
ἀναθεωρῶν, ἀναθεωρέω	observe; reflect upon	καθότι	because
ἀναστατώσαντες,	cause to revolt	καταγγελεύς, -έως, ὁ	proclaimer
ἀναστατόω		κατείδωλος, -ον	full of idols
ἀνθρώπινος, -η, -ον	human	κατοικία, -ας, ἡ	dwelling place
ἀπέναντι	opposite; against	κινούμεθα, κινέω	move
ἀπῇεσαν, ἄπειμι	go	ὁρίσας, ὁρίζω	decide; appoint
ἄργυρος, -ου, ὁ	silver	ὁροθεσία, -ας, ἡ	boundaries
Ἄρειος πάγος, ὁ	Areopagus, council of Areopagus	ὀχλοποιήσαντες, ὀχλοποιέω	gather a crowd
		πάγος - Ἄρειος πάγος, ὁ	Areopagus; council of Areopagus
Ἀρεοπαγίτης, -ου, ὁ	member of the council of Areopagus		
		πανταχοῦ	everywhere
Βέροια, -ας, ἡ	Beroea	παρατυγχάνοντας,	be in a place by chance
βωμός, -οῦ, ὁ	altar	παρατυγχάνω	
Δάμαρις, -ιδος, ἡ	Damaris	παρωξύνετο, παροξύνομαι	be upset
δεισιδαίμων, -ον	religious	πνοή, -ῆς, ἡ	wind; breath
δῆμος, -ου, ὁ	assembly	ποιητής, -οῦ, ὁ	poet
διανοίγων, διανοίγω	make open; explain	πολιτάρχης, -ου, ὁ	city official
διοδεύσαντες, διοδεύω	travel through	προστεταγμένους,	command
Διονύσιος, -ου, ὁ	Dionysius	προστάσσω	
δόγμα, -τος, τό	decree	προθυμία, -ας, ἡ	eagerness
ἐθορύβουν, θορυβέω	start a riot	προσδεόμενος, προσδέομαι	need something more
εἰσφέρεις, εἰσφέρω	bring in	προσεκληρώθησαν,	join
εἰωθός, εἴωθα	be in the habit of	προσκληρόομαι	
ἐκδεχομένου, ἐκδέχομαι	wait for; expect	σέβασμα, -τος, τό	object of worship
Ἑλληνίς, -ίδος, ἡ	Greek woman; Gentile woman	σπερμολόγος, -ου, ὁ	foolish babbler
		Στωϊκός, -ή, -όν	Stoic
ἐνθάδε	here	συνέβαλλον, συμβάλλω	confer; debate
ἐνθύμησις, -εως, ἡ	thought	τέχνη, -ης, ἡ	craft
ἐξέπεμψαν, ἐκπέμπω	send out	ὑπεριδών, ὑπεροράω	disregard
ἐξῄεσαν, ἔξειμι	go out of	ὑποδέδεκται, ὑποδέχομαι	welcome
ἐπιγέγραπτο, ἐπιγράφω	write on	φιλόσοφος, -ου, ὁ	philosopher
ἐπιδημοῦντες, ἐπιδημέω	live as a foreigner	χάραγμα, -τος, τό	mark; image
Ἐπικούρειος, -η, -ον	Epicurean	χειροποίητος, -ον	hand-made
ἔσυρον, σύρω	pull; lead by force	ψηλαφήσειαν, ψηλαφάω	touch; try to find
εὐγενής, -ές	open-minded	ὥρισεν, ὁρίζω	decide; appoint

_____ACTS 18

ἀδίκημα, -τος, τό	unrighteous act	Ἀλεξανδρεύς, -έως, ὁ	an Alexandrian
Ἀθῆναι, -ῶν, αἱ	Athens	ἀνακάμψω, ἀνακάμπτω	return
ἀκριβῶς	accurately	ἀναπείθει, ἀναπείθω	persuade
Ἀκύλας, ὁ	Aquila	ἀνθύπατος, -ου, ὁ	proconsul

ἀντιτασσομένων, ἀντιτάσσομαι	be hostile toward
ἀπήλασεν, ἀπελαύνω	drive away
ἀποδέξασθαι, ἀποδέχομαι	welcome
ἀποταξάμενος, ἀποτάσσομαι	say goodbye; take leave of
ἀρχισυνάγωγος, -ου, ὁ	leader of a synagogue
αὐτοῦ	there
Γαλατικός, -ή, -όν	Galatian
Γαλλίων, -ωνος, ὁ	Gallio
δημόσιος, -α, -ον	public
διακατηλέγχετο, διακατελέγχομαι	refute
ἐκτιναξάμενος, ἐκτινάσσω	shake out
ἐξέθεντο, ἐκτίθημι	explain
ἐξέπλει, ἐκπλέω	sail away from
ἐπένευσεν, ἐπινεύω	agree
ἐπιδεικνύς, ἐπιδείκνυμι	show to be true
ἐπιδήμοντες, ἐπιδημέω	live as a foreigner
ἐπιστηρίζων, ἐπιστηρίζω	strengthen
εὐτόνως	vigorously
εὐχή, -ῆς, ἡ	vow
ζέων, ζέω	boil; seethe
ζήτημα, -τος, τό	dispute
Ἰοῦστος, -ου, ὁ	Justus
Ἰταλία, -ας, ἡ	Italy
καθεξῆς	one after another
κακῶσαι, κακόω	injure
κατεπέστησαν, κατεφίσταμαι	attack
κατηχημένος, κατηχέω	teach
Κεγχρεαί, -ῶν, αἱ	Cenchreae
κειράμενος, κείρω	cut hair
Κλαύδιος, -ου, ὁ	Claudius
Κορίνθιος, -ου, ὁ	a Corinthian
Κόρινθος, -ου, ἡ	Corinth
Κρίσπος, -ου, ὁ	Crispus
λόγιος, -α, -ον	eloquent; learned
ὁμότεχνος, -ον	of the same trade
παρρησιάζεσθαι, παρρησιάζομαι	speak boldly
Ποντικός, -ή, -όν	Pontian
Πρίσκιλλα, -ης, ἡ	Priscilla
προσμείνας, προσμένω	stay on; keep on
προσφάτως	recently
προτρεψάμενοι, προτρέπομαι	urge
ῥαδιούργημα, -τος, τό	wrongdoing
Ῥώμη, -ης, ἡ	Rome
σκηνοποιός, -οῦ, ὁ	tentmaker
συνεβάλετο, συμβάλλω	help
συνομοροῦσα, συνομορέω	be next to
Συρία, -ας, ἡ	Syria
Σωσθένης, -ους, ὁ	Sosthenes
τέχνη, -ης, ἡ	craft
Τίτιος, -ου, ὁ	Titius
Φρυγία, -ας, ἡ	Phrygia

ACTS 19

ἀγοραῖος, -ου, ὁ	loafer (in the marketplace)
αἴτιος, -α, -ον	guilty
Ἀλέξανδρος, -ου, ὁ	Alexander
ἀναντίρρητος, -ον	indisputable
ἀνθύπατος, -ου, ὁ	proconsul
ἀνωτερικός, -ή, -όν	inland
ἀπαλλάσσεσθαι, ἀπαλλάσσω	cease; depart
ἀπελεγμός, -οῦ, ὁ	serious criticism
ἀποφέρεσθαι, ἀποφέρω	carry away
ἀργυροκόπος, -ου, ὁ	silversmith
ἀργυροῦς, -ᾶ, -οῦν	made of silver
Ἀρίσταρχος, -ου, ὁ	Aristarchus
Ἄρτεμις, -ιδος, ἡ	Artemis
Ἀσιάρχης, -ου, ὁ	provincial authority
Γάϊος, -ου, ὁ	Gaius
δῆμος, -ου, ὁ	assembly
Δημήτριος, -ου, ὁ	Demetrius
διοπετής, -ές	fallen from heaven
ἐγκαλεῖσθαι, ἐγκαλείτωσαν, ἐγκαλέω	accuse
ἐκφυγεῖν, ἐκφεύγω	flee from
ἐμεγαλύνετο, μεγαλύνω	praise greatness of; honor highly
ἔννομος, -ον	legal; subject to law
ἐξορκιστής, -οῦ, ὁ	exorcist
ἐπαρρησιάζετο, παρρησιάζομαι	speak boldly
ἐπέσχεν, ἐπέχω	stay on
ἐπεχείρησαν, ἐπιχειρέω	try
ἐπιλυθήσεται, ἐπιλύω	resolve
ἐργασία, -ας, ἡ	business; profit
ἐσκληρύνοντο, σκληρύνω	be stubborn
Ἔραστος, -ου, ὁ	Erastus
εὐπορία, -ας, ἡ	prosperity
ἐφαλόμενος, ἐφάλλομαι	jump on
Ἐφέσιος, -ου, ὁ	an Ephesian
θεά, -ᾶς, ἡ	goddess
θέατρον, -ου, τό	theater
ἱερόσυλος, -ου, ὁ	temple robber; desecrator
καθαιρεῖσθαι, καθαιρέω	tear down; destroy
κακολογοῦντες, κακολογέω	revile
κατακυριεύσας, κατακυριεύω	rule; overpower
κατασείσας, κατασείω	give a signal

κατασταλμένους, καταστέλλω	bring under control	Σκευᾶς, -ᾶ, ὁ	Sceva
καταστείλας, καταστέλλω	bring under control	σουδάριον, -ου, τό	face cloth
κινδυνεύει, κινδυνεύομεν, κινδυνεύω	be in danger; run a risk	στάσις, -εως, ἡ	rebellion
		συγκεχυμένη, συγχύννω	cause consternation
Κόρινθος, -ου, ἡ	Corinth	σύγχυσις, -εως, ἡ	uproar
Μακεδών, -όνος, ὁ	a Macedonian	συναθροίσας, συναθροίζω	gather together
μεγαλειότης, -ητος, ἡ	prominence	συναρπάσαντες, συναρπάζω	sieze
μετέστησεν, μεθίστημι	cause change	συνεβίβασαν, συμβιβάζω	advise
μυριάς, -άδος, ἡ	ten thousand; countless	συνέκδημος, -ου, ὁ	travelling companion
νεωκόρος, -ου, ὁ	temple-keeper	συνεψήφισαν, συμψηφίζω	calculate
ὁρκίζω, ὁρκίζω	put under oath	συστροφή, -ῆς, ἡ	revolt
οὐθείς, -έν	no one; nothing	σχεδόν	almost
περαιτέρω	furthermore	σχολή, -ῆς, ἡ	lecture hall
περίεργος, -ου, ὁ	witchcraft; magic	τάραχος, -ου, ὁ	commotion
περιερχομένων, περιέρχομαι	travel about	τετραυματισμένους, τραυματίζω	wound
πρᾶξις, -εως, ἡ	deed	τεχνίτης, -ου, ὁ	craftsman
προβαλόντων, προβάλλω	put forward	Τύραννος, -ου, ὁ	Tyrannus
προπετής, -ές	reckless	χρώς, χρωτός, ὁ	skin
Ῥώμη, -ης, ἡ	Rome	ὥρμησαν, ὁρμάω	rush
σιμικίνθιον, -ου, τό	apron		

Acts 20

ἄζυμος, -ον	unleavened	ἔσπευδεν, σπεύδω	do quickly
ἄντικρυς	opposite to	Εὔτυχος, -ου, ὁ	Eutychus
ἀντιλαμβάνεσθαι, ἀντιλαμβάνομαι	help	Θεσσαλονικεύς, -έως, ὁ	a Thessalonian
		θορυβεῖσθε, θορυβέω	be upset
ἀποπλεύσαντες, ἀποπλέω	sail from	θόρυβος, -ου, ὁ	clamor; riot
ἀποσπᾶν, ἀποσπάω	lure away	θυρίς, -ίδος, ἡ	window
Ἀρίσταρχος, -ου, ὁ	Aristarchus	ἱματισμός, -οῦ, ὁ	clothing
Ἀσιανός, -οῦ, ὁ	an Asian	καθεζόμενος, καθέζομαι	sit (down)
Ἄσσος, -ου, ἡ	Assos	καταφερόμενος, καταφέρω	sink into
αὐγή, -ῆς, ἡ	dawn	κατενεχθείς, καταφέρω	sink into
ἄφιξις, -εως, ἡ	departure	κατεφίλουν, καταφιλέω	kiss
βαθύς, -εῖα, -ύ	deep	κάτω	down
βαρύς, -εῖα, -ύ	fierce	κλαυθμός, -οῦ, ὁ	weeping
βεροιαῖος, -ου, ὁ	a Beroean	λαμπάς, -άδος, ἡ	torch, lamp
Γάϊος, -ου, ὁ	Gaius	λύκος, -ου, ὁ	wolf; fierce person
γνώμη, -ης, ἡ	intention	μαρτύρομαι, μαρτύρομαι	testify
Δερβαῖος, -ου, ὁ	a Derbean	μεσονύκτιον, -ου, τό	midnight
δημόσιος, -α, -ον	public	μεταπεμψάμενος, μεταπέμπομαι	send for
διεστραμμένα, διαστρέφω	mislead; pervert		
διετρίψαμεν, διατρίβω	stay	μετεκαλέσατο, μετακαλέομαι	summon
δρόμος, -ου, ὁ	race	μετρίως	moderately
Ἑλλάς, -άδος, ἡ	Greece	Μίλητος, -ου, ἡ	Miletus
ἐξεπλεύσαμεν, ἐκπλέω	sail away from	Μιτυλήνη, -ης, ἡ	Mitylene
ἐξιέναι, ἔξειμι	go out of	νεανίας, -ου, ὁ	young man
ἐπέβην, ἐπιβαίνω	arrive	νουθετῶν, νουθετέω	instruct; warn
ἐπιβουλή, -ῆς, ἡ	plot	ὀδυνώμενοι, ὀδυνάομαι	be in great pain
ἐπιούσῃ, ἔπειμι	next (participle of time, usually fem.)	ὁμιλήσας, ὁμιλέω	talk (with)
		παραπλεῦσαι, παραπλέω	sail past
ἐπίσκοπος, -ου, ὁ	guardian; church leader	παρεβάλομεν, παραβάλλω	arrive at

παρέτεινεν, παρατείνω	prolong
πεζεύειν, πεζεύω	go by foot
πεντηκοστή, -ῆς, ἡ	Pentecost
περιεποιήσατο, περιποιέομαι	acquire
ποίμνιον, -ου, τό	flock
προελθόντες, προέρχομαι	go on; go along
προέπεμπον, προπέμπω	accompany
Πύρρος, -ου, ὁ	Pyrrhus
Σάμος, -ου, ἡ	Samos
Σεκοῦνδος, -ου, ὁ	Secundus
συμβάντων, συμβαίνω	meet; come upon
συμπεριλαβών, συμπεριλαμβάνω	embrace
συναντήσοντα, συναντάω	happen
συνέβαλλεν, συμβάλλω	think about seriously; confer; debate; meet
συνείπετο, συνέπομαι	accompany
Συρία, -ας, ἡ	Syria

Σώπατρος, -ου, ὁ	Sopater
ταπεινοφροσύνη, -ης, ἡ	humility
τράχηλος, -ου, ὁ	neck
τριετία, -ας, ἡ	three-year period
τρίστεγον, -ου, τό	second or third story of a building
Τρόφιμος, -ου, ὁ	Trophimus
Τρῳάς, -άδος, ἡ	Troas
Τύχικος, -ου, ὁ	Tychicus
ὑπέδειξα, ὑποδείκνυμι	make known
ὑπερῷον, -ου, τό	upstairs room
ὑπεστειλάμην, ὑποστέλλω	avoid; cease
ὑπηρέτησαν, ὑπηρετέω	serve
ὕπνος, -ου, ὁ	sleep
Φίλιπποι, -ων, οἱ	Philippi
Χίος, -ου, ἡ	Chios
χρονοτριβῆσαι, χρονοτριβέω	spend time

ACTS 21

Ἄγαβος, -ου, ὁ	Agabus
ἁγνισθείς, ἁγνίσθητι, ἁγνίζω	purify
ἁγνισμός, -οῦ, ὁ	purification
αἰγιαλός, -οῦ, ὁ	shore
Αἰγύπτιος, -α, -ον	Egyptian
ἀναβαθμός, -οῦ, ὁ	stairs
ἀναστατώσας, ἀναστατόω	cause to revolt
ἀναφάναντες, ἀναφαίνω	come into view
ἀνευρόντες, ἀνευρίσκω	find by searching
ἀπεδέξαντο, ἀποδέχομαι	welcome
ἀπησπασάμεθα, ἀπασπάζομαι	take leave of
ἀποσπασθέντας, ἀποσπάω	pull out
ἀποστασία, -ας, ἡ	rebellion
ἀποφορτιζόμενον, ἀποφορτίζομαι	unload a cargo
ἄσημος, -ον	inferior
ἀσμένως	gladly
ἀσφαλής, -ές	certain
αὐτοῦ	there
βία, -ας, ἡ	violence
βοηθεῖτε, βοηθέω	help
γόμος, -ου, ὁ	load
δαπάνησον, δαπανάω	spend
διαγγέλλων, διαγγέλλω	give notice
διάλεκτος, -ου, ἡ	language
διανύσαντες, διανύω	finish
διαπερῶν, διαπεράω	cross over
Ἑβραΐς, -ΐδος, ἡ	Hebrew
εἰδωλόθυτον, -ου, τό	sacrificial meat
εἷλκον, ἕλκω	pull; lead by force

εἰσῄει, εἴσειμι	move into
ἐκεῖσε	there
ἐκινήθη, κινέω	move; start a riot
ἐκπλήρωσις, -εως, ἡ	completion
Ἑλληνιστί	in Greek
ἐντόπιος, -ου, ὁ	local people
ἐξαρτίσαι, ἐξαρτίζω	bring to an end
ἐξαυτῆς	immediately
ἐξηγεῖτο, ἐξηγέομαι	tell fully
ἑξῆς	the next day
ἐπεστείλαμεν, ἐπιστέλλω	write a letter
ἐπεφώνουν, ἐπιφωνέω	cry out
ἐπιβαίνειν, ἐπιβάντες, ἐπιβαίνω	go onto
ἐπιούσῃ, ἔπειμι	next (participle of time, usually fem.)
ἐπισκευασάμενοι, ἐπισκευάζομαι	get ready
ἐπλέομεν, πλέω	sail
ἑτοίμως	ready
εὐαγγελιστής, -οῦ, ὁ	evangelist
εὐθυδρομήσαντες, εὐθυδρομέω	sail a straight course
εὐχή, -ῆς, ἡ	prayer; vow
εὐώνυμος, -ον	left
Ἐφέσιος, -ου, ὁ	an Ephesian
ζηλωτής, -οῦ, ὁ	enthusiast; zealot
ζώνη, -ης, ἡ	belt
ἡσυχάσαμεν, ἡσυχάζω	remain quiet
θόρυβος, -ου, ὁ	clamor; riot
Ἰσραηλίτης, -ου, ὁ	Israelite
κατέδραμεν, κατατρέχω	run down to

κατέσεισεν, κατασείω	give a signal
κατηχήθησαν, κατήχηνται, κατηχέω	teach; inform
Κιλικία, -ας, ἡ	Cilicia
Κύπριος, -ου, ὁ	a Cyprian
Κύπρος, -ου, ἡ	Cyprus
Κώς, Κῶ, ἡ	Cos
Μνάσων, -ωνος, ὁ	Mnason
μυριάς, -άδος, ἡ	ten thousand; countless
ξυρήσονται, ξυράομαι	shave
πανταχῇ	everywhere
πάντως	certainly; indeed
Πάταρα, -ων, τό	Patara
πλοῦς, πλοός, ὁ	sailing
πνικτός, -ή, -όν	choked
πολίτης, -ου, ὁ	citizen
προεωρακότες, προοράω	see beforehand
προπεμπόντων, προπέμπω	accompany
προσεφώνησεν, προσφωνέω	address; call out to

προσφορά, -ᾶς, ἡ	sacrifice
Πτολεμαΐς, -ΐδος, ἡ	Ptolemais
Ῥόδος, -ου, ἡ	Rhodes
σιγή, -ῆς, ἡ	silence
σικάριος, -ου, ὁ	terrorist
σπεῖρα, -ης, ἡ	band of soldiers (600 men)
στοιχεῖς, στοιχέω	behave
συγχύννεται, συγχύννω	cause consternation
συνδρομή, -ῆς, ἡ	running together
συνέβη, συμβαίνω	happen, meet
συνέχεον, συγχέω	cause consternation
συνθρύπτοντες, συνθρύπτω	break; cause great sorrow
συντελεῖσθαι, συντελέω	complete; end
Συρία, -ας, ἡ	Syria
Ταρσεύς, -έως, ὁ	person from Tarsus
τετρακισχίλιοι, -αι, -α	four thousand
Τρόφιμος, -ου, ὁ	Trophimus
φάσις, -εως, ἡ	report
Φοινίκη, -ης, ἡ	Phoenicia

_____Acts 22

ἀήρ, ἀέρος, ὁ	air
ἀκατάκριτος, -ον	without trial
ἀκρίβεια, -ας, ἡ	accurateness
ἀνατεθραμμένος, ἀνατρέφω	rear
ἀνετάζειν, ἀνετάζεσθαι, ἀνετάζω	interrogate
ἀπολογία, -ας, ἡ	defense
ἀπόλουσαι, ἀπολούομαι	wash; make pure
ἀσφαλής, -ές	certain
Γαμαλιήλ, ὁ	Gamaliel
δεσμεύων, δεσμεύω	bind
διάλεκτος, -ου, ἡ	language
Ἑβραΐς, -ΐδος, ἡ	Hebrew
ἔδαφος, -ους, τό	ground
ἐκεῖσε	there
ἑκατόνταρχος, -ου, ὁ	Rom. officer; centurion
ἔκστασις, -εως, ἡ	ecstatic vision
ἐκτησάμην, κτάομαι	acquire
ἐξαίφνης	immediately
ἐπεφώνουν, ἐπιφωνέω	cry out
εὐλαβής, -ές	pious
ζηλωτής, -οῦ, ὁ	enthusiast; zealot
ἡσυχία, -ας, ἡ	silence
ἱμάς, -άντος, ὁ	strap
καθῆκεν, καθήκω	be proper or fitting
καταγαγών, κατάγω	lead down
κεφάλαιον, -ου, τό	price
Κιλικία, -ας, ἡ	Cilicia
κονιορτός, -οῦ, ὁ	dust

κραυγαζόντων, κραυγάζω	shout
μαστίζειν, μαστίζω	beat with a whip
μάστιξ, -ιγος, ἡ	flogging
μεσημβρία, -ας, ἡ	noon
παραδέξονται, παραδέχομαι	receive
πατρῷος, -α, -ον	of ancestors
περιαστράψαι, περιαστράπτω	shine brightly around
πολιτεία, -ας, ἡ	citizenship
πρεσβυτέριον, -ου, τό	group of elders
προέτειναν, προτείνω	stretch out
προεχειρίσατο, προχειρίζομαι	choose in advance
προσεφώνει, προσφωνέω	address; call out to
ῥιπτούντων, ῥιπτέω	throw, throw away
Σαούλ, ὁ	Saul
σπεῦσον, σπεύδω	do quickly; cause to happen soon
Στέφανος, -ου, ὁ	Stephen
συνευδοκῶν, συνευδοκέω	agree
συνόντων, σύνειμι	be with
Ταρσός, -οῦ, ἡ	Tarsus
τάχος, -ους, τό	swiftness
τέτακται, τάσσω	assign
τιμωρηθῶσιν, τιμωρέω	punish
φυλακίζων, φυλακίζω	imprison
χειραγωγούμενος, χειραγωγέω	lead by hand

ACTS 23

ἀκριβῶς	accurately
ἀναδόντες, ἀναδίδωμι	deliver
ἀνάθεμα, -τος, τό	a curse
ἀνεθεματίσαμεν, ἀνεθεμάτισαν, ἀναθωματίζω	curse
Ἀντιπατρίς, -ίδος, ἡ	Antipatris
δεξιολάβος, -ου, ὁ	spearman
διαγινώσκειν, διαγινώσκω	examine thoroughly
διακόσιοι, -αι, -α	two hundred
διακούσομαι, διακούω	hear a legal case
διασπασθῇ, διασπάω	tear apart
διασώσωσιν, διασῴζω	rescue; heal
διεμάχοντο, διαμάχομαι	protest strongly
ἑβδομήκοντα	seventy
ἐγκαλούμενον, ἐγκαλέω	accuse
ἔγκλημα, -τος, τό	accusation
ἑκατόνταρχος, -ου, ὁ	Rom. officer; centurion
ἐκλαλῆσαι, ἐκλαλέω	tell
ἐνέδρα, -ας, ἡ	ambush
ἐνεδρεύουσιν, ἐνεδρεύω	be in ambush
ἐνεκάλουν, ἐγκαλέω	accuse
ἐξαυτῆς	immediately
ἐξειλάμην, ἐξαιρέω	rescue
ἐπαρχεία, -ας, ἡ	province
ἐπιβιβάσαντες, ἐπιβιβάζω	cause to mount
ἐπιβουλή, -ῆς, ἡ	plot
ἐπιούσῃ, ἔπειμι	next (participle of time, usually fem.)
ζήτημα, -τος, τό	dispute
θάρσει, θαρσέω	have courage
ἱππεύς, -έως, ὁ	horseman
καταγάγῃ, καταγάγῃς, κατήγαγον, κατάγω	lead down
κατήγορος, -ου, ὁ	accuser
κεκονιαμένε, κονιάω	whitewash
Κιλικία, -ας, ἡ	Cilicia
Κλαύδιος, -ου, ὁ	Claudius
κράτιστος, -η, -ον	most excellent
κραυγή, -ῆς, ἡ	shout
κτῆνος, -ους, τό	beast of burden
λοιδορεῖς, λοιδορέω	slander
Λυσίας, -ου, ὁ	Lysias
μηνυθείσης, μηνύω	inform
νεανίας, -ου, ὁ	young man
παρανομῶν, παρανομέω	disobey the law
πεπολίτευμαι, πολιτεύομαι	conduct one's life
πραιτώριον, -ου, τό	palace; palace guard
Ῥώμη, -ης, ἡ	Rome
στάσις, -εως, ἡ	heated quarrel
στράτευμα, -τος, τό	army; soldiers
συνέθεντο, συντίθεμαι	agree together
συνωμοσία, -ας, ἡ	conspiracy
συστροφή, -ῆς, ἡ	conspiracy
τοῖχος, -ου, ὁ	wall
Φῆλιξ, Φήλικος, ὁ	Felix

ACTS 24

ἁγνισμένον, ἁγνίζω	purify
ἀδίκημα, -τος, τό	unrighteous act; crime
αἵρεσις, -εως, ἡ	religious party
ἀκριβῶς	accurately
ἀνεβάλετο, ἀναβάλλω	adjourn a hearing
ἄνεσις, -εως, ἡ	freedom
ἀποδεχόμεθα, ἀποδέχομαι	acknowledge
ἀπρόσκοπος, -ον	blameless
ἀσκῶ, ἀσκέω	do one's best
βεβηλῶσαι, βεβηλόω	defile ritually
βία, -ας, ἡ	force
διαγνώσομαι, διαγινώσκω	decide a case
διάδοχος, -ου, ὁ	successor
διετία, -ας, ἡ	two-year period
διόρθωμα, -τος, τό	reform
Δρούσιλλα, -ης, ἡ	Drusilla
ἐγκόπτω, ἐγκόπτω	prevent; irritate
ἐγκράτεια, -ας, ἡ	self-control
ἔμφοβος, -ον	terrified
ἐπιείκεια, -ας, ἡ	gentleness
ἐπίστασις, -εως, ἡ	rebellion
εὐθύμως	encouraged; cheerfully
ἡμέτερος, -α, -ον	our
θόρυβος, -ου, ὁ	clamor; riot
καταθέσθαι, κατατίθημι	gain
κινοῦντα, κινέω	move; cause
κράτιστος, -η, -ον	most excellent
λοιμός, -οῦ, ὁ	plague
Λυσίας, -ου, ὁ	Lysias
μετακαλέσομαι, μετακαλέομαι	summon
μεταλαβών, μεταλαμβάνω	experience
μεταπεμπόμενος, μετεπέμψατο, μεταπέμπομαι	send for
νεύσαντος, νεύω	gesture
πανταχοῦ	everywhere
πάντῃ	everywhere

πατρῷος, -α, -ον	of ancestors	συνεπέθεντο, συνεπιτίθεμαι	join in attack
Πόρκιος, -ου, ὁ	Porcius	συντόμως	briefly
πρόνοια, -ας, ἡ	foresight	Τέρτυλλος, -ου, ὁ	Tertullus
προσφορά, -ᾶς, ἡ	sacrifice	ὑπηρετεῖν, ὑπηρετέω	serve
πρωτοστάτης, -ου, ὁ	ringleader	φάσκοντες, φάσκω	declare
πυκνός, -ή, -όν	often	Φῆλιξ, Φήλικος, ὁ	Felix
ῥήτωρ, -ορος, ὁ	lawyer; orator	χρῆμα, -τος, τό	riches; money
στάσις, -εως, ἡ	heated quarrel	ὡμίλει, ὁμιλέω	talk (with)

_____ACTS 25

αἰτίωμα, -τος, τό	accusation	ἐπαρχεία, -ας, ἡ	province
ἀκροατήριον, -ου, τό	audience hall	ἐπιβάς, ἐπιβαίνω	arrive; go onto
ἄλογος, -ον	without basis; unreasonable	ἔφασκεν, φάσκω	declare
ἀναβολή, -ῆς, ἡ	postponement	ζήτημα, -τος, τό	dispute
ἀνάκρισις, -εως, ἡ	investigation in court	ζήτησις, -εως, ἡ	investigation
ἀναπέμψω, ἀναπέμπω	send back; send on	καταδίκη, -ης, ἡ	condemnation
ἀνέθετο, ἀνατίθεμαι	lay before; explain	καταθέσθαι, κατατίθημι	gain
ἀποδεῖξαι, ἀποδείκνυμι	demonstrate; show to be true	καταφέροντες, καταφέρω	bring against
ἀπολογία, -ας, ἡ	defense	κατήγορος, -ου, ὁ	accuser
ἀπορούμενος, ἀπορέω	be at a loss	μεταπέμψηται, μεταπέμπομαι	send for
ἀσφαλής, -ές	certain	ὀκτώ	eight
ἄτοπος, -ον	bad	περιέστησαν, περιΐστημι	stand around
βαρύς, -εῖα, -ύ	heavy; important	Σεβαστός, ὁ	the Emperor
Βερνίκη, -ης, ἡ	Bernice	σημᾶναι, σημαίνω	make clear
δεισιδαιμονία, -ας, ἡ	religion	συγκαταβάντες,	come/go down with
διαγενομένων, διαγίνομαι	pass (of time)	συγκαταβαίνω	
διάγνωσις, -εως, ἡ	deciding a case; decision	συλλαλήσας, συλλαλέω	talk with
διατρίψας, διατρίβω	stay	συμβούλιον, -ου, τό	council
διέτριβον, διατρίβω	stay	συμπαρόντες, συμπάρειμι	be with
ἔγκλημα, -τος, τό	accusation	τάχος, -ους, τό	swiftness
ἐνέδρα, -ας, ἡ	ambush	τεθνηκότος, θνῄσκω	die
ἐνέτυχον, ἐντυγχάνω	plead; intercede	ὑπενόουν, ὑπονοέω	suspect
ἐνθάδε	here	φαντασία, -ας, ἡ	pomp
ἑξῆς	the next day	Φῆλιξ, Φήλικος, ὁ	Felix
ἐξοχή, -ῆς, ἡ	high rank		

_____ACTS 26

αἵρεσις, -εως, ἡ	religious party; division	ἐκτένεια, -ας, ἡ	earnestness
ἀκριβής, -ές	accurate	ἐκτός	except
ἀπειθής, -ές	disobedient	ἐμμαινόμενος, ἐμμαίνομαι	be enraged
ἀποφθέγγομαι,	speak	ἐναντίος	against
ἀποφθέγγομαι		ἐξαιρούμενος, ἐξαιρέω	rescue
Βερνίκη, -ης, ἡ	Bernice	ἐπειρῶντο, πειράομαι	attempt
βίωσις, -εως, ἡ	daily life	ἐπικουρία, -ας, ἡ	help
γνώστης, -ου, ὁ	one who knows	ἐπιτροπή, -ῆς, ἡ	authority
γωνία, -ας, ἡ	corner	εὐξαίμην, εὔχομαι	pray; desire
διάλεκτος, -ου, ἡ	language	ζήτημα, -τος, τό	dispute
διαχειρίσασθαι,	seize and kill	ἡμέτερος, -α, -ον	our
διαχειρίζομαι		ἠνάγκαζον, ἀναγκάζω	compel
δωδεκάφυλον, -ου, τό	the twelve tribes	θρησκεία, -ας, ἡ	religion
Ἑβραΐς, -ΐδος, ἡ	Hebrew	καταπεσόντων, καταπίπτω	fall; fall down
ἐγκαλοῦμαι, ἐγκαλέω	accuse	κατέκλεισα, κατακλείω	put into prison

κατήνεγκα, καταφέρω	vote against
κέντρον, -ου, τό	goad
κράτιστος, -η, -ον	most excellent
λακτίζειν, λακτίζω	hurt by resistance
λαμπρότης, -ητος, ἡ	brightness
λανθάνειν, λανθάνω	escape notice; forget; not to know
μαίνῃ, μαίνομαι, μαίνομαι	be insane
μακροθύμως	patiently
μανία, -ας, ἡ	insanity
μαρτυρόμενος, μαρτύρομαι	testify; insist
νεότης, -ητος, ἡ	youth
ὁποῖος, -α, -ον	what sort of
ὀπτασία, -ας, ἡ	vision
οὐθείς, -έν	no one; nothing
οὐράνιος, -ον	heavenly
οὐρανόθεν	from the sky
παθητός, -ή, -όν	subject to suffering
παρεκτός	besides

παρρησιαζόμενος, παρρησιάζομαι	speak boldly; have courage
περιλάμψαν, περιλάμπω	shine around
περισσῶς	excessive
περιτρέπει, περιτρέπω	change to
προγινώσκοντες, προγινώσκω	know beforehand; select in advance
προχειρίσασθαι, προχειρίζομαι	choose in advance
Σαούλ, ὁ	Saul
σκληρός, -ά, -όν	violent; strong; harsh; demanding
συγκαθήμενοι, συγκάθημαι	sit down with
σωφροσύνη, -ης, ἡ	sound judgment; moderation
τιμωρῶν, τιμωρέω	punish
Χριστιανός, -οῦ, ὁ	Christian
ψῆφος, -ου, ἡ	pebble

_____ACTS 27

ἄγκυρα, -ας, ἡ	anchor
Ἀδραμυττηνός, -ή, -όν	of Adramyttium
Ἀδρίας, -ου, ὁ	Adriatic Sea
αἰγιαλός, -οῦ, ὁ	shore
Ἀλεξανδρῖνος, -η, -ον	Alexandrian
ἀνέντες, ἀνίημι	loosen
ἀνεύθετος, -ον	unusable
ἀντοφθαλμεῖν, ἀντοφθαλμέω	face into
ἀπέκοψαν, ἀποκόπτω	cut off
ἀποβολή, -ῆς, ἡ	rejection; destruction
ἀποπλεῖν, ἀποπλέω	sail from
ἀπορίψαντας, ἀπορίπτω	jump off
Ἀρίσταρχος, -ου, ὁ	Aristarchus
ἀρτέμων, -ωνος, ὁ	sail
ἀσάλευτος, -ον	immovable
ἀσιτία, -ας, ἡ	without food
ἄσιτος, -ον	without food
ἆσσον	very near
ἄστρον, -ου, τό	star; constellation
αὐτόχειρ, -ος	with one's own hands
βία, -ας, ἡ	violence
βοήθεια, -ας, ἡ	help; support
βολίσαντες, βολίζω	drop a plummet
βούλημα, -τος, τό	intention
βραδυπλοοῦντες, βραδυπλοέω	sail slowly
βραχύς, -εῖα, -ύ	little
δεκαπέντε	fifteen
δεσμότης, -ου, ὁ	prisoner
διαγενομένου, διαγίνομαι	pass (of time)
διακόσιοι ἑδομήκοντα ἕξ	two hundred and seventy-six

διαπλεύσαντες, διαπλέω	sail across
διαστήσαντες, διΐστημι	move on
διασωθῆναι, διασῶσαι, διασῴζω	rescue
διατελεῖτε, διατελέω	remain
διαφύγῃ, διαφεύγω	escape
διθάλασσος, -ον	cross-currents; τόπος διθ., reef
ἐβουλεύοντο, βουλεύομαι	intend
εἴκοσι	twenty
ἐκβολή, -ῆς, ἡ	throwing out
ἐκκολυμβήσας, ἐκκολυμβάω	swim away
ἐκούφιζον, κουφίζω	make less heavy
ἐναντίος	against
ἐνεβίβασεν, ἐμβιβάζω	cause to embark
ἑξῆς	the next day
ἐξιέναι, ἔξειμι	go out to
ἐξῶσαι, ἐξωθέω	run aground
ἐπέκαιλαν, ἐπικέλλω	run aground
ἐπιβάντες, ἐπιβαίνω	go onto
ἐπιδόντες, ἐπιδίδωμι	yield
ἐπικειμένου, ἐπίκειμαι	lie on
ἐπιμέλεια, -ας, ἡ	taking care of
ἐπισφαλής, -ές	dangerous
ἐπιφαινόντων, ἐπιφαίνω	illuminate
ἐρείσασα, ἐρείδω	become fixed
ἔρριψαν, ῥίπτω	throw; put down
εὐθυμεῖν, εὐθυμεῖτε, εὐθυμέω	be encouraged
εὔθυμος, -ον	encouraged
Εὐρακύλων, -ωνος, ὁ	northeast wind
ζευκτηρία, -ας, ἡ	bands

ζημία, -ας, ἡ	loss	περικρατής, -ές	under control
ηὔχοντο, εὔχομαι	desire	περιπεσόντες, περιπίπτω	run into
Θεσσαλονικεύς, -έως, ὁ	a Thessalonian	πηδάλιον, -ου, τό	rudder
Ἰούλιος, -ου, ὁ	Julius	πλεῖν, πλέον, πλέοντας, πλέω	sail
Ἰταλία, -ας, ἡ	Italy		
κατήχθημεν, κατάγω	bring to shore	πλοῦς, πλοός, ὁ	sailing
Καῦδα	Cauda	πνεούσῃ, πνέω	blow
Κιλικία, -ας, ἡ	Cilicia	πού	somewhere; almost
Κνίδος, -ου, ἡ	Cnidus	προσάγειν, προσάγω	approach
κόλπος, -ου, ὁ	bay	προσεῶντος, προσεάω	allow to go farther
κολυμβᾶν, κολυμβάω	swim	πρόφασις, -εως, ἡ	pretense
κορεσθέντες, κορέννυμαι	have enough	πρύμνα, -ης, ἡ	stern (of a boat)
Κρήτη, -ης, ἡ	Crete	πρῷρα, -ης, ἡ	bow (of a boat)
κυβερνήτης, -ου, ὁ	captain of a ship	ῥίψαντες, ῥίπτω	throw; put down
κῦμα, -τος, τό	wave	Σαλμώνη, -ης, ἡ	Salmone
Κύπρος, -ου, ἡ	Cyprus	σανίς, -ίδος, ἡ	plank
Λασαία, -ας, ἡ	Lasea	Σεβαστός, ὁ	the Emperor
λιμήν, -ένος, ὁ	harbor	Σιδών, -ῶνος, ἡ	Sidon
λίψ, λιβός, ὁ	southwest	σκάφη, -ης, ἡ	small boat
Λυκία, -ας, ἡ	Lycia	σκευή, -ῆς, ἡ	equipment
Μακεδών, -όνος, ὁ	a Macedonian	σπεῖρα, -ης, ἡ	band of soldiers (600 men)
μεταλαβεῖν, μεταλαμβάνω	receive share in; take	συναρπασθέντος, συναρπάζω	sieze
μηθείς, -εμία, -έν	nobody, nothing		
μόλις	with difficulty	Σύρτις, -εως, ἡ	the Syrtis
Μύρα, -ων, τά	Myra	σφοδρῶς	exceedingly
ναύκληρος, -ου, ὁ	ship owner	σχοινίον, -ου, τό	rope
ναῦς, (acc.), ναῦν, ἡ	ship	τεσσαρεσκαιδέκατος, -η, -ον	fourteenth
ναύτης, -ου, ὁ	sailor	τραχύς, -εῖα, -ύ	rough
νησίον, -ου, τό	small island	τυφωνικός, -ή, -όν	of a strong wind; typhoon
νῆσος, -ου, ἡ	island	ὕβρις, -εως, ἡ	maltreatment; damage
νηστεία, -ας, ἡ	fasting	ὑπενόουν, ὑπονοέω	suspect
νότος, -ου, ὁ	south; south wind	ὑπεπλεύσαμεν, ὑποπλέω	sail under shelter of
ὀργυιά, -ᾶς, ἡ	fathom	ὑποδραμόντες, ὑποτρέχω	sail under shelter of
Παμφυλία, -ας, ἡ	Pamphylia	ὑποζωννύντες, ὑποζώννυμι	brace a ship
παραινῶ, παραινέω	advise strongly	ὑποπνεύσαντος, ὑποπνέω	blow gently
παραλεγόμενοι, παραλέγομαι	sail along coast	φιλανθρώπως	friendly
παραχειμάσαι, παραχειμάζω	spend the winter	Φοῖνιξ, -ικος, ὁ	Phoenix
παραχειμασία, -ας, ἡ	wintering	φορτίον, -ου, τό	load
παρελέγοντο, παραλέγομαι	sail along coast	χαλάσαντες, χαλάσαντων, χαλάω	let down
παρῄνει, παραινέω	advise strongly		
πειθαρχήσαντας, πειθαρχέω	obey; listen	χειμαζομένων, χειμάζομαι	undergo bad weather
πέλαγος, -ους, τό	open sea	χειμών, -ῶνος, ὁ	winter; bad weather
περιελόντες, περιαιρέω	lift anchor	χῶρος, -ου, ὁ	northwest
περιῃρεῖτο, περιαιρέω	lift anchor		

_____ACTS 28

αἵρεσις, -εως, ἡ	religious party	ἀπεδέχετο, ἀποδέχομαι	welcome
ἀκωλύτως	freely	Ἄππιος, -ου, ὁ	Appius
Ἀλεξανδρῖνος, -η, -ον	Alexandrian	Ἀππιουφόρον	Forum of Appius
ἀναδεξάμενος, ἀναδέχομαι	welcome	ἀποτινάξας, ἀποτινάσσω	shake off
ἀξιοῦμεν, ἀξιόω	desire	ἀσύμφωνος, -ον	in disagreement
ἀπάντησις, -εως, ἡ	meeting up with	ἄτοπος, -ον	unusual

ἄφνω	immediately
βάρβαρος, -ον	non-Greek; native people
βαρέως	with difficulty
δευτεραῖος, -α, -ον	on the second day
διασωθέντα, διασωθέντες, διασῴζω	rescue
διετία, -ας, ἡ	two-year period
δίκη, -ης, ἡ	the goddess Justice; justice
Διόσκουροι, -ων, ὁ	Dioscuri
δυσεντέριον, -ου, τό	dysentery
εἵνεκεν	on account of
ἐκάμμυσαν, καμμύω	close (the eyes)
ἐναντίος	against; hostile
ἐνέμεινεν, ἐμμένω	remain
ἐξετίθετο, ἐκτίθημι	explain
ἐπαχύνθη, παχύνομαι	be thick; be unable to understand
ἐπιγενομένου, ἐπιγίνομαι	happen
ἑσπέρα, -ας, ἡ	evening
ἔχιδνα, -ης, ἡ	snake
ἠναγκάσθην, ἀναγκάζω	compel
ἠπίστουν, ἀπιστέω	not think true; not believe
θάρσος, -ους, τό	courage
θέρμη, -ης, ἡ	heat
καθῆψεν, καθάπτω	fasten onto
καταπίπτειν, καταπίπτω	fall; fall down
καταχθέντες, κατάγω	bring to shore
κρεμάμενον, κρεμάννυμι	cause to hang
Μελίτη, -ης, ἡ	Malta
μεταβαλόμενοι, μεταβάλλομαι	change one's mind
μίσθωμα, -τος, τό	rented (house)
νῆσος, -ου, ἡ	island
νότος, -ου, ὁ	south; south wind

ξενία, -ας, ἡ	guest room
πανταχοῦ	everywhere
πάντως	certainly
παρακεχιμακότι, παραχειμάζω	spend the winter
παράσημος, -ον	marked
πατρῷος, -α, -ον	of ancestors
περιέλθοντες, περιέρχομαι	go around
περίκειμαι, περίκειμαι	wear
πίμπρασθαι, πίμπρημι	be sick with fever; swell up
Πόπλιος, -ου, ὁ	Publius
Ποτίολοι, -ων, οἱ	Puteoli
προσλαλῆσαι, προσλαλέω	speak to
πυρά, -ᾶς, ἡ	bonfire
πυρετός, -οῦ, ὁ	fever
Ῥήγιον, -ου, τό	Rhegium
Ῥώμη, -ης, ἡ	Rome
συγκαλέσασθαι, συγκαλέω	call together
συζήτησις, -εως, ἡ	dispute
Συράκουσαι, -ῶν, αἱ	Syracuse
συστρέψαντος, συστρέφω	gather together
σωτήριον, -ου, τό	salvation
ταβέρνη, -ης, ἡ	inn
ταξάμενοι, τάσσω	assign
Τρεῖς Ταβέρναι, -ῶν, αἱ	Three Taverns
ὑετός, -οῦ, ὁ	rain
φιλανθρωπία, -ας, ἡ	affection for people; friendliness
φιλοφρόνως	friendly
φονεύς, -έως, ὁ	murderer
Φόρον, -ου, τό	Forum
φρύγανον, -ου, τό	firewood
ψῦχος, -ους, τό	cold

ROM 1

ἁγιωσύνη, -ης, ἡ	holiness
ἀδιαλείπτως	continuously
ἀδόκιμος, -ον	bad; worthless
ἀΐδιος, -ον	eternal
ἀλαζών, -όνος, ὁ	arrogant person; braggart
ἀναπολόγητος, -ον	without excuse
ἀνελεήμων, -ον	unmerciful
ἀνόητος, -ον	without understanding
ἀντιμισθία, -ας, ἡ	recompense
ἀόρατος, -ον	invisible
ἀπειθής, -ές	disobedient
ἀποστολή, -ῆς, ἡ	apostleship
ἄρσην, -εν	male
ἀσέβεια, -ας, ἡ	godlessness
ἄστοργος, -ον	without love
ἀσύνετος, -ον	without understanding

ἀσύνθετος, -ον	not keeping a promise
ἀσχημοσύνη, -ης, ἡ	shameful state
ἀτιμάζεσθαι, ἀτιμάζω	treat shamefully; cause to be dishonored
ἀτιμία, -ας, ἡ	dishonor
ἄφθαρτος, -ον	immortal
βάρβαρος, -ον	non-Greek
δεῦρο	the present time
ἐματαιώθησαν, ματαιόομαι	be futile
ἐμωράνθησαν, μωραίνω	cause to become nonsense
ἐξεκαύθησαν, ἐκκαίομαι	have a strong desire; burn
ἐπιποθῶ, ἐπιποθέω	deeply desire
ἔρις, -ιδος, ἡ	strife
ἑρπετόν, -οῦ, τό	reptile
ἐσεβάσθησαν, σεβάζομαι	worship
ἐσκοτίσθη, σκοτίζομαι	become dark

εὐοδωθήσομαι, εὐοδόομαι	get along well	ποίημα, -τος, τό	what is made
εὐλογητός, -ή, -όν	praised	πονηρία, -ας, ἡ	wickedness
ἐφευρετής, -οῦ, ὁ	inventor	προεθέμην, προτίθεμαι	plan beforehand
ἤλλαξαν, ἀλλάσσω	exchange	προεπηγγείλατο,	promise beforehand
θειότης, -ητος, ἡ	divine being	προεπαγγέλομαι	
θεοστυγής, -ές	hating God	πρόθυμος, -ον	eager; desire
θῆλυς, -εια, -υ	female	Ῥώμη, -ης, ἡ	Rome
καθήκοντα, καθήκω	be proper or fitting	συνευδοκοῦσιν, συνευδοκέω	agree
καθορᾶται, καθοράω	learn about	συμπαρακληθῆναι,	be encouraged together
κακοήθεια, -ας, ἡ	malice	συμπαρακαλέομαι	
κατάλαλος, -ου, ὁ	slanderer	τετράπους, -ουν	four-footed
μεστός, -ή, -όν	very full	ὑβριστής, -οῦ, ὁ	insolent person
μεταδῶ, μεταδίδωμι	share	ὑπερήφανος, -ον	arrogant
μετήλλαξαν, μεταλλάσσω	exchange	φάσκοντες, φάσκω	declare
μνεία, -ας, ἡ	remember and mention	φθαρτός, -ή, -όν	mortal
ὁμοίωμα, -τος, τό	similarity	φθόνος, -ου, ὁ	jealousy
ὄρεξις, -εως, ἡ	strong desire	φόνος, -ου, ὁ	murder
ὁρισθέντος, ὁρίζω	appoint	φυσικός, -ή, -όν	natural
ὀφειλέτης, -ου, ὁ	debtor	χρῆσις, -εως, ἡ	sexual function
πάθος, -ους, τό	passion	ψιθυριστής, -οῦ, ὁ	gossiper

_____ROM 2

ἀκροατής, -οῦ, ὁ	hearer	καταφρονεῖς, καταφρονέω	despise
ἀμετανόητος, -ον	unrepentant	κατηχούμενος, κατηχέω	teach
ἀναπολόγητος, -ον	without excuse	λογισμός, -οῦ, ὁ	reasoning
ἀνόμως	without the law	μεταξύ	between; next
ἀνοχή, -ῆς, ἡ	patience	μόρφωσις, -εως, ἡ	embodiment
ἀτιμάζεις, ἀτιμάζω	cause to be dishonored	ὁδηγός, -οῦ, ὁ	guide
ἀφθαρσία, -ας, ἡ	immortality	παιδευτής, -οῦ, ὁ	trainer
βδελυσσόμενος,	detest	παράβασις, -εως, ἡ	transgression
βδελύσσομαι		παραβάτης, -ου, ὁ	transgressor
γραπτός, -ή, -όν	written	ποιητής, -οῦ, ὁ	doer
δικαιοκρισία, -ας, ἡ	just verdict	προσωπολημψία, -ας, ἡ	partiality
ἐκφεύξῃ, ἐκφεύγω	flee from; escape	σκληρότης, -ητος, ἡ	stubbornness
ἐπαναπαύῃ, ἐπαναπαύομαι	trust in	στενοχωρία, -ας, ἡ	distress
ἐπονομάζῃ, ἐπονομάζομαι	call oneself	συμμαρτυρούσης,	testify in support
ἐριθεία, -ας, ἡ	hostility	συμμαρτυρέω	
θησαυρίζεις, θησαυρίζω	treasure up	χρηστός, -ή, -όν	kind
ἱεροσυλεῖς, ἱεροσυλέω	rob temples; commit sacrilege		

_____ROM 3

ἁμάρτημα, -τος, τό	sin	ἔνδειξις, -εως, ἡ	proof
ἀνοχή, -ῆς, ἡ	patience	ἔνδικος, -ον	just
ἀπέναντι	opposite	ἐξεκλείσθη, ἐκκλείω	exclude
ἀρά, -ᾶς, ἡ	curse	ἐξέκλιναν, ἐκκλίνω	turn away from
ἀσπίς, -ίδος, ἡ	snake	ἐπιφέρων, ἐπιφέρω	cause to experience; impose upon
διαστολή, -ῆς, ἡ	distinction		
δωρεάν	as a gift; without cost	ἠπίστησαν, ἀπιστέω	not trust; not believe
εἴπερ	if indeed	ἠχρεώθησαν, ἀχρειόομαι	become perverse
ἐδολιοῦσαν, δολιόω	deceive	ἱλαστήριον, -ου, τό	means of forgiveness
ἐκζητῶν, ἐκζητέω	seek diligently	ἰός, -οῦ, ὁ	venom

λάρυγξ, -γγος, ὁ	throat
λόγιον, -ου, τό	a saying
ὀξύς, -εῖα, -ύ	swift
πάντως	certainly; indeed
πάρεσις, -εως, ἡ	disregard
περισσός, -ή, -όν	advantage
πικρία, -ας, ἡ	bitterness
προγεγονότων, προγίνομαι	happen previously
προέθετο, προτίθεμαι	bring forth
προεχόμεθα, προέχω	have advantage

προητιασάμεθα, προαιτιάομαι	accuse previously
σύντριμμα, -τος, τό	destruction
ταλαιπωρία, -ας, ἡ	hardship
τάφος, -ου, ὁ	grave
ὑπόδικος, -ον	liable to judgment
φραγῇ, φράσσω	cause to cease
χεῖλος, -ους, τό	lip; shore
ψεῦσμα, -τος, τό	lie
ὠφέλεια, -ας, ἡ	benefit

_____ROM 4

ἀσεβής, -ές	ungodly
βέβαιος, -α, -ον	certain; trustworthy
δικαίωσις, -εως, ἡ	putting right; acquittal
ἑκατονταετής, -ές	hundred years
ἐνεδυναμώθη, ἐνδυναμόω	cause to be able
ἐπεκαλύφθησαν, ἐπικαλύπτω	cover; forgive
ἴχνος, -ους, τό	footprint
κατέναντι	opposite
κεκένωται, κενόω	empty oneself
μακαρισμός, -οῦ, ὁ	happiness

μήτρα, -ας, ἡ	womb
νέκρωσις, -εως, ἡ	death; barrenness
νενεκρωμένον, νεκρόω	stop completely
ὀφείλημα, -τος, τό	debt
παράβασις, -εως, ἡ	transgression
πληροφορηθείς, πληροφορέω	be completely certain (pass.)
πού	almost
προπάτωρ, -ορος, ὁ	ancestor
Σάρρα, -ας, ἡ	Sarah
στοιχοῦσιν, στοιχέω	behave

_____ROM 5

Ἀδάμ, ὁ	Adam
ἀσεβής, -ές	ungodly
δικαίωσις, -εως, ἡ	putting right; acquittal
δοκιμή, -ῆς, ἡ	testing
δώρημα, δωρήματος, τό	gift
ἐλλογεῖται, ἐλλογέω	charge to account
ἐπλεόνασεν, πλεονάζω	become more and more; cause to increase; be in abundance; have more than enough
κατάκριμα, -τος, τό	condemnation
καταλλαγέντες, καταλλάσσω	reconcile
καταλλαγή, -ῆς, ἡ	reconciliation

κατηλλάγημεν, καταλλάσσω	reconcile
μόλις	scarcely
ὁμοίωμα, -τος, τό	similarity
παράβασις, -εως, ἡ	transgression
παρακοή, -ῆς, ἡ	disobedience
παρεισῆλθεν, παρεισέρχομαι	slip into (a group)
περισσεία, -ας, ἡ	abundance; excessive
πλεονάσῃ, πλεονάζω	become more and more; cause to increase
προσαγωγή, -ῆς, ἡ	right to speak
τάχα	perhaps
ὑπερεπερίσσευσεν, ὑπερπερισσεύω	be more abundant

_____ROM 6

ἀνθρώπινος, -η, -ον	human
δοῦλος, -η, -ον	subservient to; slavish
δουλώθεντες, δουλόω	enslave; make subservient
ἐδουλώθητε, δουλόω	enslave; make subservient
ἐλευθερωθέντες, ἐλευθερόω	set free
ἐφάπαξ	once; once and for all
ἤτοι (. . . ἤ)	either . . . or
θνητός, -ή, -όν	mortal
καινότης, -ήτος, ἡ	newness
κυριεύει, κυριεύσει, κυριεύω	rule

ὁμοίωμα, -τος, τό	similarity
ὅπλον, -ου, τό	tool; weapon
ὀψώνιον, -ου, τό	pay
πλεονάσῃ, πλεονάζω	become more and more; cause to increase
συζήσομεν, συζάω	live with
σύμφυτος, -ον	be one with
συνεσταυρώθη, συσταυρόω	crucify with
συνετάφημεν, συνθάπτω	bury together with

_____Rom 7

αἰχμαλωτίζοντα, αἰχμαλωτίζω	take captive
ἀνέζησεν, ἀναζάω	live again
ἀντιστρατευόμενον, ἀντιστρατεύομαι	actively oppose
ἀφορμή, -ῆς, ἡ	favorable circumstances
ἐξηπάτησεν, ἐξαπατάω	deceive
ἔσω	inside
καινότης, -ητος, ἡ	newness
καρποφορῆσαι, καρποφορήσωμεν, καρποφορέω	bear fruit
κυριεύει, κυριεύω	rule

μοιχαλίς, -ί	adulterous; unfaithful
οἰκεῖ, οἰκοῦσα, οἰκέω	dwell; reside in
παλαιότης, -ητος, ἡ	oldness; old way
παράκειται, παράκειμαι	be present
πεπραμένος, πιπράσκω	sell
σάρκινος, -η, -ον	fleshly; human; natural
συνήδομαι, συνήδομαι	rejoice in
σύμφημι, σύμφημι	agree
ταλαίπωρος, -ον	wretched
ὕπανδρος, -ον	married
ὑπερβολή, -ῆς, ἡ	excessive
χρηματίσει, χρηματίζω	give a name to

_____Rom 8

ἀββά, ὁ	Father (Aram.)
ἀλάλητος, -ον	cannot be expressed
ἀπαρχή, -ῆς, ἡ	first portion
ἀπεκδέχεται, ἀπεκδεχόμεθα, ἀπεκδεχόμενοι, ἀπεκδέχομαι	look forward eagerly; wait for
ἀποκαραδοκία, -ας, ἡ	eager desire
βάθος, -ους, τό	depth
γυμνότης, -ητος, ἡ	nakedness
δουλεία, -ας, ἡ	slavery; subservience
ἐγκαλέσει, ἐγκαλέω	accuse
εἴπερ	if indeed; since
ἑκών, -οῦσα, -όν	willing
ἐλευθερωθήσεται, ἐλευθερόω	set free
ἐνεστῶτα, ἐνίστημι	present
ἐνοικοῦντος, ἐνοικέω	dwell in
ἐντυγχάνει, ἐντυγχάνω	plead; intercede
ἐραυνῶν, ἐραυνάω	try to learn
ἔχθρα, -ας, ἡ	enmity
ἠλευθέρωσεν, ἐλευθερόω	set free
θνητός, -ή, -όν	mortal
καθό	just as
κατάκριμα, -τος, τό	condemnation
κίνδυνος, -ου, ὁ	danger
ματαιότης, -ητος, ἡ	futility
οἰκεῖ, οἰκέω	dwell
ὁμοίωμα, -τος, τό	similarity

ὀφειλέτης, -ου, ὁ	debtor
πρᾶξις, -εως, ἡ	deed
προέγνω, προγινώσκω	know beforehand
προώρισεν, προορίζω	decide beforehand
πρωτότοκος, -ον	firstborn
στεναγμός, -οῦ, ὁ	groan
στενάζομεν, στενάζω	groan
στενοχωρία, -ας, ἡ	distress
συγκληρονόμος, -ου, ὁ	fellow heir
συμμαρτυρεῖ, συμμαρτυρέω	testify in support
σύμμορφος, -ον	similar in form
συμπάσχομεν, συμπάσχω	join in suffering
συναντιλαμβάνεται, συναντιλαμβάνομαι	join in helping
συνδοξασθῶμεν, συνδοξάζω	be honored with; be glorified with
συνεργεῖ, συνεργέω	work together with
συνωδίνει, συνωδίνω	suffer together
συστενάζει, συστενάζω	groan together
σφαγή, -ῆς, ἡ	slaughter
υἱοθεσία, -ας, ἡ	adoption
ὑπερεντυγχάνει, ὑπερεντυγχάνω	intercede
ὑπερνικῶμεν, ὑπερνικάω	have complete victory
ὕψωμα, -τος, τό	height; world above
φθορά, -ᾶς, ἡ	destruction; decay
φρόνημα, -τος, τό	thoughtful planning

_____Rom 9

ἀδιάλειπτος, -ον	continuous
ἄμμος, -ου, ἡ	sand
ἀνάθεμα, -τος, τό	a curse; cursed
ἀνταποκρινόμενος, ἀνταποκρίνομαι	answer
ἀτιμία, -ας, ἡ	dishonor

βούλημα, -τος, τό	desire; intention
Γόμορρα, -ας; ἡ; -ων, τά	Gomorrah
διαγγελῇ, διαγγέλλω	proclaim
εὐλογητός, -ή, -όν	be praised
ἐκλογή, -ῆς, ἡ	choice; chosen
ἐλάσσων, -ον	lesser; younger

ἐλεῶντος, ἐλεάω	show mercy	προσέκοψαν, προσκόπτω	stumble
ἐξήγειρα, ἐξεγείρω	raise to life	πρόσκομμα, -τος, τό	stumbling
ἔφθασεν, φθάνω	come to; attain	Ῥεβέκκα, -ας, ἡ	Rebecca
Ἠσαῦ, ὁ	Esau	σαβαώθ	Almighty (Heb.)
ηὐχόμην, εὔχομαι	pray	Σάρρα, -ας, ἡ	Sarah
Ἰσραηλίτης, -ου, ὁ	Israelite	Σιών, ἡ	(Mount) Zion
κεραμεύς, -έως, ὁ	potter	σκληρύνει, σκληρύνω	harden; cause to be stubborn
κοίτη, -ης, ἡ	bed; sexual life	Σόδομα, -ων, τά	Sodom
λατρεία, -ας, ἡ	worship	συγγενής, -οῦς, ὁ	fellow countryman
μέμφεται, μέμφομαι	blame	συμμαρτυρούσης,	testify in support
μενοῦνγε	on the contrary	συμμαρτυρέω	
μήπω	not yet	συντελῶν, συντελέω	complete
νομοθεσία, -ας, ἡ	giving law	συντέμνων, συντέμνω	end
ὀδύνη, -ης, ἡ	intense anxiety	υἱοθεσία, -ας, ἡ	adoption
οἰκτιρήσω, οἰκτίρω	have mercy	ὑπόλειμμα, -τος, τό	remnant
οἰκτίρω	have mercy	Φαραώ, ὁ	Pharaoh
πηλός, -οῦ, ὁ	clay	φαῦλος, -η, -ον	bad
πλάσαντι, πλάσσω	mold	φύραμα, -τος, τό	lump
πλάσμα, -τος, τό	what is formed	Ὡσηέ, ὁ	Hosea
προητοίμασεν, προετοιμάζω	make ready in advance		

ROM 10

ἄβυσσος, -ου, ἡ	abyss; very deep place	καταγαγεῖν, κατάγω	lead down
ἀποτολμᾷ, ἀποτολμάω	be very bold	μενοῦνγε	on the contrary
ἀσύνετος, -ον	without understanding	παραζηλώσω, παραζηλόω	make jealous
διαστολή, -ῆς, ἡ	distinction	παροργιῶ, παροργίζω	make angry
ἐμφανής, -ές	visible	πέρας, πέρατος, τό	limit
ἐξεπέτασα, ἐκπετάννυμι	stretch out	φθόγγος, -ου, ὁ	sound; utterance
εὐδοκία, -ας, ἡ	desire	ὡραῖος, -α, -ον	beautiful

ROM 11

ἀγριέλαιος, -ου, ἡ	wild olive tree	ἐκλογή, -ῆς, ἡ	choice; chosen
ἀμεταμέλητος, -ον	not regretful	ἐνεκεντρίσθης, ἐγκεντρίζω	graft
ἀνεξεραύνητος, -ον	impossibile to understand	ἐντυγχάνει, ἐντυγχάνω	plead; intercede
ἀνεξιχνίαστος, -ον	impossible to understand	ἐξεκλάσθησαν, ἐκκλάομαι	break off
ἀνταποδοθήσεται,	pay back; repay	ἐπέτυχεν, ἐπιτυγχάνω	acquire; experience
ἀνταποδίδωμι		ἔπταισαν, πταίω	trip; sin
ἀνταπόδομα, -τος, τό	recompense	ἑπτακισχίλιοι, -αι, -α	seven thousand
ἀπαρχή, -ῆς, ἡ	first portion	ἐπωρώθησαν, πωρόω	harden; have closed mind
ἀπείθεια, -ας, ἡ	disobedience	ἥττημα, -τος, τό	failure
ἀποβολή, -ῆς, ἡ	rejection	θήρα, -ας, ἡ	trap
ἀποστρέψει, ἀποστρέφω	lead astray	Ἰσραηλίτης, -ου, ὁ	Israelite
ἀποτομία, -ας, ἡ	harshness	καλλιέλαιος, -ου, ἡ	cultivated olive tree
ἀπώσατο, ἀπωθέομαι	push away; reject	κατακαυχᾶσαι, κατακαυχῶ,	boast against
ἀσέβεια, -ας, ἡ	godlessness	κατακαυχάομαι	
Βάαλ, ὁ	Baal	καταλλαγή, -ῆς, ἡ	reconciliation
βάθος, -ους, τό	depth	κατάνυξις, -εως, ἡ	bewilderment
Βενιαμίν, ὁ	Benjamin	κατέσκαψαν, κατασκάπτω	tear down
ἐγκεντρίσαι,	graft	λεῖμμα, -τος, τό	remnant
ἐγκεντρισθήσονται,		νῶτος, -ου, ὁ	back
ἐγκεντρισθῶ, ἐγκεντρίζω		παγίς, -ίδος, ἡ	snare
ἔκαμψαν, κάμπτω	bow; worship		

παραζηλῶσαι,	make jealous	σύγκαμψον, συγκάμπτω	be overwhelmed with
παραζηλώσω, παραζηλόω			trouble
πιότης, -ητος, ἡ	rich sap	συγκοινωνός, -οῦ, ὁ	partner; sharer
προέγνω, προγινώσκω	know beforehand	σύμβουλος, -ου, ὁ	adviser
προέδωκεν, προδίδωμι	give beforehand	συνέκλεισεν, συγκλείω	cause to happen
πρόσλημψις, -εως, ἡ	acceptance	ὑπελείφθην, ὑπολείπομαι	be left behind
πώρωσις, -εως, ἡ	stubbornness	φύραμα, -τος, τό	lump
Σιών, ἡ	(Mount) Zion	χρηματισμός, -οῦ, ὁ	divine revelation
σκοτισθήτωσαν, σκοτίζομαι	become dark		

_____ROM 12

ἀνακαίνωσις, -εως, ἡ	renewal	μεταμορφοῦσθε,	change
ἀναλογία, -ας, ἡ	in proportion to	μεταμορφόομαι	
ἄνθραξ, -ακος, ὁ	charcoal	οἰκτιρμός, -οῦ, ὁ	mercy
ἀνταποδώσω, ἀνταποδίδωμι	pay back; repay	ὀκνηρός, -ά, -όν	lazy
ἀνυπόκριτος, -ον	genuine	πρᾶξις, -εως, ἡ	deed; function
ἁπλότης, -ητος, ἡ	generosity	προηγούμενοι, προηγέομαι	do exceedingly
ἀποστυγοῦντες, ἀποστυγέω	hate	προϊστάμενος, προΐστημι	be at the head (of); care for
διάφορος, -ον	varied	προνοούμενοι, προνοέω	take care of
εἰρηνεύοντες, εἰρηνεύω	live in peace	συναπαγόμενοι,	associate
ἐκδίκησις, -εως, ἡ	revenge; punishment	συναπάγομαι	
ἐκδικοῦντες, ἐκδικέω	revenge; punish	συσχηματίζεσθε,	shape one's behavior
ἐλέων, ἐλεάω	show mercy	συσχηματίζομαι	
εὐάρεστος, -ον	pleasing	σωρεύσεις, σωρεύω	heap or pile up
ζέοντες, ζέω	boil	σωφρονεῖν, σωφρονέω	be sane; be sensible
ἱλαρότης, -ητος, ἡ	happiness	ταπεινός, -ή, -όν	lowly
καταρᾶσθε, καταράομαι	curse	ὑπερφρονεῖν, ὑπερφρονέω	be arrogant
κοινωνοῦντες, κοινωνέω	share	φιλαδελφία, -ας, ἡ	love for fellow believer
λατρεία, -ας, ἡ	worship	φιλοξενία, -ας, ἡ	hospitality
λογικός, -ή, -όν	true to real nature	φιλόστοργος, -ον	very affectionate
μεταδιδούς, μεταδίδωμι	share	ψώμιζε, ψωμίζω	give to eat

_____ROM 13

ἀνακεφαλαιοῦται,	bring together	λειτουργός, -οῦ, ὁ	servant
ἀνακεφαλαιόομαι		μέθη, -ης, ἡ	drunkenness
ἀντιτασσόμενος,	be hostile toward	ὅπλον, -ου, τό	tool; weapon
ἀντιτάσσομαι		ὀφειλή, -ῆς, ἡ	debt
ἀποθώμεθα, ἀποτίθεμαι	put away	προέκοψεν, προκόπτω	progress
διαταγή, -ῆς, ἡ	ordinance	πρόνοια, -ας, ἡ	foresight
εἰκῇ	for no purpose	τεταγμέναι, τάσσω	assign
ἔκδικος, -ου, ὁ	punisher	ὑπερεχούσαις, ὑπερέχω	surpass in value; control
ἔρις, -ιδος, ἡ	strife	ὕπνος, -ου, ὁ	sleep
εὐσχημόνως	with propriety; properly	φορεῖ, φορέω	wear
κοίτη, -ης, ἡ	bed; sexual immorality	φόρος, -ου, ὁ	tribute
κῶμος, -ου, ὁ	orgy		

_____ROM 14

διάκρισις, -εως, ἡ	dispute	κάμψει, κάμπτω	worship
δόκιμος, -ον	considered good; honored	κρέας, κρέατος (κρέα; acc.	meat
δυνατεῖ, δυνατέω	be able	pl.), τό	
εὐάρεστος, -ον	pleasing	κυριεύσῃ, κυριεύω	rule

λάχανον, -ου, τό	garden plant	πόσις, -εως, ἡ	drinking
οἰκέτης, -ου, ὁ	house servant	πρόσκομμα, -τος, τό	stumbling
πληροφορείσθω, πληροφορέω	proclaim; accomplish	προσκόπτει, προσκόπτω	stumble

ROM 15

ἀγαθωσύνη, -ης, ἡ	goodness	λειτουργός, -οῦ, ὁ	servant
αἰνεῖτε, αἰνέω	praise	μεστός, -ή, -όν	very full
ἀσθένημα, -τος, τό	weakness	νουθετεῖν, νουθετέω	instruct; admonish
βεβαιῶσαι, βεβαιόω	verify	ὀνειδισμοί, ὀνειδίζω	insult; reprimand
διαπορευόμενος, διαπορεύομαι	travel through; pass by	ὀνειδισμός, -οῦ, ὁ	insult
		ὀφειλέτης, -ου, ὁ	debtor
ἐκοινώνησαν, κοινωνέω	share	προεγράφη, προγράφω	write beforehand
ἐμπλησθῶ, ἐμπίμπλημι	satisfy with food	προπεμφθῆναι, προπέμπω	send on one's way; accompany
ἐνεκοπτόμην, ἐγκόπτω	prevent		
ἐπαινεσάτωσαν, ἐπαινέω	praise	προσφορά, -ᾶς, ἡ	sacrifice
ἐπαναμιμνήσκων, ἐπαναμιμνήσκω	remind	σαρκικός, -ή, -όν	fleshly; human; material
		Σπανία, -ας, ἡ	Spain
ἐπιποθία, -ας, ἡ	deep desire	συναγωνίσασθαι, συναγωνίζομαι	join fervently in
εὐπρόσδεκτος, -ον	quite pleasing		
ἡμέτερος, -α, -ον	our	συναναπαύσωμαι, συναναπαύομαι	rest with
ἱερουργοῦντα, ἱερουργέω	be a priest		
Ἰεσσαί, ὁ	Jesse	τολμηρός, -ά, -άν	boldly
Ἰλλυρικόν, -οῦ, τό	Illyricum	φιλοτιμούμενον, φιλοτιμέομαι	aspire to
κλίμα, -τος, τό	region		
κύκλῳ	around	ψαλῶ, ψάλλω	sing praises
λειτουργῆσαι, λειτουργέω	perform religious duties		

ROM 16

ἄκακος, -ον	unsuspecting	Ἰάσων, -ονος, ὁ	Jason
ἀκέραιος, -ον	pure	Ἰουλία, -ας, ἡ	Julia
Ἀκύλας, ὁ	Aquila	Ἰουνία, -ας, ἡ	Junia
Ἀμπλιᾶτος, -ου, ὁ	Ampliatus	Κεγχρεαί, -ῶν, αἱ	Cenchreae
Ἀνδρόνικος, -ου, ὁ	Andronicus	κήρυγμα, -τος, τό	preaching
ἀξίως	worthy	Κούαρτος, -ου, ὁ	Quartus
ἀπαρχή, -ῆς, ἡ	first portion	Λούκιος, -ου, ὁ	Lucius
Ἀπελλῆς, -οῦ, ὁ	Apelles	Νάρκισσος, -ου, ὁ	Narcissus
Ἀριστόβουλος, -ου, ὁ	Aristobulus	Νηρεύς, -έως, ὁ	Nereus
Ἀσύγκριτος, -ου, ὁ	Asyncritus	Ὀλυμπᾶς, -ᾶ, ὁ	Olympas
ἀφίκετο, ἀφικνέομαι	become known	Οὐρβανός, -οῦ, ὁ	Urbanus
Γάϊος, -ου, ὁ	Gaius	Πατροβᾶς, -ᾶ, ὁ	Patrobas
διχοστασία, -ας, ἡ	discord	Περσίς, -ίδος, ἡ	Persis
δόκιμος, -ον	honored	Πρίσκα, -ης, ἡ	Prisca
ἐκκλίνετε, ἐκκλίνω	turn away from	προστάτις, -ιδος, ἡ	helper
ἐξαπατῶσιν, ἐξαπατάω	deceive	προφητικός, -ή, -όν	prophetic
ἐπίσημος, -ον	well known; outstanding	Ῥοῦφος, -ου, ὁ	Rufus
ἐπιταγή, -ῆς, ἡ	ordinance; authority	σκοπεῖν, σκοπέω	notice carefully; watch out for
Ἐπαίνετος, -ου, ὁ	Epaenetus		
Ἔραστος, -ου, ὁ	Erastus	Στάχυς, -υος, ὁ	Stachys
Ἑρμᾶς, -ᾶ, ὁ	Hermas	συγγενής, -οῦς, ὁ	fellow countryman
Ἑρμῆς, -οῦ, ὁ	Hermes	συναιχμάλωτος, -ου, ὁ	fellow prisoner
Ἡρῳδίων, -ωνος, ὁ	Herodion	συντρίψει, συντρίβω	break into pieces; crush

Σωσίπατρος, -ου, ὁ	Sosipater	φίλημα, -τος, τό	kiss
τάχος, -ους, τό	swiftness	Φιλόλογος, -ου, ὁ	Philologus
Τέρτιος, -ου, ὁ	Tertius	Φλέγων, -οντος, ἡ	Phlegon
τράχηλος, -ου, ὁ	neck	Φοίβη, -ης, ἡ	Phoebe
Τρύφαινα, -ης, ἡ	Tryphaena	χρῄζῃ, χρῄζω	need
Τρυφῶσα, -ης, ἡ	Tryphosa	χρηστολογία, -ας, ἡ	attractive speech
ὑπέθηκαν, ὑποτίθημι	risk one's life		

_____ 1 COR 1

ἀγενής, -ές	inferior	κενωθῇ, κενόω	empty oneself
ἀνέγκλητος, -ον	without accusation	κήρυγμα, -τος, τό	preaching
ἀπεκδεχομένους,	look forward eagerly	Κηφᾶς, -ᾶ, ὁ	Cephas
ἀπεκδέχομαι		Κόρινθος, -ου, ἡ	Corinth
βεβαιώσει, βεβαιόω	verify	Κρίσπος, -ου, ὁ	Crispus
Γάϊος, -ου, ὁ	Gaius	μωρία, -ας, ἡ	foolishness
γνώμη, -ης, ἡ	intention; opinion	Στεφανᾶς, -ᾶ, ὁ	Stephanas
ἐβεβαιώθη, βεβαιόω	verify	συζητητής, -οῦ, ὁ	debater
ἐδηλώθη, δηλόω	make known	σύνεσις, -εως, ἡ	intelligence
ἐμώρανεν, μωραίνω	cause to become nonsense	συνετός, -ή, -όν	intelligent
ἐπλουτίσθητε, πλουτίζω	make rich	Σωσθένης, -ους, ὁ	Sosthenes
ἔρις, -ιδος, ἡ	strife; quarrel	σχίσμα, -τος, τό	tear; division
εὐγενής, -ές	important	Χλόη, -ης, ἡ	Chloe

_____ 1 COR 2

ἀνθρώπινος, -η, -ον	human	πειθός, -ή, -όν	persuasive
ἀπόδειξις, -εως, ἡ	proof	πειθώ, -οῦς, ἡ	persuasive power
ἀποκεκρυμμένην,	keep secret	πνευματικῶς	spiritually
ἀποκρύπτω		προώρισεν, προορίζω	decide beforehand
βάθος, -ους, τό	depth	συγκρίνοντες, συγκρίνω	compare; explain
διδακτός, -ή, -όν	instructed	συμβιβάσει, συμβιβάζω	advise
ἐραυνᾷ, ἐραυνάω	try to learn	τρόμος, -ου, ὁ	trembling
κήρυγμα, -τος, τό	preaching	ὑπεροχή, -ῆς, ἡ	pompous
μωρία, -ας, ἡ	foolishness	ψυχικός, -ή, όν	physical

_____ 1 COR 3

ἄργυρος, -ου, ὁ	silver	ζημιωθήσεται, ζημιόομαι	undergo punishment
ἀρχιτέκτων, -ονος, ὁ	master builder	καλάμη, -ης, ἡ	straw
γάλα, γάλακτος, τό	milk	Κηφᾶς, -ᾶ, ὁ	Cephas
γεώργιον, -ου, τό	field	μάταιος, -α, -ον	futile
δηλώσει, δηλόω	make known	μωρία, -ας, ἡ	foolishness
δρασσόμενος, δράσσομαι	trap	οἰκεῖ, οἰκέω	dwell; reside in
ἐνεστῶτα, ἐνίστημι	present (time)	ὁποῖος, -α, -ον	what sort of
ἐξαπατάτω, ἐξαπατάω	deceive	πανουργία, -ας, ἡ	treachery
ἐποικοδομεῖ,	build upon	σαρκικός, -ή, -όν	fleshly; material
ἐποικοδόμησεν,		σάρκινος, -η, -ον	fleshly; material
ἐποικοδομέω		φθερεῖ, φθείρει, φθείρω	destroy
ἔρις, -ιδος, ἡ	strife; quarrel		

_____ 1 COR 4

ἀναμνήσει, ἀναμιμνήσκω	cause to remember	ἀπέδειξεν, ἀποδείκνυμι	demonstrate; show publicly
ἀνθρώπινος, -η, -ον	human	ἀστατοῦμεν, ἀστατέω	be homeless

ἄτιμος, -ον	lacking in honor
γυμνιτεύομεν, γυμνιτεύω	wear rags
δυσφημούμενοι, δυσφημέω	defame
ἔνδοξος, -ον	honored
ἐντρέπων, ἐντρέπω	make ashamed
ἐπιθανάτιος, -ον	sentenced to die
ἐφυσιώθησαν, φυσιόω	make proud
θέατρον, -ου, τό	spectacle
κεκορεσμένοι, κορέννυμι	be content; have enough
κολαφιζόμεθα, κολαφίζω	strike with fist
λοιδορούμενοι, λοιδορέω	slander
μετεσχημάτισα, μετασχηματίζω	apply to

μιμητής, -οῦ, ὁ	imitator
μύριοι, -αι, -α	ten thousand
νουθετῶν, νουθετέω	instruct; admonish
ὄφελον	would that
παιδαγωγός, -οῦ, ὁ	guardian
πανταχοῦ	everywhere
περικάθαρμα, -τος, τό	garbage
περίψημα, -τος, τό	garbage
πεφυσιωμένων, φυσιόω	make proud
συμβασιλεύσωμεν, συμβασιλεύω	reign with
σύνοιδα, σύνοιδα	be aware of
φυσιοῦσθε, φυσιόω	make proud

_____1 COR 5

ἄζυμος, -ον	unleavened
ἀπών, ἄπειμι	be absent
ἅρπαξ, -αγος	violently greedy; robber
εἰδωλολάτρης, -ου, ὁ	worshiper of idols
εἰλικρίνεια, -ας, ἡ	sincerity
ἐκκαθάρατε, ἐκκαθαίρω	clean out
ἐξάρατε, ἐξαίρω	exclude
ἑορτάζωμεν, ἑορτάζω	celebrate
ἔσω	inside
ζυμοῖ, ζυμόω	use leaven
λοίδορος, -ου, ὁ	slanderer

μέθυσος, -ου, ὁ	drunkard
ὄλεθρος, -ου, ὁ	ruin; destruction
ὅλως	really
πάντως	certainly; indeed
πεφυσιωμένοι, φυσιόω	make proud
πλεονέκτης, -ου, ὁ	greedy person
πονηρία, -ας, ἡ	wickedness
συναναμίγνυσθαι, συναναμίγνυμι	associate
συνεσθίειν, συνεσθίω	eat together
φύραμα, -τος, τό	lump

_____1 COR 6

ἁμάρτημα, -τος, τό	sin
ἀνάξιος, -ον	unworthy
ἀπελούσασθε, ἀπολύομαι	wash; make pure
ἀποστερεῖσθε, ἀποστερεῖτε, ἀποστερέω	defraud
ἅρπαξ, -αγος	violently greedy; robber
ἀρσενοκοίτης, -ου, ὁ	homosexual
βιωτικός, -ή, -όν	of daily life
δή	then
εἰδωλολάτρης, -ου, ὁ	worshiper of idols
ἐκτός	outside
ἔνι	exist
ἐντροπή, -ῆς, ἡ	shame

ἐξεγερεῖ, ἐξεγείρω	raise to life
ἐξουσιασθήσομαι, ἐξουσιάζω	reign (by authority)
ἥττημα, -τος, τό	failure
κριτήριον, -ου, τό	court of justice; lawsuit
λοίδορος, -ου, ὁ	slanderer
μαλακός, -ή, -όν	soft; homosexual
μέθυσος, -ου, ὁ	drunkard
μοιχός, -οῦ, ὁ	adulterer
ὅλως	really
πλεονέκτης, -ου, ὁ	greedy person
πορνεύων, πορνεύω	commit fornication

_____1 COR 7

ἄγαμος, -ου, ἡ, ὁ	unmarried
ἀκρασία, -ας, ἡ	lack of self-control
ἀμέριμνος, -ον	without worry
ἀπελεύθερος, -ου, ὁ	free person
ἀπερισπάστως	not distracting
ἀποστερεῖτε, ἀποστερέω	defraud; deprive of
ἀσχημονεῖν, ἀσχημονέω	behave indecently
βρόχος, -ου, ὁ	bridle; restriction

γαμίζων, γαμίζω	marry; give in marriage
γνώμη, -ης, ἡ	opinion
δεδούλωται, δουλόω	enslave; make subservient
ἐγκρατεύονται, ἐγκρατεύομαι	control oneself
ἑδραῖος, -α, -ον	firm
ἐνεστῶσαν, ἐνίστημι	present (time)
ἐξουσιάζει, ἐξουσιάζω	reign (by authority)
ἐπισπάσθω, ἐπισπάομαι	conceal circumcision

ἐπιταγή, -ῆς, ἡ	ordinance	σύμφορος, -ον	beneficial; advantageous; profitable
εὐπάρεδρος, -ον, τό	devotion	σύμφωνος, ου, τό	agreement
εὐσχήμων, -ον	honored	συνεσταλμένος, συστέλλω	draw to a close; wrap up
καταλλαγήτω, καταλλάσσω	reconcile	συνευδοκεῖ, συνευδοκέω	agree
καταχρώμενοι, καταχράομαι	make use of	σχῆμα, -τος, τό	form
λύσις, -εως, ἡ	divorce	σχολάσητε, σχολάζω	give time to
οἰκεῖν, οἰκέω	dwell; reside in	τήρησις, -εως, ἡ	custody; obedience
ὀφειλή, -ῆς, ἡ	debt	ὑπέρακμος, -ον	past one's prime
πυροῦσθαι, πυρόομαι	be on fire		
συγγνώμη, -ης, ἡ	permission		

_____ 1 COR 8

διόπερ	therefore	μολύνεται, μολύνω	make dirty; defile
εἰδωλεῖον, -ου, τό	temple of an idol	πρόσκομμα, -τος, τό	stumbling; offense
εἰδωλόθυτον, -ου, τό	sacrificial meat	συνήθεια, -ας, ἡ	custom
εἴπερ	if indeed	φυσιοῖ, φυσιόω	make proud
κρέας, κρέως, τό	meat		

_____ 1 COR 9

ἀγωνιζόμενος, ἀγωνίζομαι	fight	καταχρήσασθαι, καταχράομαι	make use of
ἀδάπανος, -ον	free of charge	κενώσει, κενόω	cause to lose power
ἀδήλως	aimlessly	κημώσεις, κημόω	muzzle
ἀδόκιμος, -ον	worthless	Κηφᾶς, -ᾶ, ὁ	Cephas
ἀήρ, έρος, ὁ	air	μετέχειν, μετέχουσιν, μετέχω	share in
ἄκων	not willing		
ἀλοῶν, ἀλοῶντα, ἀλοάω	thresh	οἰκονομία, -ας, ἡ	task
ἀπολογία, -ας, ἡ	defense	ὀψώνιον, -ου, τό	pay; money for support
ἀποστολή, -ῆς, ἡ	apostleship	πάντως	certainly; indeed
ἀροτριᾶν, ἀροτριῶν, ἀροτριάω	plow	παρεδρεύοντες, παρεδρεύω	serve
ἄφθαρτος, -ον	immortal	περιάγειν, περιάγω	take along
βοῦς, βοός, ὁ, ἡ	cattle	ποίμνη, -ης, ἡ	flock
βραβεῖον, -ου, τό	prize	πυκτεύω, πυκτεύω	box
γάλα, γάλακτος, τό	milk	σαρκικός, -ή, -όν	fleshly; material
δουλαγωγῶ, δουλαγωγέω	make ready for service	στάδιον, -ου, τό	arena
ἐγκοπή, -ῆς, ἡ	obstacle	στέγομεν, στέγω	endure
ἐγκρατεύεται, ἐγκρατεύομαι	control oneself	στρατεύεται, στρατεύομαι	be a soldier
ἐδούλωσα, δουλόω	enslave	συγκοινωνός, -οῦ, ὁ	partner
ἑκών, -οῦσα, -όν	willing	συμμερίζονται, συμμερίζομαι	share
ἔννομος, -ον	legal; subject to law	τοίνυν	therefore
ἐπίκειται, ἐπίκειμαι	lie on; press against	ὑπωπιάζω, ὑπωπιάζω	annoy and wear out; exercise self-control
ἱερός, -ά, -όν	holy	φθαρτός, -ή, -όν	mortal

_____ 1 COR 10

ἀνθρώπινος, -η, -ον	human	εἰδωλολατρία, -ας, ἡ	idolatry
ἀπόσκοπος, -ον	not causing offense	εἰδωλολάτρης, -ου, ὁ	worshiper of idols
γογγύζετε, γογγύζω	complain	εἴκοσι τρεῖς	twenty-three
διόπερ	therefore	ἔκβασις, -εως, ἡ	way of escape
ἐγόγγυσαν, γογγύζω	complain	ἐκπειράζωμεν, ἐκπειράζω	test
εἰδωλόθυτον, -ου, τό	sacrificial meat	ἐπιθυμητής, -οῦ, ὁ	one who greatly desires

ἐπόρνευσαν, πορνεύω	commit fornication	ὀλοθρευτής, -οῦ, ὁ	destroyer
ἱερόθυτος, -ον	sacrificed to a deity	παίζειν, παίζω	play
ἱνατί	why?	παραζηλοῦμεν, παραζηλόω	make jealous
κατεστρώθησαν,	kill	πόμα, -τος, τό	drink
καταστρώννυμι		πορνεύωμεν, πορνεύω	commit fornication
μάκελλον, -ου, τό	meat market	στρατεία, -ας, ἡ	warfare
μετέχειν, μετέχομεν,	share in	συνέβαινεν, συμβαίνω	happen
μετέχω, μετέχω		σύμφορος, -ον	beneficial
μηνύσαντα, μηνύω	inform	τυπικῶς	as an example
νουθεσία, -ας, ἡ	teaching; warning	ὑπενεγκεῖν, ὑποφέρω	endure

_____1 COR 11

αἵρεσις, -εως, ἡ	division	καταφρονεῖτε, καταφρονέω	despise
αἰσχρός, -ά, -όν	disgraceful	κείρασθαι, κειράσθω, κείρω	cut hair
ἀκατακάλυπτος, -ον	uncovered	κομᾷ, κομάω	wear long hair
ἀνάμνησις, -εως, ἡ	reminder	κόμη, -ης, ἡ	hair
ἀναξίως	unworthily	κυριακός, -ή, -όν	belonging to the Lord
ἄρρωστος, -ον	ill	μεθύει, μεθύω	be drunk
ἀτιμία, -ας, ἡ	dishonor	μιμητής, -οῦ, ὁ	imitator
δειπνῆσαι, δειπνέω	eat a meal	ξυρᾶσθαι, ξυράομαι	shave
δόκιμος, -ον	considered good	ὁσάκις	whenever
ἐκδέχεσθε, ἐκδέχομαι	wait for; expect	περιβόλαιον, -ου, τό	clothing; cloak
ἐπαινέσω, ἐπαινῶ, ἐπαινέω	praise	πρέπον, πρέπω	be fitting
ἐξυρημένη, ξυράομαι	have oneself shaved	προλαμβάνει, προλαμβάνω	do
ἥσσων, -ον	less; worse	συνήθεια, -ας, ἡ	custom
κατακαλύπτεσθαι,	cover one's head	σχίσμα, -τος, τό	tear; division
κατακαλύπτέσθω,		φιλόνεικος, -ον	quarrelsome
κατακαλύπτεται,			
κατακαλύπτω			

_____1 COR 12

ἀναγκαῖος, -α, -ον	necessary	εὐσχημοσύνη, -ης, ἡ	attractiveness
ἀνάθεμα, -τος, τό	a curse	εὐσχήμων, -ον	attractive; honored
ἀντίλημψις, -εως, ἡ	ability to help	ἴαμα, -τος, τό	power to heal
ἀσχήμων, -ον	ugly	κυβέρνησις, -εως, ἡ	guidance; leadership
ἄτιμος, -ον	lacking in honor	ὄσφρησις, -εως, ἡ	sense of smell
ἄφωνος, -ον	mute	περιτίθεμεν, περιτίθημι	assign
διαίρεσις, -εως, ἡ	distribution; variety	συγχαίρει, συγχαίρω	rejoice with
διαιροῦν, διαιρέω	divide	συμπάσχει, συμπάσχω	join in suffering
διάκρισις, -εως, ἡ	ability to decide	συνεκέρασεν, συγκεράννυμι	fit together
διερμηνεύουσιν, διερμηνεύω	translate; explain	σχίσμα, -τος, τό	tear; division
ἐνέργημα, -τος, τό	deed	ὑπερβολή, -ῆς, ἡ	excessive
ἑρμηνεία, -ας, ἡ	interpretation	φανέρωσις, -εως, ἡ	revelation

_____1 COR 13

αἴνιγμα, -τος, τό	riddle; dim image	μεθιστάναι, μεθίστημι	cause to move
ἀλαλάζον, ἀλαλάζω	clang; weep loudly	οὐθείς, -έν	no one; nothing
ἀσχημονεῖ, ἀσχημονέω	behave indecently	παροξύνεται, παροξύνομαι	be upset
ἔσοπτρον, -ου, τό	mirror	περπερεύεται, περπερεύομαι	brag
ἠχῶν, ἠχέω	make a noise	στέγει, στέγω	endure
κύμβαλον, -ου, τό	cymbals	συγχαίρει, συγχαίρω	rejoice with

φυσιοῦται, φυσιόω	make proud	χρηστεύεται, χρηστεύομαι	act kindly
χαλκός, -οῦ, ὁ	bronze	ψωμίσω, ψωμίζω	give away

_____ 1 COR 14

ἄδηλος, -ον	not evident	εὔσημος, ον	intelligible
ἀήρ, έρος, ὁ	air (location); air (substance); sky	εὐσχημόνως	with propriety; properly
αἰσχρός, -ά, -όν	disgraceful	ζηλωτής, -οῦ, ὁ	enthusiast
ἄκαρπος, -ον	without fruit; useless	ἰδιώτης, -ου, ὁ	layman; amateur
ἀκαταστασία, -ας, ἡ	rebellion	κατηχήσω, κατηχέω	teach
ἀναπληρῶν, ἀναπληρόω	occupy	κιθάρα, -ας, ἡ	lyre
αὐλούμενον, αὐλέω	play the flute	κιθαριζόμενον, κιθαρίζω	play the lyre
αὐλός, -οῦ, ὁ	flute	μαίνεσθε, μαίνομαι	be insane
ἄφωνος, -ον	mute; without meaning	μύριοι, -αι, -α	ten thousand
ἄψυχος, -ον	lifeless	νηπιάζετε, νηπιάζω	be a child
βάρβαρος, -ον	non-Greek; uncivilized	ὅμως	similarly
διαστολή, -ῆς, ἡ	distinction	παραμυθία, -ας, ἡ	consolation
διερμηνευέτω, διερμηνεύῃ, διερμηνεύω	translate; explain	παρασκευάσεται, παρασκευάζω	prepare a meal
διερμηνευτής, -οῦ, ὁ	interpreter	τάξις, -εως, ἡ	good order
εἰσακούσονται, εἰσακούω	listen to; obey	φθόγγος, -ου, ὁ	sound
ἐκτός	except	φρήν, φρένος, ἡ	thoughtful planning
ἑρμηνεία, -ας, ἡ	interpretation	χεῖλος, -ους, τό	lip; speech
ἑτερόγλωσσος, -ον	speaking in a strange language	ψαλμός, -οῦ, ὁ	song of praise
		ψαλῶ, ψάλλω	sing praises

_____ 1 COR 15

ἀγνωσία, -ας, ἡ	lack of knowledge	ἐφορέσαμεν, φορέω	wear
Ἀδάμ, ὁ	Adam	ἦθος, -ους, τό	custom
ἀθανασία, -ας, ἡ	immortality	θνητός, -ή, -όν	mortal
ἀλλαγησόμεθα, ἀλλάσσω	change	κατεπόθη, καταπίνω	swallow
ἀμετακίνητος, -ον	firm	κέντρον, -ου, τό	sting
ἀπαρχή, -ῆς, ἡ	first portion	κήρυγμα, -τος, τό	preaching
ἀτιμία, -ας, ἡ	dishonor	Κηφᾶς, -ᾶ, ὁ	Cephas
ἄτομος, -ον	moment, instant	κινδυνεύομεν, κινδυνεύω	be in danger
ἀφθαρσία, -ας, ἡ	immortality	κόκκος, -ου, ὁ	seed
ἄφθαρτος, -ον	immortal	κτῆνος, -ους, τό	beast of burden
δῆλος, -η, -ον	evident	μάταιος, -α, -ον	futile
δικαίως	rightly	νή	on the basis of
ἑδραῖος, -α, -ον	firm	νῖκος, -ους, τό	victory
ἐθηριομάχησα, θηριομαχέω	fight with wild animals; be in serious conflict	ὅλως	really
		ὁμιλία, -ας, ἡ	association
εἰκῇ	without reason; for no purpose	ὄφελος, -ους, τό	advantage
		πεντακόσιοι, -αι, -α	five hundred
εἴπερ	if indeed	πτηνός, -οῦ, τό	bird
ἐκνήψατε, ἐκνήφω	return to one's right senses	ῥιπή, -ῆς, ἡ	blinking
ἐκτός	except	σελήνη, -ης, ἡ	moon
ἔκτρωμα, -τος, τό	untimely birth	τάγμα, -τος, τό	order
ἐλεεινός, -ή, -όν	pitiable	φθαρτός, -ή, -όν	mortal
ἐντροπή, -ῆς, ἡ	shame	φθείρουσιν, φθείρω	destroy; harm
ἐπίγειος, -ον	on the earth	φθορά, -ᾶς, ἡ	decay
ἐφάπαξ	at the same time	φορέσομεν, φορέω	wear

χοϊκός, -ή, -όν	made of dust; earthly	ψυχικός, -ή, -όν	physical; natural
χρηστός, -ή, -όν	good	ὡσπερεί	just as
ψευδόμαρτυς, -υρος, ὁ	false witness		

_____ 1 COR 16

Ἀκύλας, ὁ	Aquila	κραταιοῦσθε, κραταιόομαι	become strong
ἀνάθεμα, -τος, τό	a curse	λογεία, -ας, ἡ	collection
ἀνεπλήρωσαν, ἀναπληρόω	complete number of; provide	μαράνα	our Lord (Aram.)
ἀνδρίζεσθε, ἀνδρίζομαι	be courageous	πάντως	certainly; indeed
ἀντικείμενοι, ἀντίκειμαι	be hostile toward	παραμενῶ, παραμένω	remain with
ἀπαρχή, -ῆς, ἡ	first portion	παραχειμάσω, παραχειμάζω	spend the winter
ἀπενεγκεῖν, ἀποφέρω	carry away	πάροδος, -ου, ἡ	passing by
ἀφόβως	without fear	πεντηκοστή, -ῆς, ἡ	Pentecost
Ἀχαϊκός, -ους, ὁ	Achaicus	Πρίσκα, -ης, ἡ	Prisca
Γαλατία, -ας, ἡ	Galatia	προπέμψατε, προπέμψητε, προπέμπω	send on one's way
ἐκδέχομαι, ἐκδέχομαι	expect		
ἐνεργής, -ές	effective	Στεφανᾶς, -ᾶ, ὁ	Stephanas
ἔταξαν, τάσσω	give oneself up	συνεργοῦντι, συνεργέω	work together with
εὐκαιρήσῃ, εὐκαιρέω	have time to; spend time	ὑστέρημα, -τος, τό	need; absence
εὐοδῶται, εὐοδόομαι	get along well	φίλημα, -τος, τό	kiss
θα	come (Aram.)	Φορτουνᾶτος, -ου, ὁ	Fortunatus
θησαυρίζων, θησαυρίζω	treasure up		

_____ 2 COR 1

ἀνεστράφημεν, ἀναστρέφω	behave	Κόρινθος, -ου, ἡ	Corinth
ἁπλότης, -ητος, ἡ	sincerity	κυριεύομεν, κυριεύω	rule
ἀπόκριμα, -τος, τό	verdict	οἰκτιρμός, -οῦ, ὁ	mercy
ἀρραβών, -ῶνος, ὁ	first installment	πεποίθησις, -εως, ἡ	confidence
βεβαιῶν, βεβαιόω	verify	προπέμφθῆναι, προπέμπω	send on one's way
βέβαιος, -α, -ον	verified	σαρκικός, -ή, -όν	fleshly; material
βουλεύομαι, βουλεύομαι	think about carefully	Σιλουανός, -οῦ, ὁ	Silvanus
ἐβαρήθημεν, βαρέω	weigh down; burden	συνυπουργούντων, συνυπουργέω	join in helping
εἰλικρίνεια, -ας, ἡ	sincerity		
ἐλαφρία, -ας, ἡ	fickleness	τηλικοῦτος, -αύτη, -οῦτο	so great
ἐξαπορηθῆναι, ἐξαπορέομαι	despair	ὑπερβολή, -ῆς, ἡ	excessive
εὐλογητός, -ή, -όν	be praised	χρίσας, χρίω	anoint; assign

_____ 2 COR 2

ἄνεσις, -εως, ἡ	relief	Κόρινθος, -ου, ἡ	Corinth
ἀποταξάμενος, ἀποτάσσομαι	say goodbye; take leave of	κυρῶσαι, κυρόω	validate; show something to be real
δοκιμή, -ῆς, ἡ	evidence		
εἰλικρίνεια, -ας, ἡ	sincerity	νόημα, -τος, τό	thought
ἐπιβαρῶ, ἐπιβαρέω	be a burden	ὀσμή, -ῆς, ἡ	odor
ἐπιτιμία, -ας, ἡ	punishment	πλεονεκτηθῶμεν, πλεονεκτέω	exploit
εὐωδία, -ας, ἡ	fragrance		
θριαμβεύοντι, θριαμβεύω	cause to triumph	συνοχή, -ῆς, ἡ	distress
καπηλεύοντες, καπηλεύω	peddle for profit	τοὐναντίον (τὸ ἐναντίον)	rather
καταποθῇ, καταπίνω	destroy	Τρῳάς, -άδος, ἡ	Troas
κατέναντι	opposite; in the judgment of	ὑπήκοος, -ον	obedient

2 COR 3

ἀνάγνωσις, -εως, ἡ	reading
ἀνακαλυπτόμενον, ἀνακαλύπτω	uncover
ἀνακεκαλυμμένῳ, ἀνακαλύπτω	uncover
ἐγγεγραμμένη, ἐγγράφω	record
εἵνεκεν	on account of
ἐντετυπωμένη, ἐντυπόω	engrave
ἐπωρώθη, πωρόω	harden; have closed mind
ἡνίκα	when; at the time when
ἱκανότης, -ητος, ἡ	adequacy
ἱκάνωσεν, ἱκανόω	make adequate
κάλυμμα, -τος, τό	veil
κατάκρισις, -εως, ἡ	condemnation
κατοπτριζόμενοι, κατοπτρίζω	see by reflection; reflect
λίθινος, -η, -ον	made of stone
μέλας, -αινα, -αν	black
μεταμορφούμεθα, μεταμορφόομαι	change; change apearance
νόημα, -τος, τό	mind
πεποίθησις, -εως, ἡ	confidence
περιαιρεῖται, περιαιρέω	do away with
πλάξ, πλακός, ἡ	tablet
σάρκινος, -η, -ον	fleshly; human
συστατικός, -ή, -όν	commendatory
ὑπερβαλλούσης, ὑπερβάλλω	be far more
χρῄζομεν, χρῄζω	need

2 COR 4

ἀεί	always
αἰσχύνη, -ης, ἡ	shame
ἀνακαινοῦται, ἀνακαινόω	make new; restore
ἀπειπάμεθα, ἀπεῖπον	disown, renounce (mid.)
ἀπορούμενοι, ἀπορέω	be at a loss
αὐγάσαι, αὐγάζω	cause to be seen
βάρος, -ους, τό	tremendous amount
διαφθείρεται, διαφθείρω	destroy utterly
δολοῦντες, δολόω	cause to be false
ἐγκακοῦμεν, ἐγκακέω	become discouraged
ἔλαμψεν, λάμπω	shine
ἐλαφρός, -ά, -όν	light
ἐξαπορούμενοι, ἐξαπορέομαι	despair
ἔσω	inside
ἐτύφλωσεν, τυφλόω	blind; make to not understand
θνητός, -ή, -όν	mortal
καταβαλλόμενοι, καταβάλλω	knock down
κεκαλυμμένον, καλύπτω	cover; keep secret
λάμψει, λάμπω	shine
νέκρωσις, -εως, ἡ	death
νόημα, -τος, τό	mind
ὀστράκινος, -η, -ον	earthenware
πανουργία, -ας, ἡ	treachery
παραυτίκα	temporary
περιφέροντες, περιφέρω	carry around
πλεονάσασα, πλεονάζω	become more and more; cause to increase
πρόσκαιρος, -ον	temporary
σκοπούντων, σκοπέω	notice carefully; watch out for
στενοχωρούμενοι, στενοχωρέω	crowd; confine
ὑπερβολή, -ῆς, ἡ	excessive
φανέρωσις, -εως, ἡ	revelation
φωτισμός, -οῦ, ὁ	illumination; revelation

2 COR 5

ἀρραβών, -ῶνος, ὁ	first installment
ἀφορμή, -ῆς, ἡ	excuse
ἀχειροποίητος, -ον	not hand-made
βαρούμενοι, βαρέω	weigh down; burden
εἶδος, -ους, τό	sight
ἐκδημοῦμεν, ἐκδημοῦντες, ἐκδημέω	be absent
ἐκδυσάμενοι, ἐκδύσασθαι, ἐκδύω	take off clothes
ἐνδημῆσαι, ἐνδημοῦντες, ἐνδημέω	be at home
ἐπενδύσασθαι, ἐπενδύομαι	put on garment
ἐπίγειος, -ον	on the earth
ἐπιποθοῦντες, ἐπιποθέω	deeply desire
εὐάρεστος, -ον	pleasing
θαρροῦμεν, θαρροῦντες, θαρρέω	have courage
θνητός, -ή, -όν	mortal
καταλλαγή, -ῆς, ἡ	reconciliation
καταλλάγητε, καταλλάξαντος, καταλλάσσων, καταλλάσσω	reconcile
καταποθῇ, καταπίνω	swallow
οἰκητήριον, -ου, τό	dwelling place
πρεσβεύομεν, πρεσβεύω	be a representative
σκῆνος, -ους, τό	tent
στενάζομεν, στενάζω	groan; complain strongly

σωφρονοῦμεν, σωφρονέω	be sane	φιλοτιμούμεθα, φιλοτιμέομαι	aspire to
φαῦλος, -η, -ον	bad		

_____ 2 COR 6

ἀγνότης, -ητος, ἡ	purity	εὐφημία, -ας, ἡ	praise
ἀγρυπνία, -ας, ἡ	sleeplessness	Κορίνθιος, -ου, ὁ	a Corinthian
ἀεί	always	μερίς, -ίδος, ἡ	portion
ἀκαταστασία, -ας, ἡ	rebellion; riot	μετοχή, -ῆς, ἡ	partnership
ἀντιμισθία, -ας, ἡ	recompense	μωμηθῇ, μωμάομαι	criticize
ἀνυπόκριτος, -ον	genuine	νηστεία, -ας, ἡ	fasting; hunger
ἀριστερός, -ά, -όν	left	ὅπλον, -ου, τό	weapon
ἀτιμία, -ας, ἡ	dishonor	πεπλάτυνται, πλατύνω	widen
Βελιάρ, ὁ	Belial	πλάνος, -ον	deceitful
δεκτός, -ή, -όν	appropriate	πλατύνθητε, πλατύνω	widen
δυσφημία, -ας, ἡ	defamation	πλουτιζόμενοι,	make rich
ἐβοήθησα, βοηθέω	help	πλουτίζοντες, πλουτίζω	
εἰσδέξομαι, εἰσδέχομαι	receive	προσκοπή, -ῆς, ἡ	obstacle; offense
ἐμπεριπατήσω, ἐμπεριπατέω	walk among; live among	στενοχωρεῖσθε, στενοχωρέω	confine, restrict
ἐνοικήσω, ἐνοικέω	dwell in	στενοχωρία, -ας, ἡ	distress
ἐπήκουσα, ἐπακούω	listen to	συγκατάθεσις, -εως, ἡ	joint agreement
ἑτεροζυγοῦντες, ἑτεροζυγέω	be mismatched	συμφώνησις, -εως, ἡ	agreement
εὐπρόσδεκτος, -ον	truly favorable	συνεργοῦντες, συνεργέω	work together with

_____ 2 COR 7

ἀγανάκτησις, -εως, ἡ	indignation	θαρρῶ, θαρρέω	have courage
ἁγιωσύνη, -ης, ἡ	holiness	κατάκρισις, -εως, ἡ	condemnation
ἁγνός, -ή, -όν	pure	μάχη, -ης, ἡ	severe clash
ἀμεταμέλητος, -ον	not regretful	μεταμέλομαι, μετεμελόμην,	feel sad about
ἀναμιμνησκομένου,	cause to remember	μεταμέλομαι	
ἀναμιμνήσκω		μολυσμός, -οῦ, ὁ	defilment
ἄνεσις, -εως, ἡ	relief	ὀδυρμός, -οῦ, ὁ	lamenting
ἀπολογία, -ας, ἡ	defense	συζῆν, συζάω	live with
ἐκδίκησις, -εως, ἡ	punishment	συναποθανεῖν,	die with
ἐπιπόθησις, -εως, ἡ	deep desire	συναποθνήσκω	
ἐπλεονεκτήσαμεν,	exploit	ταπεινός, -ή, -όν	downhearted; lowly
πλεονεκτέω		τρόμος, -ου, ὁ	trembling
ἐφθείραμεν, φθείρω	destroy; harm	ὑπερπερισσεύομαι,	be more abundant
ζημιωθῆτε, ζημιόομαι	suffer loss	ὑπερπερισσεύω	

_____ 2 COR 8

ἁδρότης, -ητος, ἡ	abundance	ἐπλεόνασεν, πλεονάζω	become more and more;
ἄνεσις, -εως, ἡ	relief		have more than enough
ἁπλότης, -ητος, ἡ	generosity	ἐπτώχευσεν, πτωχεύω	become poor
αὐθαίρετος, -ον	willing	εὐπρόσδεκτος, -ον	truly favorable
βάθος, -ους, τό	depth	ἠλαττόνησεν, ἐλαττονέω	have too little
γνήσιος, -α, -ον	genuine	ἰσότης, -ητος, ἡ	equality
γνώμη, -ης, ἡ	opinion	καθό	just as; to the degree that
δοκιμή, -ῆς, ἡ	testing	μωμήσηται, μωμάομαι	criticize
ἔνδειξις, -εως, ἡ	proof	πεποίθησις, -εως, ἡ	confidence
ἐπιταγή, -ῆς, ἡ	ordinance	περισσεία, -ας, ἡ	abundance
		περίσσευμα, -τος, τό	abundance

πέρυσι	last year	πτωχεία, -ας, ἡ	poverty
προενήρξασθε,	begin previously	σπουδαῖος, -α, -ον	eager
προενήρξατο,		στελλόμενοι, στέλλομαι	avoid
προενάρχομαι		συνέκδημος, -ου, ὁ	travelling companion
προθυμία, -ας, ἡ	eagerness	συνεπέμψαμεν, συμπέμπω	send with
πρόκειται, πρόκειμαι	exist openly; lie ahead	ὑστέρημα, -τος, τό	need
προνοοῦμεν, προνοέω	have foresight; take care of	χειροτονηθείς, χειροτονέω	choose

_____ 2 COR 9

ἀναγκαῖος, -α, -ον	necessary	παρεσκευασμένοι,	prepare a meal
ἀνεκδιήγητος, -ον	indescribable	παρασκευάζω	
ἀπαρασκεύαστος, -ον	unprepared	πένης, -ητος, ὁ	poor
ἁπλότης, -ητος, ἡ	generosity	περισσός, -ή, -όν	unnecessary
αὐτάρκεια, -ας, ἡ	contentment; adequacy	πέρυσι	last year
γένημα, -τος, τό	product	προέλθωσιν, προέρχομαι	go on
δοκιμή, -ῆς, ἡ	testing	προεπηγγελμένην,	promise beforehand
δότης, -ου, ὁ	giver	προεπαγγέλομαι	
δυνατεῖ, δυνατέω	be able	προῄρηται, προαιρέω	decide beforehand
ἐπιποθούντων, ἐπιποθέω	deeply desire	προθυμία, -ας, ἡ	eagerness
ἐπιχορηγῶν, ἐπιχορηγέω	provide for	προκαταρτίσωσιν,	make ready in advance
ἐσκόρπισεν, σκορπίζω	scatter	προκαταρτίζω	
ἠρέθισεν, ἐρεθίζω	make resentful	προσαναπληροῦσα,	provide fully
ἱλαρός, -ά, -όν	happy	προσαναπληρόω	
κενωθῇ, κενόω	cause to lose power	σπόρος, -ου, ὁ	seed
λειτουργία, -ας, ἡ	service	ὑπερβάλλουσαν, ὑπερβάλλω	be far more
Μακεδών, -όνος, ὁ	a Μαχεδονιαν	ὑπόστασις, -εως, ἡ	trust
ὁμολογία, -ας, ἡ	profession	ὑποταγή, -ῆς, ἡ	obedience
παρασκεύασται,	prepare a meal	ὑστέρημα, -τος, τό	need
παρασκευάζω		φειδομένως	sparingly
		χορηγήσει, χορηγέω	provide for

_____ 2 COR 10

αἰσχυνθήσομαι, αἰσχύνομαι	be ashamed	μεγαλυνθῆναι, μεγαλύνω	make large; praise greatness of; honor highly
αἰχμαλωτίζοντες,	take captive		
αἰχμαλωτίζω		νόημα, -τος, τό	thought
ἄμετρος, -ον	immeasurable	ὅπλον, -ου, τό	tool; weapon
ἀπόντες, ἀπών, ἄπειμι	be absent	ὀχύρωμα, -τος, τό	fortress
βαρύς, -εῖα, -ύ	heavy; burdensome	παρακοή, -ῆς, ἡ	disobedience
δόκιμος, -ον	genuine	πεποίθησις, -εως, ἡ	confidence
ἐγκρῖναι, ἐγκρίνω	classify	περισσεία, -ας, ἡ	abundance; excessive amount
ἐκδικῆσαι, ἐκδικέω	punish		
ἐκφοβεῖν, ἐκφοβέω	terrify	σαρκικός, -ή, -όν	human; material; natural; worldly
ἐπιείκεια, -ας, ἡ	gentleness		
ἐφθάσαμεν, φθάνω	come to; attain	στρατεία, -ας, ἡ	warfare
ἐφικέσθαι, ἐφικνέομαι	arrive	στρατευόμεθα, στρατεύομαι	engage in war; be a soldier
ἐφικνούμενοι, ἐφικνέομαι	arrive	συγκρῖναι, συγκρίνοντες,	compare
θαρρῆσαι, θαρρῶ, θαρρέω	have courage	συγκρίνω	
καθαίρεσις, -εως, ἡ	tearing down	ταπεινός, -ή, -όν	downhearted; humble; lowly; gentle
καθαιροῦντες, καθαιρέω	destroy		
κανών, -όνος, ὁ	rule; area	ὑπερέκεινα	beyond
λογισμός, -οῦ, ὁ	reasoning; false reasoning	ὑπερεκτείνομεν, ὑπερεκτείνω	overextend
		ὕψωμα, -τος, τό	world above

ἀβαρής, -ές	not financially burdensome
ἁγνός, -ή, -όν	pure
ἁγνότης, -ητος, ἡ	purity
ἀγρυπνία, -ας, ἡ	sleeplessness
ἁπλότης, -ητος, ἡ	sincerity
Ἀρέτας, -α, ὁ	Aretas
ἀτιμία, -ας, ἡ	dishonor
ἀφορμή, -ῆς, ἡ	excuse
ἀφροσύνη, -ης, ἡ	foolishness
βυθός, -οῦ, ὁ	open sea
γυμνότης, -ητος, ἡ	nakedness
Δαμασκηνός, -οῦ, ὁ	a Damascene
δίψος, -ους, τό	thirst
δόλιος, -α, -ον	treacherous
δωρεάν	without cost
Ἑβραῖος, -ου, ὁ	a Hebrew
ἐθνάρχης, -ου, ὁ	official
ἐλιθάσθην, λιθάζω	stone to death
ἐναυάγησα, ναυαγέω	be shipwrecked
ἐξέφυγον, ἐκφεύγω	flee from; escape
ἐξηπάτησεν, ἐξαπατάω	deceive
ἐπίστασις, -εως, ἡ	anxiety
ἐρημία, -ας, ἡ	lonely place
ἐρραβδίσθην, ῥαβδίζω	beat with a stick
ἐσύλησα, συλάω	rob
Εὕα, -ας, ἡ	Eve
εὐλογητός, -ή, -όν	be praised
ἐφρούρει, φρουρέω	guard against
ἐχαλάσθην, χαλάω	let down
ἡδέως	gladly
ἡρμοσάμην, ἁρμόζω	promise in marriage
θαῦμα, -τος, τό	amazement
θυρίς, -ίδος, ἡ	window
ἰδιώτης, -ου, ὁ	layman
Ἰσραηλίτης, -ου, ὁ	Israelite

καταδουλοῖ, καταδουλόω	make subservient
κατενάρκησα, καταναρκάω	be financial burden
κίνδυνος, -ου, ὁ	danger
κλίμα, -τος, τό	region
μέριμνα, -ῆς, ἡ	anxiety
μετασχηματίζεται, μετασχηματιζόμενοι, μετασχηματίζονται, μετασχηματίζω	change appearance
μόχθος, -ου, ὁ	hard labor
νηστεία, -ας, ἡ	fasting; hunger
νόημα, -τος, τό	thought
νυχθήμερον, -ου, τό	a night and a day
ὁδοιπορία, -ας, ἡ	journey
οὐθείς, -έν	no one; nothing
ὄφελον	would that
ὀψώνιον, -ου, τό	money for support
πανουργία, -ας, ἡ	treachery
παραφρονῶν, παραφρονέω	be insane
παρεκτός	besides
πεντάκις	five times
προσανεπλήρωσαν, προσαναπληρόω	provide fully
πυροῦμαι, πυρόομαι	be on fire
σαργάνη, -ης, ἡ	basket
τεῖχος, -ους, τό	city wall
ὑπερβαλλόντως	extremely
ὑπερλίαν	extremely
ὑπόστασις, -εως, ἡ	trust
ὑστέρημα, -τος, τό	need
φθαρῇ, φθείρω	cause to be depraved; pervert
φραγήσεται, φράσσω	cause to cease
ψευδαπόστολος, -ου, ὁ	false apostle
ψευδάδελφος, -ου, ὁ	false brother
ψῦχος, -ους, τό	cold

2 COR 12

ἀκαταστασία, -ας, ἡ	rebellion; disorder
ἀρκεῖ, ἀρκέω	be sufficient
ἄρρητος, -ον	what cannot be spoken
δαπανήσω, δαπανάω	spend
δεκατέσσαρες	fourteen
ἐκδαπανηθήσομαι, ἐκδαπανάω	give oneself completely
ἐκτός	outside
ἐπισκηνώσῃ, ἐπισκηνόω	take up residence
ἐπλεονέκτησα, ἐπλεονέκτησεν, πλεονεκτέω	exploit
ἐριθεία, -ας, ἡ	selfish ambition

ἔρις, -ιδος, ἡ	strife; quarrel
ἑτοίμως	readily
ἡδέως	gladly
ἠναγκάσατε, ἀναγκάζω	compel
ἡσσώθητε, ἑσσόομαι	be treated worse
ἥσσων, -ον	less; worse
θησαυρίζειν, θησαυρίζω	treasure up
ἴχνος, -ους, τό	footprint
καταλαλιά, -ᾶς, ἡ	slander
κατεβάρησα, καταβαρέω	cause undue hardship
κατενάρκησα, κατεναρκήσω, καταναρκάω	be financial burden

κατέναντι	in the judgment of	συναπέστειλα, συναποστέλλω	send with
κολαφίζῃ, κολαφίζω	strike with fist		
ὀπτασία, -ας, ἡ	vision	ὕβρις, -εως, ἡ	insult
πάλαι	all the time	ὑπεραίρωμαι, ὑπεραίρομαι	be overly proud; rise in pride against
πανοῦργος, -ον	scoundrel		
πιμάδεισυς, -ου, ὁ	paradise	ὑπερβολή, -ῆς, ἡ	excessive
προημαρτηκότων, προαμαρτάνω	sin previously	ὑπερλίαν	extremely; super
		φυσίωσις, -εως, ἡ	pride
σκόλοψ, -οπος, ὁ	trouble	ψιθυρισμός, -οῦ, ὁ	gossip
στενοχωρία, -ας, ἡ	distress		

_____2 COR 13

ἀδόκιμος, -ον	worthless	εὐχόμεθα, εὔχομαι	pray; desire
ἀποτόμως	harshly	καθαίρεσις, -εως, ἡ	tearing down
ἀπών, ἄπειμι	be absent	κατάρτισις, -εως, ἡ	adequacy
δοκιμή, -ῆς, ἡ	testing	προημαρτηκόσιν, ποραμαρτάνω	sin previously
δόκιμος, -ον	genuine; honored		
δυνατεῖ, δυνατέω	be able	φίλημα, -τος, τό	kiss
εἰρηνεύετε, εἰρηνεύω	live in peace		

_____GAL 1

ἀνάθεμα, -τος, τό	a curse	Κιλικία, -ας, ἡ	Cilicia
ἀνῆλθον, ἀνέρχομαι	move up	κλίμα, -τος, τό	region
Ἀραβία, -ας, ἡ	Arabia	μεταστρέψαι, μεταστρέφω	change
Γαλατία, -ας, ἡ	Galatia	μετατίθεσθε, μετατίθημι	depart
δεκαπέντε	fifteen	πατρικός, -ή, -όν	of ancestors
ἐνεστῶτος, ἐνίστημι	happen; present	προέκοπτον, προκόπτω	progress
ἐξέληται, ἐξαιρέω	rescue	προσανεθέμην, προσανατίθεμαι	ask advice
ἐπόρθει, ἐπόρθουν, πορθέω	destroy		
ζηλωτής, -οῦ, ὁ	enthusiast	συνηλικιώτης, -ου, ὁ	contemporary
Ἰουδαϊσμός, -ου, ὁ	practice of Judaism	Συρία, -ας, ἡ	Syria
ἱστορῆσαι, ἱστορέω	visit and get information	ὑπερβολή, -ῆς, ἡ	excessive
Κηφᾶς, -ᾶ, ὁ	Cephas		

_____GAL 2

ἀναγκάζεις, ἀναγκάζω	compel	κατεγνωσμένος, καταγινώσκω	condemn
ἀνεθέμην, ἀνατίθεμαι	explain		
ἀποστολή, -ῆς, ἡ	apostleship	Κηφᾶς, -ᾶ, ὁ	Cephas
ἄρα	indeed	ὁποῖος, -α, -ον	what sort of
δεκατέσσαρες	fourteen	ὀρθοποδοῦσιν, ὀρθοποδέω	live right
διαμείνῃ, διαμένω	continue; continue to exist	παραβάτης, -ου, ὁ	transgressor
δωρεάν	for no reason; for no purpose	παρείσακτος, -ον	joined falsely
ἐθνικῶς	like a heathen	παρεισῆλθον, παρεισέρχομαι	slip into a group
εἴξαμεν, εἴκω	yield	προσανέθεντο, προσανατίθεμαι	add
ἠναγκάσθη, ἀναγκάζω	compel		
ἰουδαΐζειν, ἰουδαΐζω	live as a Jew	στῦλος, -ου, ὁ	pillar
Ἰουδαϊκῶς	Jewish	συμπαραλαβών, συμπαραλαμβάνω	take, bring along with
καταδουλώσουσιν, καταδουλόω	make subservient		
		συναπήχθη, συναπάγομαι	lead astray with
κατασκοπῆσαι, κατασκοπέω	observe secretly	συνεσταύρωμαι, συσταυρόω	crucify with
		συνήσθιεν, συνεσθίω	eat together

συνυπεκρίθησαν, συνυποκρίνομαι	pretend together	ὑπόκρισις, -εως, ἡ	pretense; hypocrisy
		ὑποταγή, -ῆς, ἡ	obedience
τοὐναντίον (τὸ ἐναντίον)	rather	ψευδάδελφος, -ου, ὁ	false brother
ὑπέστελλεν, ὑποστέλλω	avoid		

_____GAL 3

ἀκυροῖ, ἀκυρόω	invalidate authority of	ἐφρουρούμεθα, φρουρέω	guard
ἀνόητος, -ον	without understanding	θῆλυς, -εια, -υ	female
ἄρσην, -εν	male	κατάρα, -ας, ἡ	curse
Γαλάτης, -ου, ὁ	a Galatian	κεκυρωμένην, κυρόω	validate
δῆλος, -η, -ον	evident	κρεμάμενος, κρεμάννυμι	cause to hang
ἐβάσκανεν, βασκαίνω	bewitch; deceive	μεσίτης, -ου, ὁ	mediator
εἰκῇ	with no result; for no purpose	ὅμως	although
		παιδαγωγός, -οῦ, ὁ	guardian
ἐμμένει, ἐμμένω	continue	παράβασις, -εως, ἡ	transgression
ἐναρξάμενοι, ἐνάρχομαι	begin	προεγράφη, προγράφω	describe vividly
ἐνευλογηθήσονται, ἐνευλογέω	act kindly toward	προευηγγελίσατο, προευαγγελίζομαι	bring good news ahead of time
ἔνι	exist	προϊδοῦσα, προοράω	see beforehand
ἐξηγόρασεν, ἐξαγοράζω	redeem	προκεκυρωμένην, προκυρόω	validate in advance
ἐπιδιατάσσεται, ἐπιδιατάσσομαι	add to	συγκλειόμενοι, συγκλείω	restrict
		συνέκλεισεν, συγκλείω	restrict
ἐπικατάρατος, -ον	accursed	τετρακόσιοι καὶ τριάκοντα	four hundred and thirty
ἐπιχορηγῶν, ἐπιχορηγέω	provide for; add	χάριν	because of

_____GAL 4

ἀββά, ὁ	father (Aram.)	ἐξορύξαντες, ἐξορύσσω	dig out
Ἁγάρ, ἡ	Hagar	ἐπίτροπος, -ου, ὁ	guide; guardian
ἀληθεύων, ἀληθεύω	speak truth	μακαρισμός, -οῦ, ὁ	happiness
ἀλλάξαι, ἀλλάσσω	change	μορφωθῇ, μορφόω	form nature of
ἀλληγορούμενα, ἀλληγορέω	speak allegorically	παρατηρεῖσθε, παρατηρέω	observe custom
ἄνω	above	προθεσμία, -ας, ἡ	set time
ἀπορούμαι, ἀπορέω	be at a loss	ῥῆξον, ῥήγνυμι	break forth with
Ἀραβία, -ας, ἡ	Arabia	Σινᾶ, τό	Sinai
δεδουλωμένοι, δουλόω	enslave	στεῖρα, -ας, ἡ	barren woman
δουλεία, -ας, ἡ	slavery; subservience	στοιχεῖον, -ου, τό	elemental substances; heavenly bodies
εἰκῇ	with no result; for no purpose	συστοιχεῖ, συστοιχέω	correspond to
ἐκκλεῖσαι, ἐκκλείω	exclude	υἱοθεσία, -ας, ἡ	adoption
ἐξαγοράσῃ, ἐξαγοράζω	redeem	ὠδίνουσα, ὠδίνω, ὠδίνω	have birth pains
ἐξεπτύσατε, ἐκπτύω	reject		

_____GAL 5

ἀγαθωσύνη, -ης, ἡ	goodness, generosity	ἀφορμή, -ῆς, ἡ	excuse
αἵρεσις, -εως, ἡ	division	δάκνετε, δάκνω	bite; harm
ἀναλωθῆτε, ἀναλίσκω	destroy	διχοστασία, -ας, ἡ	discord
ἀναστατοῦντες, ἀναστατόω	cause to revolt	δουλεία, -ας, ἡ	subservience
ἀντίκειται, ἀντίκειμαι	be hostile toward	ἐγκράτεια, -ας, ἡ	self-control
ἀπεκδεχόμεθα, ἀπεκδέχομαι	look forward eagerly; wait for	εἰδωλολατρία, -ας, ἡ	idolatry
		ἐνέκοψεν, ἐγκόπτω	prevent
ἀποκόψονται, ἀποκόπτω	cut off	ἐνέχεσθε, ἐνέχω	be under control

ἐριθεία, -ας, ἡ	selfish ambition	ὀφειλέτης, -ου, ὁ	debtor
ἔρις, -ιδος, ἡ	strife; quarrel	ὄφελον	would that
ἔχθρα, -ας, ἡ	enmity	πεισμονή, -ῆς, ἡ	persuasion
ζυγός, -οῦ, ὁ	yoke	προκαλούμενοι, προκαλέω	provoke
ζυμοῖ, ζυμόω	use leaven	στοιχῶμεν, στοιχέω	behave
ἠλευθέρωσεν, ἐλευθερόω	set free	φαρμακεία, -ας, ἡ	sorcery
κενόδοξος, -ον	falsely proud	φθόνος, -ου, ὁ	jealousy
κῶμος, -ου, ὁ	orgy	φθονοῦντες, φθονέω	be jealous
μαρτύρομαι, μαρτύρομαι	testify	φύραμα, -τος, τό	lump
μέθη, -ης, ἡ	drunkenness		

_____GAL 6

ἀναγκάζουσιν, ἀναγκάζω	compel	μυκτηρίζεται, μυκτηρίζω	ridicule
ἀναπληρώσετε, ἀναπληρόω	complete number of; bring to completion	οἰκεῖος, -ου, ὁ	relative
		πηλίκος, -η, -ον	how large
βάρος, -ους, τό	hardship	προλημφθῇ, προλαμβάνω	detect
ἐγκακῶμεν, ἐγκακέω	become discouraged	σκοπῶν, σκοπέω	watch out for
ἐκλυόμενοι, ἐκλύομαι	become discouraged	στίγμα, -τος, τό	scar; mark
εὐπροσωπῆσαι, εὐπροσωπέω	make good showing	στοιχήσουσιν, στοιχέω	behave
κανών, -όνος, ὁ	rule	φθορά, -ᾶς, ἡ	destruction; decay
κατηχούμενος, κατηχοῦντι, κατηχέω	teach	φορτίον, -ου, τό	load
		φρεναπατᾷ, φρεναπατάω	deceive
κοινωνείτω, κοινωνέω	share		

_____EPH 1

ἄμωμος, -ον	blameless	μέγεθος, -ους, τό	greatness
ἀνακεφαλαιώσασθαι, ἀνακεφαλαιόομαι	bring together	μνεία, -ας, ἡ	remembrance and mention
		οἰκονομία, -ας, ἡ	plan
ἀρραβών, -ῶνος, ὁ	first installment	περιποίησις, -εως, ἡ	possession
ἐκληρώθημεν, κληρόω	choose	προέθετο, προτίθεμαι	plan beforehand
ἐνέργεια, -ας, ἡ	function; working	προηλπικότας, προελπίζω	hope beforehand
εὐδοκία, -ας, ἡ	what pleases	προορίσας, προορισθέντες, προορίζω	decide beforehand
εὐλογητός, -ή, -όν	be praised		
ἐχαρίτωσεν, χαριτόω	show kindness	υἱοθεσία, -ας, ἡ	adoption
κατενώπιον	in front of; in the judgment of	ὑπεράνω	above
		ὑπερβάλλον, ὑπερβάλλω	be far more
κυριότης, -ητος, ἡ	ruling power	φρόνησις, -εως, ἡ	wisdom; insight

_____EPH 2

ἀήρ, έρος, ὁ	air	ἐποικοδομηθέντες, ἐποικοδομέω	build upon
ἄθεος, -ον	without God		
ἀκρογωνιαῖος, -ου, ὁ	cornerstone	ἔχθρα, -ας, ἡ	enmity
ἀνεστράφημεν, ἀναστρέφω	return	κατοικητήριον, -ου, τό	dwelling place
ἀπείθεια, -ας, ἡ	disobedience	μεσότοιχον, -ου, τό	dividing wall
ἀπηλλοτριωμένοι, ἀπαλλοτριόομαι	be foreigner	οἰκεῖος, -ου, ὁ	relative
		πάροικος, -ου, ὁ	stranger
ἀποκαταλλάξῃ, ἀποκαταλλάσσω	reconcile	ποίημα, -τος, τό	what is made
		πολιτεία, -ας, ἡ	citizenship
δόγμα, -τος, τό	decree	προητοίμασεν, προετοιμάζω	make ready in advance
ἐπερχομένοις, ἐπέρχομαι	arrive	προσαγωγή, -ῆς, ἡ	right to speak; access
		συνεκάθισεν, συγκαθίζω	cause to sit down with

συμπολίτης, -ου, ὁ	fellow citizen	συνοικοδομεῖσθε,	be built together
συναρμολογουμένη,	fit together	συνοικοδομέω	
συναρμολογέω		ὑπερβάλλον, ὑπερβάλλω	be far more
συνεζωοποίησεν,	make alive with	φραγμός, -οῦ, ὁ	fence
συζωοποιέω		χειροποίητος, -ον	hand-made
συνήγειρεν, συνεγείρω	raise to life with		

_____Eph 3

ἀνεξιχνίαστος, -ον	impossible to understand	πλάτος, -ους, τό	breadth
ἀποκεκρυμμένου, ἀποκρύπτω	keep secret	πολυποίκιλος, -ον	manifold
βάθος, -ους, τό	depth	προέγραψα, προγράφω	write beforehand
ἐγκακεῖν, ἐγκακέω	become discouraged	προσαγωγή, -ῆς, ἡ	right to speak; access
ἐνέργεια, -ας, ἡ	function; working	συγκληρονόμος, -ου, ὁ	fellow heir
ἐξισχύσητε, ἐξισχύω	be fully able	συμμέτοχος, -ου, ὁ	sharer
ἐρριζωμένοι, ῥιζόω	cause to take root	σύνεσις, -εως, ἡ	intelligence; insight
ἔσω	inside	σύσσωμος, -ον	co-member
κάμπτω, κάμπτω	worship	τεθεμελιωμένοι, θεμελιόω	lay a foundation
κραταιωθῆναι, κραταιόομαι	become strong	ὑπερβάλλουσαν, ὑπερβάλλω	be far more
μῆκος, -ους, τό	length	ὑπερεκπερισσοῦ	extreme
οἰκονομία, -ας, ἡ	plan; manage a household	ὕψος, -ους, τό	height
πατριά, -ᾶς, ἡ	lineage	χάριν	because of; for the
πεποίθησις, -εως, ἡ	confidence		purpose of

_____Eph 4

ἄγνοια, -ας, ἡ	ignorance	κατώτερος, -α, -ον	lower
αἰχμαλωσία, -ας, ἡ	captivity	κλυδωνιζόμενοι,	be tossed about by waves
ἀληθεύοντες, ἀληθεύω	speak truth	κλυδωνίζομαι	
ἀνανεοῦσθαι, ἀνανεόομαι	make new	κραυγή, -ῆς, ἡ	shout; weeping
ἀξίως	worthy; properly	κυβεία, -ας, ἡ	trickery
ἀπάτη, -ης, ἡ	deception	μαρτύρομαι, μαρτύρομαι	testify; insist
ἀπηλγηκότες, ἀπαλγέω	loose feeling of shame	ματαιότης, -ητος, ἡ	futility
ἀπηλλοτριωμένοι,	be foreigner	μεθοδεία, -ας, ἡ	scheming
ἀπαλλοτριόομαι		μεταδιδόναι, μεταδίδωμι	share
ἀποθέμενοι, ἀποθέσθαι,	put away	ὀργίζεσθε, ὀργίζομαι	be very angry
ἀποτίθεμαι		ὁσιότης, -ητος, ἡ	holiness
αὔξησις, -εως, ἡ	growth	πανουργία, -ας, ἡ	treachery
ἀφή, -ῆς, ἡ	ligament	παροργισμός, -οῦ, ὁ	anger
δόμα, -τος, τό	gift	περιφερόμενοι, περιφέρω	carry around
ἐνέργεια, -ας, ἡ	function; working	πικρία, -ας, ἡ	bitterness; bitter resentment
ἑνότης, -ητος, ἡ	unity	πώρωσις, -εως, ἡ	stubbornness
ἐπιδυέτω, ἐπιδύω	go down (upon)	σαπρός, -ά, -όν	bad
ἐπιχορηγία, -ας, ἡ	provision	συμβιβαζόμενον, συμβιβάζω	unite
ἐργασία, -ας, ἡ	behavior	συναρμολογούμενον,	fit together
ἐσκοτωμένοι, σκοτόομαι	become dark	συναρμολογέω	
εὐαγγελιστής, -οῦ, ὁ	evangelist	σύνδεσμος, -ου, ὁ	bond
εὔσπλαγχνος, -ον	compassionate	ταπεινοφροσύνη, -ης, ἡ	humility
ἡλικία, -ας, ἡ	stature	ὑπεράνω	above
ἠχμαλώτευσεν,	take captive	ὕψος, -ους, τό	height
αἰχμαλωτεύω		φθειρόμενον, φθείρω	deprave
καταρτισμός, -οῦ, ὁ	adequacy; full qualification	χρηστός, -ή, -όν	good

_____EPH 5

ἀγαθωσύνη, -ης, ἡ	goodness	κρυφῇ	secretly
ᾄδοντες, ᾄδω	sing	λουτρόν, -οῦ, τό	washing
αἰσχρός, -ά, -όν	disgraceful	μεθύσκεσθε, μεθύσκομαι	get drunk
αἰσχρότης, -ητος, ἡ	indecent behavior	μιμητής, -οῦ, ὁ	imitator
ἄκαρπος, -ον	without fruit; useless	μωρολογία, -ας, ἡ	foolish talk
ἀκριβῶς	accurately	ὀσμή, -ῆς, ἡ	odor
ἄμωμος, -ον	blameless	πλεονέκτης, -ου, ὁ	greedy person
ἀνῆκεν, ἀνήκω	is proper, fitting	πρέπει, πρέπω	be fitting
ἀπατάτω, ἀπατάω	deceive	προσκολληθήσεται,	join
ἀπείθεια, -ας, ἡ	disobedience	προσκολλάομαι	
ἄσοφος, -ον	foolish	προσφορά, -ᾶς, ἡ	sacrifice; offering
ἀσωτία, -ας, ἡ	recklessness	ῥυτίς, -ίδος, ἡ	wrinkle
εἰδωλολάτρης, -ου, ὁ	worshiper of idols	σπίλος, -ου, ὁ	spot
ἐκτρέφει, ἐκτρέφω	provide food for	συγκοινωνεῖτε,	associate with
ἔνδοξος, -ον	splendid; honored	συγκοινωνέω	
ἐξαγοραζόμενοι, ἐξαγοράζω	redeem	συμμέτοχος, -ου, ὁ	sharer
ἐπιφαύσει, ἐπιφαύσκω	illuminate	ὕμνος, -ου, ὁ	hymn
εὐάρεστος, -ον	pleasing	ψάλλοντες, ψάλλω	sing praises
εὐτραπελία, -ας, ἡ	vulgar speech	ψαλμός, -οῦ, ὁ	song of praise
εὐωδία, -ας, ἡ	fragrance	ᾠδή, -ῆς, ἡ	song
θάλπει, θάλπω	take care of		

_____EPH 6

ἀγρυπνοῦντες, ἀγρυπνέω	be alert; take care of	ὀφθαλμοδουλία, -ας, ἡ	eyeservice
ἀνθρωπάρεσκος, -ον	pleasing people	παιδεία, -ας, ἡ	instruction; discipline
ἀνιέντες, ἀνίημι	forsake; give up	πάλη, -ης, ἡ	fight
ἄνοιξις, -εως, ἡ	opening	πανοπλία, -ας, ἡ	weapons and armor
ἀπειλή, -ῆς, ἡ	threatening	παροργίζετε, παροργίζω	make angry
ἁπλότης, -ητος, ἡ	sincerity	παρρησιάσωμαι,	speak boldly
ἀφθαρσία, -ας, ἡ	immortality	παρρησιάζομαι	
βέλος, -ους, τό	arrow	πεπυρωμένα, πυρόομαι	be on fire
ἐκτρέφετε, ἐκτρέφω	provide food for	περιζωσάμενοι,	be girded
ἐνδυναμοῦσθε, ἐνδυναμόω	cause to be able	περιζώννυμαι	
ἑτοιμασία, -ας, ἡ	readiness	περικεφαλαία, -ας, ἡ	helmet
εὖ	good	πονηρία, -ας, ἡ	wickedness
εὔνοια, -ας, ἡ	eagerness	πρεσβεύω, πρεσβεύω	be a representative
θυρεός, -οῦ, ὁ	shield	προσκαρτέρησις, -εως, ἡ	persistence
θώραξ, -ακος, ὁ	breastplate	προσωπολημψία, -ας, ἡ	partiality
κοσμοκράτωρ, -ορος, ὁ	world ruler	σβέσαι, σβέννυμι	extinguish a fire
μακροχρόνιος, -ον	long (time)	σωτήριον, -ου, τό	salvation
μεθοδεία, -ας, ἡ	scheming	τρόμος, -ου, ὁ	trembling
νουθεσία, -ας, ἡ	teaching	Τύχικος, -ου, ὁ	Tychicus
ὀσφῦς, -ύος, ἡ	waist; genitals	ὑποδησάμενοι, ὑποδέομαι	put on shoes

_____PHIL 1

ἁγνῶς	sincerely	ἀναγκαῖος, -α, -ον	necessary
ἀγών, -ῶνος, ὁ	fight	ἀναλῦσαι, ἀναλύω	return; die
αἱρήσομαι, αἱρέομαι	select; choose	ἀντικειμένων, ἀντίκειμαι	be hostile toward
αἴσθησις, -εως, ἡ	capacity to understand	ἀξίως	worthily
αἰσχυνθήσομαι, αἰσχύνομαι	be ashamed	ἀποβήσεται, ἀποβαίνω	lead to; result in

ἀποκαραδοκία, -ας, ἡ	eager desire	κέρδος, -ους, τό	profit
ἀπολογία, -ας, ἡ	defense	μεγαλυθήσεται, μεγαλύνω	praise greatness of; honor highly
ἀπόσκοπος, -ον	blameless		
ἀπών, ἄπειμι	be absent	μνεία, -ας, ἡ	remembrance and mention
ἀφόβως	without fear	οἰόμενοι, οἴομαι (οἶμαι)	suppose
βεβαίωσις, -εως, ἡ	verification	παραμενῶ, παραμένω	remain with
εἰλικρινής, -ές	sincere	πολιτεύεσθε, πολιτεύομαι	conduct one's life
ἐναρξάμενος, ἐνάρχομαι	begin	πραιτώριον, -ου, τό	palace guard
ἔνδειξις, -εως, ἡ	proof	προκοπή, -ῆς, ἡ	progress
ἐπιποθῶ, ἐπιποθέω	deeply desire	πρόφασις, -εως, ἡ	pretense
ἐπίσκοπος, -ου, ὁ	guardian; church leader	πτυρόμενοι, πτύρομαι	be afraid
ἐπιχορηγία, -ας, ἡ	provision	συγκοινωνός, -οῦ, ὁ	partner
ἐριθεία, -ας, ἡ	selfish ambition	συναθλοῦντες, συναθλέω	toil with
ἔρις, -ιδος, ἡ	strife; quarrel	φθόνος, -ου, ὁ	jealousy
εὐδοκία, -ας, ἡ	what pleases	Φίλιπποι, -ων, οἱ	Philippi

_____PHIL 2

ἀδημονῶν, ἀδημονέω	be upset	κενοδοξία, -ας, ἡ	cheap pride
ἀκέραιος, -ον	pure	λειτουργία, -ας, ἡ	service; ministry
ἄλυπος, -ον	free from anxiety	λειτουργός, -οῦ, ὁ	servant
ἄμεμπτος, -ον	blameless	μορφή, -ῆς, ἡ	form
ἄμωμος, -ον	blameless	οἰκτιρμός, -οῦ, ὁ	mercy
ἀναγκαῖος, -α, -ον	necessary	ὁμοίωμα, -τος, τό	similarity
ἀναπληρώσῃ, ἀναπληρόω	bring to completion	παραβολευσάμενος, παραβολεύομαι	risk
ἀπουσία, -ας, ἡ	absence		
ἁρπαγμός, -οῦ, ὁ	plunder	παραμύθιον, -ου, τό	consolation
ἀφίδω, ἀφοράω	learn about	παραπλήσιος, -α, -ον	very similar
γνησίως	genuine	σκολιός, -ά, -όν	crooked; unscrupulous
γογγυσμός, -οῦ, ὁ	complaint	σκοποῦντες, σκοπέω	notice carefully; watch out for
διεστραμμένης, διαστρέφω	pervert		
δοκιμή, -ῆς, ἡ	value	σπένδομαι, σπένδομαι	pour libation
ἐκένωσεν, κενόω	empty oneself	σπουδαίως	eagerly
ἔντιμος, -ον	valuable; honored	συγχαίρετε, συγχαίρω, συγχαίρω	rejoice with
ἐξαυτῆς	immediately		
Ἐπαφρόδιτος, -ου, ὁ	Epaphroditus	σύμψυχος, -ον	harmonious
ἐπέχοντες, ἐπέχω	hold firmly to	συστρατιώτης, -ου, ὁ	fellow soldier
ἐπίγειος, -ον	on the earth	σχῆμα, -τος, τό	form; appearance
ἐπιποθῶν, ἐπιποθέω	deeply desire	ταπεινοφροσύνη, -ης, ἡ	humility
ἐριθεία, -ας, ἡ	selfish ambition	τρόμος, -ου, ὁ	trembling
εὐδοκία, -ας, ἡ	what pleases	ὑπερέχοντας, ὑπερέχω	surpass in value
εὐψυχῶ, εὐψυχέω	be encouraged	ὑπερύψωσεν, ὑπερυψόω	give exceptional honor
ἴσος, -η, -ον	equal	ὑπήκοος, -ον	obedient
ἰσόψυχος, -ον	similarly minded	ὑστέρημα, -τος, τό	need; absence
κάμψῃ, κάμπτω	worship	φωστήρ, -ῆρος, ὁ	star
καταχθόνιος, -ον	belonging to world below		

_____PHIL 3

αἰσχύνη, -ης, ἡ	shame	ἀσφαλής, -ές	safe; certain
ἄμεμπτος, -ον	blameless	Βενιαμίν, ὁ	Benjamin
ἄνω	above, upwards	βραβεῖον, -ου, τό	prize
ἀπεκδεχόμεθα, ἀπεκδέχομαι	look forward eagerly; wait for	Ἑβραῖος, -ου, ὁ	a Hebrew
		ἐζημιώθην, ζημιόομαι	suffer loss

ἐνέργεια, -ας, ἡ	function; working	μετασχηματίσει,	change appearance
ἐξανάστασις, -εως, ἡ	resurrection	μετασχηματίζω	
ἐπεκτεινόμενος,	stretch toward	ὀκνηρός, -ά, -όν	bothersome
ἐπεκτείνομαι		ὀκταήμερος, -ον	the eighth day
ἐπίγειος, -ον	on the earth	πεποίθησις, -εως, ἡ	confidence
ἐπιλανθυνύμενυς,	forget	πολίτευμα, -τος, τό	place of citizenship
ἐπιλανθάνομαι		σκοπεῖτε, σκοπέω	notice carefully
ἑτέρως	differently	σκοπός, -οῦ, ὁ	goal
ἐφθάσαμεν, φθάνω	attain	σκύβαλον, -ου, τό	rubbish
ζημία, -ας, ἡ	loss	στοιχεῖν, στοιχέω	behave
καίπερ	although	συμμιμητής, -οῦ, ὁ	joint imitator
κατατομή, -ῆς, ἡ	mutilation	συμμορφιζόμενος,	have same likeness
κέρδος, -ους, τό	profit	συμμορθίζομαι	
κύων, κυνός, ὁ	dog	σύμμορφος, -ον	similar in form
μενοῦνγε	on the contrary	ταπείνωσις, -εως, ἡ	humility
		ὑπερέχον, ὑπερέχω	surpass in value

_____PHIL 4

ἀγνός, -ή, -όν	pure	Θεσσαλονίκη, -ης, ἡ	Thessalonica
αἴτημα, -τος, τό	request	Κλήμης, -εντος, ὁ	Clement
ἀνεθάλετε, ἀναθάλλω	be again	λῆμψις, -εως, ἡ	receiving
ἀρετή, -ῆς, ἡ	virtue	μεγάλως	greatly
αὐτάρκης, -ες	content	μεμύημαι, μυέομαι	learn secret
γνήσιος, -α, -ον	genuine	νόημα, -τος, τό	mind; thought
δεκτός, -ή, -όν	appropriate	ὀσμή, -ῆς, ἡ	odor
δίς	twice	πλεονάζοντα, πλεονάζω	become more and more;
δόμα, -τος, τό	gift		cause to increase
δόσις, -εως, ἡ	giving	προσφιλής, -ές	pleasing
ἐκοινώνησεν, κοινωνέω	share	σεμνός, -ή, -όν	honorable
ἐνδυναμοῦντι, ἐνδυναμόω	cause to be able	συγκοινωνήσαντες,	associate with
Ἐπαφρόδιτος, -ου, ὁ	Epaphroditus	συγκοινωνέω	
ἐπιεικής, -ές	gentle	σύζυγος, -ου, ὁ	fellow-worker
ἐπιπόθητος, -ον	longed for	συνήθλησαν, συναθλέω	toil with
εὐάρεστος, -ον	pleasing	Συντύχη, -ης, ἡ	Syntyche
Εὐοδία, -ας, ἡ	Euodia	ὑπερέχουσα, ὑπερέχω	surpass in value
εὔφημος, -ον	worthy of praise	ὑστέρησις, -εως, ἡ	need
εὐωδία, -ας, ἡ	fragrance	Φιλιππήσιος, -ου, ὁ	a Philippian
ἠκαιρεῖσθε, ἀκαιρέομαι	lack opportunity	φρουρήσει, φρουρέω	guard against

_____COL 1

ἀγωνιζόμενος, ἀγωνίζομαι	fight	ἀποκειμένην, ἀπόκειμαι	put away
ἄμωμος, -ον	blameless	ἀποκεκρυμμένον,	keep secret
ἀνέγκλητος, -ον	without accusation	ἀποκρύπτω	
ἀνταναπληρῶ,	fill up	ἀρεσκεία, -ας, ἡ	means of favor
ἀνταναπληρόω		δηλώσας, δηλόω	make known; make clear
ἀξίως	worthily	δυναμούμενοι, δυναμόω	enable
ἀόρατος, -ον	invisible	ἑδραῖος, -α, -ον	firm
ἀπηλλοτριωμένους,	be foreigner	εἰρηνοποιήσας, εἰρηνοποιέω	make peace
ἀπαλλοτριόομαι		ἐνέργεια, -ας, ἡ	function; working
ἀποκαταλλάξαι,	reconcile	Ἐπαφρᾶς, -ᾶ, ὁ	Epaphras
ἀποκατήλλαξεν,		ἱκανώσαντι, ἱκανόω	make adequate
ἀποκαταλλάσσω		καρποφορέω	bear fruit

καρποφορούμενον, καρποφοροῦντες, καρποφορέω	bear fruit
κατενώπιον	in front of
Κολοσσαί, -ῶν, αἱ	Colossae
κυριότης, -ητος, ἡ	ruling power
μερίς, -ίδος, ἡ	portion
μετακινούμενοι, μετακινέω	cause to cease
μετέστησεν, μεθίστημι	cause to move
νουθετοῦντες, νουθετέω	instruct; admonish; warn
οἰκονομία, -ας, ἡ	task; plan
ὁρατός, -ή, -όν	visible
προηκούσατε, προακούω	hear before
πρωτεύων, πρωτεύω	have first place
πρωτότοκος, -ον	firstborn
σύνεσις, -εως, ἡ	intelligence
τεθεμελιωμένοι, θεμελιόω	lay a foundation
ὑστέρημα, -τος, τό	need

COL 2

ἀγών, -ῶνος, ὁ	fight
ἀπάτη, -ης, ἡ	deception
ἄπειμι	be absent
ἀπεκδυσάμενος, ἀπεκδύομαι	undress; strip off
ἀπέκδυσις, -εως, ἡ	undressing; stripping off
ἀπόκρυφος, -ον	secret
ἀπόχρησις, -εως, ἡ	consumption
αὔξησις, -εως, ἡ	growth
ἀφειδία, -ας, ἡ	severe self-control
ἀφή, -ῆς, ἡ	ligament
ἀχειροποίητος, -ον	not hand-made
βαπτισμός, -οῦ, ὁ	washing; baptism
βεβαιούμενοι, βεβαιόω	verify
δόγμα, -τος, τό	decree
δογματίζεσθε, δογματίζομαι	obey rules
ἐδειγμάτισεν, δειγματίζω	disgrace publicly
ἐθελοθρησκία, -ας, ἡ	self-imposed religion
εἰκῆ	without reason
ἐμβατεύων, ἐμβατεύω	enter into mysteries
ἐνέργεια, -ας, ἡ	function; working
ἔνταλμα, -τος, τό	commandment
ἐξαλείψας, ἐξαλείφω	wipe away; eliminate
ἐπιχορηγούμενον, ἐπιχορηγέω	provide for
ἐποικοδομούμενοι ἐποικοδομέω	build upon
ἐρριζωμένοι, ῥιζόω	cause to take root
ἡλίκος, -η, -ον	how extensive
θεότης, -ητος, ἡ	divine being
θίγης, θιγγάνω	touch
θρησκεία, -ας, ἡ	religion
θριαμβεύσας, θριαμβεύω	triumph over
καταβραβευέτω, καταβραβεύω	disqualify
Λαοδίκεια, -ας, ἡ	Laodicea
νεομηνία, -ας, ἡ	new moon festival
παραλογίζηται, παραλογίζομαι	deceive
πιθανολογία, -ας, ἡ	convincing speech
πληροφορία, -ας, ἡ	complete certainty
πλησμονή, -ῆς, ἡ	gratification
πόσις, -εως, ἡ	drinking
προσηλώσας, προσηλόω	nail onto
σκιά, -ᾶς, ἡ	shadow; foreshadow
στερέωμα, -τος, τό	firmness
στοιχεῖον, -ου, τό	elemental substances; heavenly bodies
συλαγωγῶν, συλαγωγέω	take control of (as a captive)
συμβιβαζόμενον, συμβιβασθέντες, συμβιβάζω	unite
σύνδεσμος, -ου, ὁ	bond
συνεζωοποίησεν, συζωοποιέω	make to live with
σύνεσις, -εως, ἡ	what is understood; intelligence
συνηγέρθητε, συνεγείρω	raise to life with
συνταφέντες, συνθάπτω	bury together with
σωματικῶς	bodily
τάξις, -εως, ἡ	good order
ταπεινοφροσύνη, -ης, ἡ	humility
ὑπεναντίος, -α, -ον	hostile
φθορά, -ᾶς, ἡ	destruction
φιλοσοφία, -ας, ἡ	human wisdom; philosophy
φυσιούμενος, φυσιόω	make proud
χειρόγραφον, -ου, τό	record of debts

COL 3

ᾄδοντες, ᾄδω	sing
ἀθυμῶσιν, ἀθυμέω	be disheartened
αἰσχρολογία, -ας, ἡ	dirty talk
ἀνακαινούμενον, ἀνακαινόω	make new; restore
ἀνῆκεν, ἀνήκω	is proper, fitting (impersonal)
ἀνθρωπάρεσκος, -ον	pleasing people
ἀνταπόδοσις, -εως, ἡ	recompense
ἄνω	above

ἀπείθεια, -ας, ἡ — disobedience
ἀπεκδυσάμενοι, ἀπεκδύομαι — undress; strip off
ἁπλότης, -ητος, ἡ — sincerity, generosity
ἀπόθεσθε, ἀποτίθεμαι — put away
βάρβαρος, -ον — non-Greek; uncivilized
βραβευέτω, βραβεύω — control
εἰδωλολατρία, -ας, ἡ — idolatry
ἔνι — there is
ἐνοικείτω, ἐνοικέω — dwell in
ἐρεθίζετε, ἐρεθίζω — make resentful
εὐάρεστος, -ον — pleasing
εὐχάριστος, -ον — thankful
μομφή, -ῆς, ἡ — complaint
νεκρώσατε, νεκρόω — put to death; stop completely
νουθετοῦντες, νουθετέω — instruct; admonish; warn

οἰκτιρμός, -οῦ, ὁ — mercy
ὀφθαλμοδουλία, -ας, ἡ — eyeservice
πάθος, -ους, τό — passion
πικραίνεσθε, πικραίνω — make bitter
πλουσίως — in abundance
πρᾶξις, -εως, ἡ — deed; function
προσωπολημψία, -ας, ἡ — partiality
Σκύθης, -ου, ὁ — a Scythian
σύνδεσμος, -ου, ὁ — bond
συνηγέρθητε, συνεγείρω — raise to life with
ταπεινοφροσύνη, -ης, ἡ — humility
τελειότης, -ητος, ἡ — maturity; perfection
ὕμνος, -ου, ὁ — hymn
ψαλμός, -οῦ, ὁ — song of praise
ᾠδή, -ῆς, ἡ — song

_____COL 4

ἀγωνιζόμενος, ἀγωνίζομαι — fight; make effort
ἅλας, -ατος, τό — salt
ἀνεψιός, -οῦ, ὁ — cousin
Ἀρίσταρχος, -ου, ὁ — Aristarchus
Ἄρχιππος, -ου, ὁ — Archippus
Δημᾶς, -ᾶ, ὁ — Demas
ἐξαγοραζόμενοι, ἐξαγοράζω — redeem
Ἐπαφρᾶς, -ᾶ, ὁ — Epaphras
ἠρτυμένος, ἀρτύω — season
ἰατρός, -οῦ, ὁ — physician
Ἱεράπολις, -εως, ἡ — Hierapolis
ἱερός, -ά, -όν — holy
Ἰοῦστος, -ου, ὁ — Justus

ἰσότης, -ητος, ἡ — equality
Λαοδίκεια, -ας, ἡ — Laodicea
Λαοδικεύς, -έως, ὁ — a Laodicean
Λουκᾶς, -ᾶ, ὁ — Luke
Μᾶρκος, -ου, ὁ — Mark
Νύμφα, -ας, ἡ — Nympha
Ὀνήσιμος, -ου, ὁ — Onesimus
παρηγορία, -ας, ἡ — comfort
πεπληροφορημένοι, πληροφορέω — accomplish
πόνος, -ου, ὁ — pain; hard work
συναιχμάλωτος, -ου, ὁ — fellow prisoner
Τύχικος, -ου, ὁ — Tychicus

_____1 THESS 1

ἀδιαλείπτως — continuously
ἀναμένειν, ἀναμένω — wait for
εἴσοδος, -ου, ἡ — coming; acceptance
ἐκλογή, -ῆς, ἡ — choice; chosen
ἐξήχηται, ἐξηχέομαι — proclaim
Θεσσαλονικεύς, -έως, ὁ — a Thessalonian

μιμητής, -οῦ, ὁ — imitator
μνεία, -ας, ἡ — remembrance and mention
ὁποῖος, -α, -ον — what sort of
πληροφορία, -ας, ἡ — complete certainty
Σιλουανός, -οῦ, ὁ — Silvanus

_____1 THESS 2

ἀγών, -ῶνος, ὁ — fight
ἀδιαλείπτως — continuously
ἀμέμπτως — blameless
ἀναπληρῶσαι, ἀναπληρόω — complete number of; bring to completion
ἀξίως — worthy; properly
ἀπορφανισθέντες, ἀπορφανίζω — cause to be an orphan; separate
βάρος, -ους, τό — hardship; claim of importance

δικαίως — rightly
δίς — twice
εἴσοδος, -ου, ἡ — coming; acceptance
ἐκδιωξάντων, ἐκδιώκω — pursue and drive out; persecute
ἐναντίος — against; hostile
ἐνέκοψεν, ἐγκόπτω — prevent
ἐπαρρησιασάμεθα, παρρησιάζομαι — have courage
ἐπιβαρῆσαι, ἐπιβαρέω — be a financial burden

ἔφθασεν, φθάνω	come upon	παραμυθούμενοι, παραμυθέομαι	console
θάλπῃ, θάλπω	take care of	προπαθόντες, προπάσχω	suffer before
κολακεία, -ας, ἡ	flattering talk	πρόφασις, -εως, ἡ	pretense; excuse
μαρτυρόμενοι, μαρτύρομαι	testify; insist	συμφυλέτης, -ου, ὁ	fellow countryman
μεταδοῦναι, μεταδίδωμι	share	τροφός, -οῦ, ἡ	nurse
μιμητής, -οῦ, ὁ	imitator	ὑβρισθέντες, ὑβρίζω	maltreat
μόχθος, -ου, ὁ	hard labor	Φίλιπποι, -ων, οἱ	Philippi
ὁμειρόμενοι, ὁμείρομαι	have great affection for		
ὁσίως	holy		

_____ 1 THESS 3

ἁγιωσύνη, -ης, ἡ	holiness	πλεονάσαι, πλεονάζω	cause to increase; be in abundance
Ἀθῆναι, -ῶν, αἱ	Athens		
ἄμεμπτος, -ον	blameless	σαίνεσθαι, σαίνω	shake; give up belief
ἀνταποδοῦναι, ἀνταποδίδωμι	pay back; repay	στέγοντες, στέγων, στέγω	endure
ἐπιποθοῦντες, ἐπιποθέω	deeply desire	ὑπερεκπερισσοῦ	extremely
κατευθύναι, κατευθύνω	guide	ὑστέρημα, -τος, τό	need; absence
μνεία, -ας, ἡ	remembrance and mention		

_____ 1 THESS 4

ἀήρ, έρος, ὁ	air	πάθος, -ους, τό	passion
ἀπάντησις, -εως, ἡ	meeting up with	παραγγελία, -ας, ἡ	command; instruction
ἀρχάγγελος, -ου, ὁ	archangel	περιλειπόμενοι, περιλείπομαι	be left behind
ἔκδικος, -ου, ὁ	punisher	πλεονεκτεῖν, πλεονεκτέω	exploit
εὐσχημόνως	with propriety; properly	τοιγαροῦν	therefore
ἡσυχάζειν, ἡσυχάζω	rest	ὑπερβαίνειν, ὑπερβαίνω	sin against; transgress
θεοδίδακτος, -ον	taught by God	φθάσωμεν, φθάνω	go prior to
κέλευσμα, -τος, τό	call of command	φιλαδελφία, -ας, ἡ	love for brethren
κτᾶσθαι, κτάομαι	acquire	φιλοτιμεῖσθαι, φιλοτιμέομαι	aspire to

_____ 1 THESS 5

ἀδιαλείπτως	continuously	νήφωμεν, νήφω	be sober-minded
αἰφνίδιος, -ον	immediately	νουθετεῖτε, νουθετοῦντας, νουθετέω	instruct; admonish; warn
ἀκριβῶς	accurately		
ἀμέμπτως	blameless	ὄλεθρος, -ου, ὁ	destruction
ἀντέχεσθε, ἀντέχομαι	help	ὀλιγόψυχος, -ον	discouraged
ἀσφάλεια, -ας, ἡ	safety	ὁλόκληρος, -ον	entire
ἄτακτος, -ον	lazy	ὁλοτελής, -ές	completely
γαστήρ, -τρός, ἡ	belly; womb	παραμυθεῖσθε, παραμυθέομαι	console
εἶδος, -ους, τό	form	περικεφαλαία, -ας, ἡ	helmet
εἰρηνεύετε, εἰρηνεύω	live in peace	περιποίησις, -εως, ἡ	experience; possession
ἐκφύγωσιν, ἐκφεύγω	flee from; escape	προϊσταμένους, προΐστημι	be at the head (of)
ἐνορκίζω, ἐνορκίζω	put under oath	σβέννυτε, σβέννυμι	extinguish a fire
θώραξ, -ακος, ὁ	breastplate	ὑπερεκπερισσοῦ	extremely
μεθυσκόμενοι, μεθύσκομαι	get drunk	φίλημα, -τος, τό	kiss
μεθύουσιν, μεθύω	be drunk; drink a lot	ὠδίν, -ῖνος, ἡ	birth pains

_____ 2 THESS 1

ἀγαθωσύνη, -ης, ἡ	goodness	ἀξιώσῃ, ἀξιόω	regard worthy
ἄνεσις, -εως, ἡ	relief	δίκη, -ης, ἡ	punishment
ἀνταποδοῦναι, ἀνταποδίδωμι	pay back; repay	ἐγκαυχᾶσθαι, ἐγκαυχάομαι	boast

εἴπερ	if indeed	καταξιωθῆναι, καταξιόομαι	regard as worthy
ἐκδίκησις, -εως, ἡ	revenge; punishment	ὄλεθρος, -ου, ὁ	destruction
ἔνδειγμα, -τος, τό	proof	πλεονάζει, πλεονάζω	become more and more
ἐνδοξασθῇ, ἐνδοξασθῆναι,	be honored; glorified	Σιλουανός, -οῦ, ὁ	Silvanus
ἐδοξάζομαι		τίσουσιν, τίνω	experience retribution
εὐδοκία, -ας, ἡ	what pleases	ὑπεραυξάνει, ὑπεραυξάνω	increase greatly
Θεσσαλονικεύς, -εως, ὁ	a Thessalonian	φλόξ, φλογός, ἡ	flame

_____2 THESS 2

ἀντικείμενος, ἀντικείμαι	be hostile toward	ἐξαπατήσῃ, ἐξαπατάω	deceive
ἀπαρχή, -ῆς, ἡ	first portion	ἐπισυναγωγή, -ῆς, ἡ	gathering together
ἀπάτη, -ης, ἡ	deception	ἐπιφάνεια, -ας, ἡ	appearance
ἀποδεικνύντα, ἀποδείκνυμι	demonstrate; show publicly; show to be true	θροεῖσθαι, θροέομαι	be alarmed
		περιποίησις, -εως, ἡ	experience; possession
ἀποστασία, -ας, ἡ	rebellion	σέβασμα, -τος, τό	object of worship
εἵλατο, αἱρέομαι	select; choose	ὑπεραιρόμενος, ὑπεραίρομαι	be overly proud; rise in
ἐνέργεια, -ας, ἡ	function; activity		pride against
ἐνέστηκεν, ἐνίστημι	be present; be imminent		

_____2 THESS 3

ἀτάκτως	lazily	μιμεῖσθαι, μιμέομαι	imitate
ἄτοπος, -ον	bad	μόχθος, -ου, ὁ	hard labor
δωρεάν	without cost	νουθετεῖτε, νουθετέω	instruct; admonish; warn
ἐγκακήσητε, ἐγκακέω	become discouraged	περιεργαζομένους,	be a busybody
ἐντραπῇ, ἐντρέπω	make ashamed	περιεργάζομαι	
ἐπιβαρῆσαι, ἐπιβαρέω	be a financial burden	σημειοῦσθε, σημειόομαι	take note of
ἡσυχία, -ας, ἡ	quiet circumstances	στέλλεσθαι, στέλλομαι	avoid
ἠτακτήσαμεν, ἀτακτέω	be lazy	συναναμίγνυσθαι,	associate
καλοποιοῦντες, καλοποιέω	do good	συναναμίγνυμι	
κατευθύναι, κατευθύνω	guide		

_____1 TIM 1

Ἀλέξανδρος, -ου, ὁ	Alexander	διαβεβαιοῦνται,	state with confidence
ἀνδραποδιστής, -οῦ, ὁ	slave dealer	διαβεβαιόομαι	
ἀνδροφόνος, -ου, ὁ	murderer	διώκτης, -ου ὁ	persecutor
ἀνόσιος, -ον	impious	ἐκζήτησις, -εως, ἡ	speculation; idle dispute
ἀντίκειται, ἀντικείμαι	be hostile toward	ἐναυάγησαν, ναυαγέω	be shipwrecked
ἀνυπόκριτος, -ον	genuine	ἐνδυναμώσαντι, ἐνδυναμόω	cause to be able
ἀνυπότακτος, -ον	not subject to; disobedient	ἐξετράπησαν, ἐκτρέπομαι	stray after
ἀόρατος, -ον	invisible	ἐπίορκος, -ου, ὁ	perjurer
ἀπέραντος, -ον	endless	ἐπιταγή, -ῆς, ἡ	ordinance
ἀποδοχή, -ῆς, ἡ	acceptance	ἑτεροδιδασκαλεῖν,	teach a different doctrine
ἀπωσάμενοι, ἀπωθέομαι	push away; reject	ἑτεροδιδασκαλέω	
ἀρσενοκοίτης, -ου, ὁ	homosexual	ματαιολογία, -ας, ἡ	idle discussions
ἀσεβής, -ές	ungodly	μητρολῴας, -ου, ὁ	one who murders his mother
ἀστοχήσαντες, ἀστοχέω	go astray; abandon truth	μῦθος, -ου, ὁ	legend; myth
ἄφθαρτος, -ον	immortal	νομίμως	correctly
βέβηλος, -ον	worldly; profane	νομοδιδάσκαλος, -ου, ὁ	teacher of the Law
βλάσφημος, -ον	blasphemous	οἰκονομία, -ας, ἡ	task; plan
γενεαλογία, -ας, ἡ	genealogy	παραγγελία, -ας, ἡ	command; instruction
γνήσιος, -α, -ον	genuine	πατρολῴας, -ου, ὁ	one who murders his father

προσμεῖναι, προσμένω	stay on	Ὑμέναιος, -ου, ὁ	Hymenaeus
στρατεία, -ας, ἡ	warfare	ὑπερεπλεόνασεν,	be more than
στρατεύῃ, στρατεύομαι	be a soldier	ὑπερπλεονάζω	
ὑβριστής, -οῦ, ὁ	insolent person; insulter	ὑποτύπωσις, -εως, ἡ	example

_____ I TIM 2

Ἀδάμ, ὁ	Adam	καταστολή, -ῆς, ἡ	manner of dress
αἰδώς, -οῦς, ἡ	modesty	κῆρυξ, -κος, ὁ	preacher
ἀντίλυτρον, -ου, τό	ransom	κόσμιος, -ον	modest; proper
ἀπόδεκτος, -ον	pleasing	μαργαρίτης, -ου, ὁ	pearl
αὐθεντεῖν, αὐθεντέω	control	μεσίτης, -ου, ὁ	mediator; reconciler
διάγωμεν, διάγω	behave	ὅσιος, -α, -ον	holy
ἔντευξις, -εως, ἡ	intercession	παράβασις, -εως, ἡ	transgression
ἐξαπατηθεῖσα, ἐξαπατάω	deceive	πλέγμα, -τος, τό	what is woven
ἐπλάσθη, πλάσσω	make; mold	πολυτελής, -ές	valuable
Εὕα, -ας, ἡ	Eve	πρέπει, πρέπω	be fitting
ἠπατήθη, ἀπατάω	deceive	σεμνότης, -ητος, ἡ	propriety
ἤρεμος, -ον	quiet	σωφροσύνη, -ης, ἡ	moderation
ἡσυχία, -ας, ἡ	silence	τεκνογονία, -ας, ἡ	bearing children
ἡσύχιος, -ον	quiet	ὑπεροχή, -ῆς, ἡ	pomposity
θεοσέβεια, -ας, ἡ	religion	ὑποταγή, -ῆς, ἡ	obedience
ἱματισμός, -οῦ, ὁ	clothing		

_____ I TIM 3

αἰσχροκερδής, -ές	shamefully greedy	ὁμολογουμένως	must be admitted
ἄμαχος, -ον	peaceful	ὀνειδισμός, -οῦ, ὁ	insult
ἀναστρέφεσθαι, ἀναστρέφω	return	ὀρέγεται, ὀρέγομαι	strive to attain
ἀνέγκλητος, -ον	without accusation	παγίς, -ίδος, ἡ	snare
ἀνεπίλημπτος, -ον	above criticism	πάροινος, -ου, ὁ	drunkard
ἀφιλάργυρος, -ον	not loving money	περιποιοῦνται, περιποιέομαι	acquire
βαθμός, -οῦ, ὁ	status	πλήκτης, -ου, ὁ	bully
βραδύνω, βραδύνω	be slow in	προϊστάμενοι,	be at the head (of)
διδακτικός, -ή, -όν	able to teach	προϊστάμενον, προΐστημι	
δίλογος, -ον	hypocritical	προστῆναι, προΐστημι	be at the head (of)
ἑδραίωμα, -τος, τό	support; foundation	σεμνός, -ή, -όν	honorable
ἐμπέσῃ, ἐμπίπτω	fall into	σεμνότης, -ητος, ἡ	propriety
ἐπεμελήσεται, ἐπιμελέομαι	take care of	στῦλος, -ου, ὁ	pillar
ἐπιεικής, -ές	gentle	σώφρων, -ον	moderate
ἐπισκοπή, -ῆς, ἡ	office as a church leader	τάχος, -ους, τό	swiftness
ἐπίσκοπος, -ου, ὁ	church leader	τυφωθείς, τυφόομαι	be extremely proud
κόσμιος, -ον	proper	ὑποταγή, -ῆς, ἡ	obedience
νεόφυτος, -ου, ὁ	recent convert	φιλόξενος, -ον	be hospitable
νηφάλιος, -α, -ον	restrained		

_____ I TIM 4

ἁγνεία, -ας, ἡ	purity	βέβηλος, -ον	worldly; profane
ἀγωνιζόμεθα, ἀγωνίζομαι	fight; make effort	γραώδης, -ες	of old women
ἀμέλει, ἀμελέω	disregard	γύμναζε, γυμνάζω	discipline oneself; train
ἀνάγνωσις, -εως, ἡ	reading	γυμνασία, -ας, ἡ	physical excercise
ἀπόβλητος, -ον	rejected	ἔντευξις, -εως, ἡ	intercession
ἀποδοχή, -ῆς, ἡ	acceptance	ἐντρεφόμενος, ἐντρέφομαι	train

ἔπεχε, ἐπέχω — hold firmly to

ἐπίθεσις, -εως, ἡ — laying on

καταφρονείτω, καταφρονέω — despise

κεκαυστηριασμένων, — be insensitive to
   καυστηριάζομαι

κτίσμα, -τος, τό — creature

μελέτα, μελετάω — continue to do

μετάλημψις, -εως, ἡ — receiving share in

μῦθος, -ου, ὁ — legend; myth

νεότης, -ητος, ἡ — youth

παρηκολούθηκας, — be follower of
   παρακολουθέω

πλάνος, -ον — deceitful

πρεσβυτέριον, -ου, τό — group of elders

προκοπή, -ῆς, ἡ — progress

ῥητῶς — just as said

σωματικός, -ή, -όν — bodily

ὑπόκρισις, -εως, ἡ — pretense; hypocrisy

ὑποτιθέμενος, ὑποτίθημι — instruct

ψευδολόγος, -ου, ὁ — liar

ὠφέλιμος, -ον — beneficial

_____ 1 TIM 5

ἁγνεία, -ας, ἡ — purity

ἁγνός, -ή, -όν — pure

ἄλλως — differently

ἀλοῶντα, ἀλοάω — thresh

ἀμοιβή, -ῆς, ἡ — repayment

ἀνεπίλημπτος, -ον — above criticism

ἀντικειμένῳ, ἀντίκειμαι — be hostile toward

ἀξιούσθωσαν, ἀξιόω — regard worthy

ἀπόδεκτος, -ον — pleasing

ἀργός, -ή, -όν — idle; lazy

ἀφορμή, -ῆς, ἡ — excuse

βαρείσθω, βαρέω — weigh down; burden

βοῦς, βοός, ὁ, ἡ — cattle

διπλοῦς, -ῆ, -οῦν — double

ἔκγονον, -ον, ὁ, ἡ — grandchild

ἐκτός — except

ἐλάσσων, -ον — fewer; lesser (status); younger

ἐξενοδόχησεν, ξενοδοχέω — show hospitality

ἐξετράπησαν, ἐκτρέπομαι — stray after

ἑξήκοντα — sixty

ἐπακολουθοῦσιν, — follow after; devote
   ἐπακολουθέω

ἐπαρκείτω, ἐπαρκέσῃ, — help; provide for
   ἐπαρκέω

ἐπηκολούθησεν, — follow after
   ἐπακολουθέω

ἐπήρκεσεν, ἐπαρκέω — help; provide for

ἐπιπλήξῃς, ἐπιπλήσσω — rebuke

ἐτεκνοτρόφησεν, — rear a child
   τεκνοτροφέω

εὐσεβεῖν, εὐσεβέω — worship; fulfill one's duties

καταλεγέσθω, καταλέγομαι — put on a list

καταστρηνιάσωσιν, — have lust
   καταστρηνιάω

κατηγορία, -ας, ἡ — accusation

κοινώνει, κοινωνέω — share; do together with

λοιδορία, -ας, ἡ — slander

μεμονωμένη, μονόομαι — be without relatives

οἰκεῖος, -ου, ὁ — relative

οἰκοδεσποτεῖν, — direct a household
   οἰκοδεσποτέω

παραδέχου, παραδέχομαι — receive; welcome

περίεργος, -ου, ὁ — busybody; witchcraft

περιερχόμεναι, περιέρχομαι — travel about; go around

πρόγονος, -ου, ὁ, ἡ — forefather

πρόδηλος, -ον — very obvious

προεστῶτες, προΐστημι — be at the head (of), rule

πρόκριμα, -τος, τό — partiality

προνοεῖ, προνοέω — take care of

πρόσκλισις, -εως, ἡ — prejudice

προσμένει, προσμένω — stay on; keep on

πυκνός, -ή, -όν — often

σπαταλῶσα, σπαταλάω — live indulgently

στόμαχος, -ου, ὁ — stomach

τέθνηκεν, θνήσκω — die

τεκνογονεῖν, τεκνογονέω — bear children

ὑδροπότει, ὑδροποτέω — drink water

φιμώσεις, φιμόω — muzzle

φλύαρος, -ον — gossipy

χάριν — because of; for the purpose of

_____ 1 TIM 6

ἀγαθοεργεῖν, ἀγαθοεργέω — do good

ἀγών, -ῶνος, ὁ — fight

ἀγωνίζου, ἀγωνίζομαι — fight

ἀδηλότης, -ητος, ἡ — uncertainty

ἀθανασία, -ας, ἡ — immortality

ἀνεπίλημπτος, -ον — above criticism

ἀνόητος, -ον — without understanding

ἀντίθεσις, -εως, ἡ — contradiction

ἀντιλαμβανόμενοι, — enjoy benefit
   ἀντιλαμβάνομαι

ἀπεπλανήθησαν, — stray from the truth
   ἀποπλανάω

ἀποθησαυρίζοντας, ἀποθησαυρίζω	treasure up
ἀπόλαυσις, -εως, ἡ	enjoyment
ἀποστερημένων, ἀποστερέω	defraud
ἀπρόσιτος, -ον	unapproachable
ἀρκεσθησόμεθα, ἀρκέω	be sufficient
ἄσπιλος, -ον	spotless; pure
αὐτάρκεια, -ας, ἡ	contentment; adequacy
βέβηλος, -ον	worldly; profane
βλαβερός, -ά, -όν	harmful
βυθίζουσιν, βυθίζω	sink
διαπαρατριβή, -ῆς, ἡ	constant arguing
διατροφή, -ῆς, ἡ	food
διεφθαρμένων, διαφθείρω	deprave
δυνάστης, -ου, ὁ	official
εἰσηνέγκαμεν, εἰσφέρω	bring in
ἐκτρεπόμενος, ἐκτρέπομαι	avoid
ἐμπίπτουσιν, ἐμπίπτω	fall into
ἐξενεγκεῖν, ἐκφέρω	carry out
ἐπιφάνεια, -ας, ἡ	appearance
ἔρις, -ιδος, ἡ	strife; quarrel
ἑτεροδιδασκαλεῖ, ἑτεροδιδασκαλέω	teach a different doctrine
εὐεργεσία, -ας, ἡ	good deed
εὐμετάδοτος, -ον	generous
ζήτησις, -εως, ἡ	dispute
ζυγός, -οῦ, ὁ	yoke
ζωογονοῦντος, ζωογονέω	make live
ἠστόχησαν, ἀστοχέω	abandon truth
καταφρονείτωσαν, καταφρονέω	despise
κενοφωνία, -ας, ἡ	foolish talk
κοινωνικός, -ή, -όν	readily sharing
κυριευόντων, κυριεύω	rule
λογομαχία, -ας, ἡ	arguing about words
νοσῶν, νοσέω	have morbid desire
ὀδύνη, -ης, ἡ	intense anxiety
οἰκῶν, οἰκέω	dwell; reside in
ὄλεθρος, -ου, ὁ	ruin; destruction
ὁμολογία, -ας, ἡ	profession
ὀρεγόμενοι, ὀρέγομαι	strive to attain
παγίς, -ίδος, ἡ	snare
παραθήκη, -ης, ἡ	what is entrusted
περιέπειραν, περιπείρω	pierce through
πλουσίως	in abundance
Πόντιος, -ου, ὁ	Pontius
πορισμός, -οῦ, ὁ	means of gaining wealth
πραϋπαθία, -ας, ἡ	gentleness
σκέπασμα, -τος, τό	clothing
τετύφωται, τυφόομαι	be extremely proud
ὑπόνοια, -ας, ἡ	suspicion
ὑψηλοφρονεῖν, ὑψηλοφρονέω	be arrogant
φθόνος, -ου, ὁ	jealousy
φιλαργυρία, -ας, ἡ	love of money
ψευδώνυμος, -ον	falsely called

2 TIM 1

ἀδιάλειπτος, -ον	continuous
ἀναζωπυρεῖν, ἀναζωπυρέω	reactivate
ἀναμιμνῄσκω	cause to remember
ἀνέψυξεν, ἀναψύχω	encourage; cheer up
ἀνυπόκριτος, -ον	genuine
ἀπεστράφησαν, ἀποστρέφω	lead astray
ἀφθαρσία, -ας, ἡ	immortality
βελτίων	well
δειλία, -ας, ἡ	cowardice
ἐνοικοῦντος, ἐνοικέω	dwell in
ἐνῴκησεν, ἐνοικέω	dwell in
ἐπίθεσις, -εως, ἡ	laying on
ἐπιποθῶν, ἐπιποθέω	deeply desire
ἐπιφάνεια, -ας, ἡ	appearance
Ἑρμογένης, -ους, ὁ	Hermogenes
Εὐνίκη, -ης, ἡ	Eunice
κῆρυξ, -υκος, ὁ	preacher
Λωΐς, -ΐδος, ἡ	Lois
μάμμη, -ης, ἡ	grandmother
μνεία, -ας, ἡ	remembrance
Ὀνησίφορος, -ου, ὁ	Onesiphorus
παραθήκη, -ης, ἡ	what is entrusted
πρόγονος, -ου, ὁ, ἡ	forefather
Ῥώμη, -ης, ἡ	Rome
σπουδαίως	doing one's best; eagerly
συγκακοπάθησον, συγκακοπαθέω	join in suffering
σωφρονισμός, -οῦ, ὁ	sound judgment; moderation
ὑπόμνησις, -εως, ἡ	reminding
ὑποτύπωσις, -εως, ἡ	example
Φύγελος, -ου, ὁ	Phygelus

2 TIM 2

ἀθλῇ, ἀθλήσῃ, ἀθλέω	compete
ἀνανήψωσιν, ἀνανήφω	return to one's right senses
ἀνατρέπουσιν, ἀνατρέπω	turn over
ἀνεξίκακος, -ον	tolerant
ἀνεπαίσχυντος, -ον	unashamed
ἀντιδιατιθεμένους, ἀντιδιατίθεμαι	be hostile toward
ἀπαίδευτος, -ον	uneducated

ἀπιστοῦμεν, ἀπιστέω — not trust in
ἀργυροῦς, -ᾶ, -οῦν — made of silver
ἀσέβεια, -ας, ἡ — godlessness
ἀτιμία, -ας, ἡ — dishonor
βέβηλος, -ον — worldly; profane
γάγγραινα, -ης, ἡ — gangrene
διδακτικός, -ή, -όν — able to teach
δόκιμος, -ον — considered good; genuine
ἐζωγρημένοι, ζωγρέω — control; capture alive
ἐκκαθάρῃ, ἐκκαθαίρω — clean out
ἐμπλέκεται, ἐμπλέκω — involved in
ἐνδυναμοῦ, ἐνδυναμόω — cause to be able
εὔχρηστος, -ον — useful
ζήτησις, -εως, ἡ — dispute
ἤπιος, -α, -ον — gentle
ἠστόχησαν, ἀστοχέω — abandon truth
κακοπαθῶ, κακοπαθέω — suffer distress
κακοῦργος, -ου, ὁ — evildoer
καταστροφή, -ῆς, ἡ — harm; destruction
κενοφωνία, -ας, ἡ — foolish talk
λογομαχεῖν, λογομαχέω — argue about words
μάχεσθαι, μάχομαι — clash severely
μάχη, -ης, ἡ — severe clash
μέντοι — nevertheless; though
μεταλαμβάνειν, μεταλαμβάνω — receive share in; experience
νεωτερικός, -ή, -όν — youthful

νομή, -ῆς, ἡ — extension
νομίμως — correctly
ξύλινος, -η, -ον — wooden
ὀρθοτομοῦντα, ὀρθοτομέω — live right
ὀστράκινος, -η, -ον — earthenware
παγίς, -ίδυς, ἡ — snare
περιΐστασο, περιΐστημι — avoid
πραγματεῖα, ας, -ἡ — business affair
προκόψουσιν, προκόπτω — progress
στερεός, -ά, -όν — solid; firm
στεφανοῦται, στεφανόω — give a prize; crown
στρατευόμενος, στρατεύομαι — be a soldier
στρατολογήσαντι, στρατολογέω — enlist soldiers
συγκακοπάθησον, συγκακοπαθέω — join in suffering
συζήσομεν, συζάω — live with
συμβασιλεύσομεν, συμβασιλεύω — reign with
συναπεθάνομεν, συναποθνήσκω — die with
σύνεσις, -εως, ἡ — what is understood; intelligence
Ὑμέναιος, -ου, ὁ — Hymenaeus
ὑπομίμνησκε, ὑπομιμνήσκω — remind
Φίλητος, -ου, ὁ — Philetus
χρήσιμος, -η, -ον — useful

2 TIM 3

ἀγωγή, -ῆς, ἡ — behavior
ἀδόκιμος, -ον — worthless
αἰχμαλωτίζοντες, αἰχμαλωτίζω — take captive
ἀκρατής, -ές — lacking self-control
ἀλαζών, -όνος, ὁ — arrogant person
ἀνήμερος, -ον — fierce
ἄνοια, -ας, ἡ — lack of understanding
ἀνόσιος, -ον — impious
ἀπειθής, -ές — disobedient
ἀποτρέπου, ἀποτρέπω — avoid
ἄρτιος, -α, -ον — qualified
ἄσπονδος, -ον — irreconcilable
ἄστοργος, -ον — without love
ἀφιλάγαθος, -ον — against what is good
ἀχάριστος, -ον — ungrateful
βλάσφημος, -ον — blasphemous
βρέφος, -ους, τό — infant; childhood
γόης, -ητος, ὁ — imposter
γυναικάριον, -ου, ἡ — foolish woman
ἔκδηλος, -ον — easily known
ἐλεγμός, -οῦ, ὁ — rebuke
ἐνδύνοντες, ἐνδύνω — enter secretly
ἐνστήσονται, ἐνίστημι — happen; be imminent

ἐξηρτισμένος, ἐξαρτίζω — make adequate
ἐπανόρθωσις, -εως, ἡ — correcting faults
ἐπιστώθης, πιστόω — come to believe
εὐσεβῶς — religiously
θεόπνευστος, -ον — inspired by God
Ἰαμβρῆς, ὁ — Iambres
Ἰάννης, ὁ — Jannes
ἱερός, -ά, -όν — holy
Ἰκόνιον, -ου, τό — Iconium
κατεφθαρμένοι, καταφθείρω — deprave
Λύστρα, ἡ, τά — Lystra
μηδέποτε — never
μόρφωσις, -εως, ἡ — embodiment
παιδεία, -ας, ἡ — instruction
παρηκολούθησας, παρακολουθέω — be follower of; investigate carefully
προδότης, -ου, ὁ — betrayer
προκόψουσιν, προκόπτω — progress
προπετής, -ές — reckless
σεσωρευμένα, σωρεύω — heap or pile up
σοφίσαι, σοφίζω — make wise
τετυφωμένοι, τυφόομαι — be extremely proud
ὑπερήφανος, -ον — arrogant
ὑπήνεγκα, ὑποφέρω — endure

φιλάργυρος, -ον	loving money	φιλόθεος, -ον	loving God
φίλαυτος, -ον	loving self	χαλεπός, -ή, -όν	troublous; fierce
φιλήδονος, -ον	loving pleasure	ὠφέλιμος, -ον	beneficial

_____ 2 TIM 4

ἀγών, -ῶνος, ὁ	fight	κήρυγμα, -τος, τό	preaching
ἀκαίρως	unfavorable; untimely	Κλαυδία, -ας, ἡ	Claudia
Ἀκύλας, ὁ	Aquila	κνηθόμενοι, κνήθω	be desirous of hearing
Ἀλέξανδρος, -ου, ὁ	Alexander	Κόρινθος, -ου, ἡ	Corinth
ἀνάλυσις, -εως, ἡ	departure; death	Κρήσκης, -εντος, ὁ	Crescens
ἀπέλιπον, ἀπολείπω	leave behind	λέων, λέοντος, ὁ	lion
ἀπόκειται, ἀπόκειμαι	put away	Λίνος, -ου, ὁ	Linus
ἀπολογία, -ας, ἡ	defense	Λουκᾶς, -ᾶ, ὁ	Luke
ἀποστρέψουσιν, ἀποστρέφω	lead astray, put back; stop	Μᾶρκος, -ου, ὁ	Mark
Γαλατία, -ας, ἡ	Galatia	μεμβράνα, -ης, ἡ	parchment sheet
Δαλματία, -ας, ἡ	Dalmatia	Μίλητος, -ου, ἡ	Miletus
Δημᾶς, -ᾶ, ὁ	Demas	μῦθος, -ου, ὁ	legend; myth
δρόμος, -ου, ὁ	race	νῆφε, νήθω	be sober-minded
ἐκτραπήσονται, ἐκτρέπομαι	stray after; avoid	Ὀνησίφορος, -ου, ὁ	Onesiphorus
ἐνεδυνάμωσεν, ἐνδυναμόω	cause to be able	πληροφορηθῇ,	accomplish
ἐπισωρεύσουσιν, ἐπισωρεύω	increase greatly	πληροφόρησον,	
ἐπιφάνεια, -ας, ἡ	appearance	πληροφορέω	
Ἔραστος, -ου, ὁ	Erastus	Πούδης, -εντος, ὁ	Pudens
εὐαγγελιστής, -οῦ, ὁ	evangelist	Πρίσκα, -ης, ἡ	Prisca
Εὔβουλος, -ου, ὁ	Eubulus	σπένδομαι, σπένδομαι	pour libation
εὐκαίρως	favorable time	Τρόφιμος, -ου, ὁ	Trophimus
εὔχρηστος, -ον	useful	Τρωάς, -άδος, ἡ	Troas
ἠγώνισμαι, ἀγωνίζομαι	fight	Τύχικος, -ου, ὁ	Tychicus
ἡμέτερος, -α, -ον	our	φαιλόνης, -ου, ὁ	cloak
Θεσσαλονίκη, -ης, ἡ	Thessalonica	χαλκεύς, -έως, ὁ	metalworker
κακοπάθησον, κακοπαθέω	suffer distress	χειμών, -ῶνος, ὁ	winter
Κάρπος, -ου, ὁ	Carpus		

_____ TITUS 1

ἀδόκιμος, -ον	bad; worthless	γαστήρ, -τρός, ἡ	belly; glutton
ἀεί	always	γνήσιος, -α, -ον	genuine
αἰσχροκερδής, -ές	shamefully greedy	ἐγκρατής, -ές	self-controlled
αἰσχρός, -ά, -όν	disgraceful	ἐπιδιορθώσῃ, ἐπιδιορθόω	put into order
ἀνατρέπουσιν, ἀνατρέπω	turn over; upset faith	ἐπίσκοπος, -ου, ὁ	guardian; church leader
ἀνέγκλητος, -ον	without accusation	ἐπιστομίζειν, ἐπιστομίζω	put to silence
ἀντεχόμενον, ἀντέχομαι	adhere to; cling to	ἐπιταγή, -ῆς, ἡ	ordinance; authority
ἀνυπότακτος, -ον	disobedient	Ἰουδαϊκός, -ή, -όν	Jewish
ἀπειθής, -ές	disobedient	κατηγορία, -ας, ἡ	accusation
ἀπέλιπον, ἀπολείπω	leave behind	κέρδος, -ους, τό	profit
ἀποστρεφομένων,	change	κήρυγμα, -τος, τό	preaching
ἀποστρέφω		Κρής, Κρητός, ὁ	a Cretan
ἀποτόμως	harshly	Κρήτη, -ης, ἡ	Crete
ἀργός, -ή, -όν	idle; lazy	λείποντα, λείπω	not possess; ought to
ἀσωτία, -ας, ἡ	recklessness	ματαιολόγος, -ου, ὁ	empty talker
αὐθάδης, -ες	arrogant	μεμιαμμένοις, μεμίανται,	defile
ἀψευδής, -ές	truthful	μιαίνω	
βδελυκτός, -ή, -όν	detested	μῦθος, -ου, ὁ	legend; myth

ὀργίλος, -η, -ον — angry
ὅσιος, -α, -ον — holy
πάροινος, -ου, ὁ — drunkard
πλήκτης, -ου, ὁ — bully
σώφρων, -ον — moderate

φιλάγαθος, -ον — liking what is good
φιλόξενος, -ον — hospitable
φρεναπάτης, -ου, ὁ — deceiver
χάριν — because of; for the purpose of

_____ TITUS 2

ἁγνός, -ή, -όν — pure
ἀκατάγνωστος, -ον — above criticism
ἀσέβεια, -ας, ἡ — godlessness
ἀφθορία, -ας, ἡ — integrity
δεδουλωμένος, δουλόω — enslave; make subservient
δικαίως — right
ἐναντίος, -α, -ον — against; hostile
ἐντραπῃ , ἐντρέπω — make ashamed
ἐπεφάνη, ἐπιφαίνω — illuminate
ἐπιταγή, -ῆς, ἡ — authority
ἐπιφάνεια, -ας, ἡ — appearance
εὐάρεστος, -ον — pleasing
εὐσεβῶς — religious
ζηλωτής, -οῦ, ὁ — enthusiast
ἱεροπρεπής, -ές — religious
καλοδιδάσκαλος, -ου, ὁ, ἡ — teacher of what is good
κατάστημα, -τος, τό — behavior
κοσμικός, -ή, -όν — earthly; worldly
λυτρώσηται, λυτρόομαι — liberate

νηφάλιος, -α, -ον — restrained
νοσφιζομένους, νοσφίζομαι — embezzle
οἰκουργός, -όν — homemaker
περιούσιος, -ον — private possession; peculiar
περιφρονείτω, περιφρονέω — disregard
πρεσβύτης, -ου, ὁ — old man
πρεσβῦτις, -ιδος, ἡ — old woman
πρέπει, πρέπω — be fitting
σεμνός, -ή, -όν — honorable
σεμνότης, -ητος, ἡ — propriety
σωτήριος, -ον — saving
σωφρονεῖν, σωφρονέω — be sensible
σωφρονίζωσιν, σωφρονίζω — teach
σωφρόνως — moderately
σώφρων, -ον — moderate
φαῦλος, -η, -ον — bad
φίλανδρος, -ον — loving one's husband
φιλότεκνος, -ον — loving one's children

_____ TITUS 3

αἱρετικός, -ή, -όν — divisive
ἄκαρπος, -ον — without fruit; useless
ἄμαχος, -ον — peaceful
ἀναγκαῖος, -α, -ον — necessary
ἀνακαίνωσις, -εως, ἡ — renewal
ἀνόητος, -ον — without understanding
ἀνωφελής, -ές — not advantageous
ἀπειθής, -ές — disobedient
Ἀρτεμᾶς, -ᾶ, ὁ — Artemas
αὐτοκατάκριτος, -ον — condemned by one's own actions
γενεαλογία, -ας, ἡ — genealogy
διαβεβαιοῦσθαι, διαβεβαιόομαι — state with confidence
διάγοντες, διάγω — behave
ἐξέστραπται, ἐκστρέφομαι — be corrupt
ἐπεφάνη, ἐπιφαίνω — illuminate
ἐπιεικής, -ές — gentle
ἔρις, -ιδος, ἡ — strife; quarrel
Ζηνᾶς (acc.), -ᾶν, ὁ — Zenas
ζήτησις, -εως, ἡ — dispute
ἡδονή, -ῆς, ἡ — pleasure; passion
ἡμέτερος, -α, -ον — our

λείπῃ, λείπω — be in need
λουτρόν, -οῦ, τό — washing
μάταιος, -α, -ον — futile
μάχη, -ης, ἡ — severe clash
Νικόπολις, -εως, ἡ — Nicopolis
νομικός, -ή, -όν — about the law
νομικός, -οῦ, ὁ — lawyer
νουθεσία, -ας, ἡ — warning
παλιγγενεσία, -ας, ἡ — rebirth; new age
παραχειμάσαι, παραχειμάζω — spend the winter
πειθαρχεῖν, πειθαρχέω — obey
περιΐστασο, περιΐστημι — avoid
πλουσίως — in abundance; extremely
προΐστασθαι, προΐστημι — direct; be concerned about
πρόπεμψον, προπέμπω — send on one's way
σπουδαίως — doing one's best
στυγητός, -ή, -όν — hated
Τύχικος, -ου, ὁ — Tychicus
ὑπομίμνησκε, ὑπομιμνήσκω — remind
φθόνος, -ου, ὁ — jealousy
φιλανθρωπία, -ας, ἡ — affection for people
φροντίζωσιν, φροντίζω — keep thinking about
ὠφέλιμος, -ον — beneficial

PHLM

ἀνέπεμψα, ἀναπέμπω	send back; send on
ἀνῆκον, ἀνήκω	it is proper, fitting (impersonal)
ἀποτίσω, ἀποτίνω	pay back
Ἀπφία, -ας, ἡ	Apphia
Ἀρίσταρχος, -ου, ὁ	Aristarchus
Ἄρχιππος, -ου, ὁ	Archippus
ἄχρηστος, -ον	useless
γνώμη, -ης, ἡ	agreement
Δημᾶς, -ᾶ, ὁ	Demas
ἑκούσιος, -α, -ον	willing
ἐλλόγα, ἐλλογάω	record; charge to account
ἐνεργής, -ές	effective
Ἐπαφρᾶς, -ᾶ, ὁ	Epaphras
εὔχρηστος, -ον	useful
Λουκᾶς, -ᾶ, ὁ	Luke
Μᾶρκος, -ου, ὁ	Mark
μνεία, -ας, ἡ	remembrance and mention
ξενία, -ας, ἡ	guest room; hospitality
ὀναίμην, ὀνίναμαι	receive benefit
Ὀνήσιμος, -ου, ὁ	Onesimus
πρεσβύτης, -ου, ὁ	old man
προσοφείλεις, προσοφείλω	owe in return
συναιχμάλωτος, -ου, ὁ	fellow prisoner
συστρατιώτης, -ου, ὁ	fellow soldier
τάχα	perhaps
Φιλήμων, -ονος, ὁ	Philemon

HEB 1

ἀγαλλίασις, -εως, ἡ	extreme joy
ἀλλαγήσονται, ἀλλάσσω	change
ἀπαύγασμα, -τος, τό	radiance
διαμένεις, διαμένω	continue; continue to exist
διάφορος, -ον	outstanding
ἐθεμελίωσας, θεμελιόω	lay a foundation
ἐκλείψουσιν, ἐκλείπω	cease
ἑλίξεις, ἑλίσσω	roll up
εὐθύτης, -ητος, ἡ	righteousness
ἔχρισεν, χρίω	anoint; assign
καθαρισμός, -οῦ, ὁ	purification
λειτουργικός, -ή, -όν	serving
λειτουργός, -οῦ, ὁ	servant
μεγαλωσύνη, -ης, ἡ	prominence; majesty
μέτοχος, -ου, ὁ	companion
πάλαι	long ago
παλαιωθήσονται, παλαιόω	make old
περιβόλαιον, -ου, τό	clothing; cloak
πολυμερῶς	often; in many ways
πολυτρόπως	in many ways
πρωτότοκος, -ον	firstborn
ὑποπόδιον, -ου, τό	footstool
ὑπόστασις, -εως, ἡ	substance
φλόξ, φλογός, ἡ	flame
χαρακτήρ, -ῆρος, ὁ	exact representation

HEB 2

ἀμελήσαντες, ἀμελέω	disregard
ἀνυπότακτος, -ον	not subject to
ἀπαλλάξῃ, ἀπαλλάσσω	set free
ἀρχηγός, -οῦ, ὁ	initiator; pioneer leader
βέβαιος, -α, -ον	certain; trustworthy
βοηθῆσαι, βοηθέω	help
βραχύς, -εῖα, -ύ	few; little
δήπου	indeed
δουλεία, -ας, ἡ	slavery; subservience
ἐβεβαιώθη, βεβαιόω	verify
ἐκφευξόμεθα, ἐκφεύγω	flee from; escape
ἐλεήμων, -ον	merciful
ἔνδικος, -ον	just
ἔπρεπεν, πρέπω	be fitting
ἐστεφανωμένον, ἐστεφάνωσας, στεφανόω	give a prize; honor
ἠλαττωμένον, ἠλάττωσας, ἐλαττόω	make less (status)
θέλησις, -εως, ἡ	desire; will
ἱλάσκεσθαι, ἱλάσκομαι	forgive; show mercy
κεκοινώνηκεν, κοινωνέω	share
μερισμός, -οῦ, ὁ	distribution
μετέσχεν, μετέχω	share in
μισθαποδοσία, -ας, ἡ	reward
παράβασις, -εως, ἡ	transgression
παρακοή, -ῆς, ἡ	disobedience
παραπλησίως	similarly
παραρυῶμεν, παραρρέω	drift away from belief
πού	somewhere; almost
συνεπιμαρτυροῦντος, συνεπιμαρτυρέω	witness with
τηλικοῦτος, -αύτη, -οῦτο	so great
ὑμνήσω, ὑμνέω	sing a hymn

HEB 3

ἀεί	always
ἀπάτη, -ης, ἡ	deception
βέβαιος, -α, -ον	certain; trustworthy
δοκιμασία, -ας, ἡ	testing
ἐάνπερ	if indeed
ἠξίωται, ἀξιόω	regard worthy
θεράπων, -οντος, ὁ	servant
κατάπαυσις, -εως, ἡ	rest
κῶλον, -ου, τό	corpse
μέτοχος, -ου, ὁ	companion

ὁμολογία, -ας, ἡ	profession
παραπικρασμός, -οῦ, ὁ	rebellion
παρεπίκραναν, παραπικραίνω	rebel
προσώχθισα, προσώχθισεν, προσοχθίζω	be angry
σκληρύνητε, σκληρύνθῇ, σκληρύνω	harden; cause to be stubborn
ὑπόστασις, -εως, ἡ	trust; situation; condition

HEB 4

ἀπείθεια, -ας, ἡ	disobedience
ἀπολείπεται, ἀπολείπω	continue
ἁρμός, -οῦ, ὁ	body joint
ἀφανής, -ές	hidden
βοήθεια, -ας, ἡ	help
διϊκνούμενος, διϊκνέομαι	penetrate
δίστομος, -ον	double-edged
ἕβδομος, -η, -ο	seventh
ἐνεργής, -ές	effective
ἐνθύμησις, -εως, ἡ	thought
ἔννοια, -ας, ἡ	way of thinking; intention
εὔκαιρος, -ον	favorable time
καίτοι	although
κατάπαυσις, -εως, ἡ	rest
κατέπαυσεν, καταπαύω	rest; cause to rest
κριτικός, -ή, -όν	able to judge

μερισμός, -οῦ, ὁ	division
μυελός, -οῦ, ὁ	marrow
ὁμοιότης, -ητος, ἡ	similarity
ὁμολογία, -ας, ἡ	profession
ὁρίζει, ὁρίζω	decide; appoint
πού	somewhere
σαββατισμός, -οῦ, ὁ	Sabbath rest
σκληρύνητε, σκληρύνω	harden; cause to be stubborn
συγκεκερασμένους, συγκεράννυμι	fit together
συμπαθῆσαι, συμπαθέω	suffer with; have sympathy for
τετραχηλισμένα, τραχηλίζομαι	be easily known; expose
τομός, -ή, -όν	sharp
ὑπόδειγμα, -τος	example

HEB 5

Ἀαρών, ὁ	Aaron
αἰσθητήριον, -ου, τό	capacity to understand
αἴτιος, -α, -ον	source; cause
ἄπειρος, -ον	inexperienced
γάλα, γάλακτος, τό	milk
γεγυμνασμένα, γυμνάζω	discipline oneself; train
διάκρισις, -εως, ἡ	ability to decide
δυσερμήνευτος, -ον	hard to interpret
εἰσακουσθείς, εἰσακούω	listen to
ἕξις, -εως, ἡ	practice
εὐλάβεια, -ας, ἡ	reverence
ἱκετηρία, -ας, ἡ	supplication
καθώσπερ	just as
καίπερ	although

κραυγή, -ῆς, ἡ	shout; weeping
λόγιον, -ου, τό	a saying
Μελχισέδεκ, ὁ	Melchizedek
μετέχων, μετέχω	share in
μετριοπαθεῖν, μετριοπαθέω	deal gently with
νωθρός, -ά, -όν	lazy
περίκειται, περίκειμαι	be around; be in many ways
προσαγορευθείς, προσαγορεύω	give a name to
στερεός, -ά, -όν	solid
στοιχεῖον, -ου, τό	elements (of learning); fundamental principles
τάξις, -εως, ἡ	good order; kind

HEB 6

ἄγκυρα, -ας, ἡ	anchor
ἀδόκιμος, -ον	worthless
ἀμετάθετος, -ον	unchanging

ἀνακαινίζειν, ἀνακαινίζω	restore
ἀνασταυροῦντας, ἀνασταυρόω	crucify again

ἀντιλογία, -ας, ἡ	dispute; contradiction	κατέφυγον, καταφεύγω	take refuge
ἀσφαλής, -ές	safe	καῦσις, -εως, ἡ	burning
βαπτισμός, -οῦ, ὁ	washing	Μελχισέδεκ, ὁ	Melchizedek
βέβαιος, -α, -ον	certain; trustworthy	μεταλαμβάνει, μεταλαμβάνω	receive share in
βεβαίωσις, -εως, ἡ	verification	μέτοχος, -ου, ὁ	companion
βοτάνη, -ης, ἡ	plant	μήν	surely
γεωργεῖται, γεωργέομαι	cultivate land	μιμητής, -οῦ, ὁ	imitator
ἐάνπερ	if indeed	νωθρός, -ά, -όν	lazy
ἐκφέρουσα, ἐκφέρω	grow	παραδειγματίζοντας,	disgrace publicly
ἐμεσίτευσεν, μεσιτεύω	cause agreement	παραδειγματίζω	
ἐπέτυχεν, ἐπιτυγχάνω	acquire	παραπεσόντας, παραπίπτω	forsake
ἐπιδεῖξαι, ἐπιδείκνυμι	show to be true	πέρας, -ατος, τό	limit; conclusion
ἐπίθεσις, -εως, ἡ	laying on	πληροφορία, -ας, ἡ	complete certainty
ἐπιλαθέσθαι, ἐπιλανθάνομαι	forget; neglect	πρόδρομος, -ου, ὁ	forerunner
ἐσώτερος, -α, -ον	inner	προκειμένης, πρόκειμαι	lie ahead
εὔθετος, -ον	suitable	τάξις, -εως, ἡ	good order; kind
καταβαλλόμενοι, καταβάλλω	lay (mid.)	τελειότης, -ητος, ἡ	maturity
καταπέτασμα, -τος, τό	curtain	τρίβολος, -ου, ὁ	thorn plant
κατάρα, -ας, ἡ	curse	ὑετός, -οῦ, ὁ	rain (substance); rain (event)

Heb 7

Ἀαρών, ὁ	Aaron	Ζαλήμ, ἡ	Salem
ἀγενεαλόγητος, -ον	without record of ancestors	ἱερατεία, -ας, ἡ	priesthood
ἀθέτησις, -εως, ἡ	annulment	ἱερωσύνη, -ης, ἡ	priesthood
ἄκακος, -ον	without fault	καίπερ	although
ἀκατάλυτος, -ον	cannot be ended	κατάδηλος, -ον	easily understood
ἀκροθίνιον, -ου, τό	finest booty	κοπή, -ῆς, ἡ	slaughter
ἀμήτωρ, -ορος	without mother	Λευί, Λευίν (acc.), ὁ	Levi
ἀμίαντος, -ον	undefiled	Λευιτικός, -ή, -όν	Levitical
ἀνατέταλκεν, ἀνατέλλω	be a descendant	Μελχισέδεκ, ὁ	Melchizedek
ἀντιλογία, -ας, ἡ	dispute; contradiction	μετάθεσις, -εως, ἡ	change
ἀνωφελής, -ές	not advantageous	μεταμεληθήσεται,	change one's mind
ἀπαράβατος, -ον	unchanging	μεταμέλομαι	
ἀπάτωρ, -ορος	without father	μετατιθεμένης, μετατίθημι	change
ἀποδεκατοῦν, ἀποδεκατόω	collect tithes	μετέσχηκεν, μετέχω	share in; belong to
ἀφωμοιωμένος, ἀφομοιόω	be similar to	νενομοθέτηται, νομοθετέω	give law
γενεαλογούμενος,	be descended from	ὁμοιότης, -ητος, ἡ	similarity
γενεαλογέομαι		ὀρκωμοσία, -ας, ἡ	oath
δεδεκάτωκεν, δεδεκάτωται,	collect tithes	ὅσιος, -α, -ον	holy
δεκατόω		ὀσφῦς, -ύος, ἡ	waist; genitals
δεκάτη, -ης, ἡ	tenth	παντελής, -ές	complete
διηνεκής, -ές	always; continuous	παραμένειν, παραμένω	continue
ἔγγυος, -ου, ὁ	guarantor	πατριάρχης, -ου, ὁ	patriarch
ἐλάσσων, -ον	lesser (status)	πηλίκος, -η, -ον	how important
ἐντυγχάνειν, ἐντυγχάνω	plead; intercede	πρόδηλος, -ον	very obvious
ἐπεισαγωγή, -ῆς, ἡ	introduction	σάρκινος, -η, -ον	fleshly; human
ἔπος, -ους, ἡ	word; so to speak	συναντήσας, συνήντησεν,	meet
ἔπρεπεν, πρέπω	be fitting	συναντάω	
ἑρμηνευόμενος, ἑρμηνεύω	translate	τάξις, -εως, ἡ	good order; kind
ἐφάπαξ	once; once and for all	τελείωσις, -εως, ἡ	perfection; fulfillment

_____HEB 8

ἄμεμπτος, -ον	blameless	λειτουργία, -ας, ἡ	service
ἀναγκαῖος, -α, -ον	necessary	λειτουργός, -οῦ, ὁ	servant
ἀφανισμός, -οῦ, ὁ	disappearance	μεγαλωσύνη, -ης, ἡ	prominence; majesty
γηράσκον, γηράσκω	grow old	μεμψύμενος, μέμφομαι	blame
διαθήσομαι, διατίθεμαι	make a covenant	μεσίτης, -ου, ὁ	mediator
διάφορος, -ον	outstanding	νενομοθέτηται, νομοθετέω	give law
ἐνέμειναν, ἐμμένω	continue	παλαιούμενον, παλαιόω	make old
ἔπηξεν, πήγνυμι	erect	πεπαλαίωκεν, παλαιόω	make old
ἐπιγράψω, ἐπιγράφω	write on	πολίτης, -ου, ὁ	citizen
ἠμέλησα, ἀμελέω	disregard	σκιά, -ᾶς, ἡ	shadow; foreshadow
ἵλεως, -ων	merciful	συντελέσω, συντελέω	complete
κεφάλαιον, -ου, τό	summary	ὑπόδειγμα, -τος	example; copy
κεχρημάτισται, χρηματίζω	reveal divine message		

_____HEB 9

Ἀαρών, ὁ	Aaron	κιβωτός, -οῦ, ἡ	box
ἀγνόημα, -τος, τό	sin through ignorance	κόκκινος, -η, -ον	scarlet
ἀθέτησις, -εως, ἡ	annulment; removal	κοσμικός, -ή, -όν	earthly; worldly
αἱματεκχυσία, -ας, ἡ	flow of blood	λατρεία, -ας, ἡ	worship
ἄμωμος, -ον	without defect	λειτουργία, -ας, ἡ	service
ἀντίτυπος, -ον	representation; antitype	λύτρωσις, -εως, ἡ	liberation
ἀπεκδεχομένοις, ἀπεκδέχομαι	look forward eagerly; wait for	μάννα, τό	manna
ἀπόκειται, ἀπόκειμαι	be necessary	μεσίτης, -ου, ὁ	mediator
βαπτισμός, -οῦ, ὁ	washing	μήπω	not yet
βέβαιος, -α, -ον	certain; trustworthy	μόσχος, -ου, ὁ	calf
βλαστήσασα, βλαστάνω	bear fruit	πάντοθεν	from all directions; all over
δάμαλις, -εως, ἡ	heifer	παράβασις, -εως, ἡ	transgression
δηλοῦντας, δηλόω	make known; make clear	περικεκαλυμμένην, περικαλύπτω	cover
διαθεμένου, διαθέμενος, διατίθεμαι	make a will	πλάξ, πλακός, ἡ	tablet
		πόμα, -τος, τό	drink
διάφορος, -ον	varied	ῥαντίζουσα, ῥαντίζω	sprinkle
διόρθωσις, -εως, ἡ	new order; reformation	σποδός, -οῦ, ἡ	ashes
ἐγκεκαίνισται, ἐγκαινίζω	put into effect	στάμνος, -ου, ἡ	jar
εἰσίασιν, εἴσειμι	move into	στάσις, -εως, ἡ	existence
ἐνεστηκότα, ἐνίστημι	be present; be imminent	συντέλεια, -ας, ἡ	end
ἐπικείμενα, ἐπίκειμαι	be in force	σχεδόν	almost
ἔριον, -ου, τό	wool	ταῦρος, -ου, ὁ	bull
ἐρράντισεν, ῥαντίζω	sprinkle	τράγος, -ου, ὁ	he-goat
ἐφάπαξ	once and for all	ὑπεράνω	above
θυμιατήριον, -ου, τό	incense altar	ὑπόδειγμα, -τός, τό	example; copy
ἱλαστήριον, -ου, τό	place of forgiveness	ὕσσωπος, -ου, ὁ, ἡ	hyssop
καθαρότης, -ητος, ἡ	purification	χειροποίητος, -ον	hand-made
καταπέτασμα, -τος, τό	curtain	χερουβίμ, τό	winged creature; cherubim (Heb.)
κατασκιάζοντα, κατασκιάζω	cast a shadow upon		

_____HEB 10

ἄθλησις, -εως, ἡ	struggle; challenge	ἀναμιμνήσκεσθε, ἀναμιμνήσκω	cause to remember
ἀκλινής, -ές	firm	ἀνάμνησις, -εως, ἡ	reminder

ἀναστρεφομένων, ἀναστρέφω	return	λελουσμένοι, λούω	wash
ἀνταποδώσω, ἀνταποδίδωμι	pay back; repay	μισθαποδοσία, -ας, ἡ	reward
ἀνώτερον	preceding; above	οἰκτιρμός, -οῦ, ὁ	mercy
ἀξιωθήσεται, ἀξιόω	regard worthy	ὁλοκαύτωμα, -τος, τό	whole burnt offering
ἀποβάλητε, ἀποβάλλω	throw off	ὁμολογία, -ας, ἡ	profession
ἀπολείπεται, ἀπολείπω	continue to exist	ὀνειδισμός, -οῦ, ὁ	insult
ἁρπαγή, -ῆς, ἡ	plunder	παροξυσμός, -οῦ, ὁ	encouragement
διαθήσομαι, διατίθεμαι	make a covenant	περιελεῖν, περιαιρέω	take from around
διηνεκής, -ές	always; continuous	περιποίησις, -εως, ἡ	possessions
εἴσοδος, -ου, ἡ	coming; entrance	πληροφορία, -ας, ἡ	complete certainty
ἐκδεχόμενος, ἐκδέχομαι	wait for	πρόσφατος, -ον	new
ἐκδίκησις, -εως, ἡ	revenge; punishment	προσφορά, -ᾶς, ἡ	sacrifice
ἐκδοχή, -ῆς, ἡ	expectation	ῥεραντισμένοι, ῥαντίζω	sprinkle; purify
ἑκουσίως	willingly; purposely	σκιά, -ᾶς, ἡ	shadow; foreshadow
ἐμπεσεῖν, ἐμπίπτω	fall into	συνεπαθήσατε, συμπαθέω	suffer with; have sympathy for
ἐνεκαίνισεν, ἐγκαινίζω	put into effect		
ἐνυβρίσας, ἐνυβρίζω	insult	ταῦρος, -ου, ὁ	bull
ἐπιγράψω, ἐπιγράφω	write on	τιμωρία, -ας, ἡ	punishment
ἐπισυναγωγή, -ῆς, ἡ	gathering together	τράγος, -ου, ὁ	he-goat
ἐφάπαξ	once and for all	ὕπαρξις, -εως, ἡ	possessions
θεατριζόμενοι, θεατρίζω	shame publicly	ὑπεναντίος, -α, -ον	hostile
καταπατήσας, καταπατέω	trample on	ὑποπόδιον, -ου, τό	footstool
καταπέτασμα, -τος, τό	curtain	ὑποστείληται, ὑποστέλλω	avoid; cease
κεφαλίς, -ίδος, ἡ	section of a scroll	ὑποστολή, -ῆς, ἡ	cease
λειτουργῶν, λειτουργέω	serve; perform religious duties	φοβερός, -ά, -όν	fearful
		χρονίσει, χρονίζω	be late

HEB 11

Ἄβελ, ὁ	Abel	ἔκλιναν, κλίνω	put to flight
αἴγειος, -α, -ον	of a goat	ἔλεγχος, -ου, ὁ	evidence for
Αἰγύπτιος, -α, -ον	Egyptian	ἐλιθάσθησαν, λιθάζω	stone to death
ἄκρον, -ου, τό	tip; top	ἑλόμενος, αἱρέομαι	select; choose
ἄμμος, -ου, ἡ	sand	ἐμπαιγμός, -οῦ, ὁ	mocking
ἀναδεξάμενος, ἀναδέχομαι	welcome	Ἑνώχ, ὁ	Enoch
ἀνακάμψαι, ἀνακάμπτω	return	ἐξέβησαν, ἐκβαίνω	go out of
ἀναρίθμητος, -ον	countless	ἐξεδέχετο, ἐκδέχομαι	wait for; expect
ἀόρατος, -ον	invisible	ἔξοδος, -ου, ἡ	departure; Exodus
ἀπέβλεπεν, ἀποβλέπω	fix attention on	ἐπέτυχον, ἐπιτυγχάνω	acquire
ἀπόλαυσις, -εως, ἡ	enjoyment	ἐπιλείψει, ἐπιλείπω	fail
ἀστεῖος, -α, -ον	beautiful	ἐπρίσθησαν, πρίζω	saw in two
ἄστρον, -ου, τό	star; constellation	ἐρημία, -ας, ἡ	lonely place
Βαράκ, ὁ	Barak	ἐρυθρός, -ά, -όν	red
Γεδεών, ὁ	Gideon	ἐτυμπανίσθησαν, τυμπανίζω	torture
δέρμα, -τος, τό	skin	ἔσβεσαν, σβέννυμι	extinguish a fire; stop
δημιουργός, -οῦ, ὁ	builder	εὐαρεστηκέναι, εὐαρεστῆσαι, εὐαρεστέω	cause to be pleased
διάταγμα, -τος, τό	ordinance		
διέβησαν, διαβαίνω	cross over	εὐλαβηθεις, εὐλαβέομαι	show reverence for; obey
διηγούμενον, διηγέομαι	tell fully	ἔφραξαν, φράσσω	cause to cease
ἐδυναμώθησαν, δυναμόω	enable	ἡλικία, -ας, ἡ	maturity
ἐκαρτέρησεν, καρτερέω	persevere	Ἡσαῦ, ὁ	Esau
ἐκζητοῦσιν, ἐκζητέω	seek diligently	θίγῃ, θιγγάνω	touch

Ἱεριχώ, ἡ — Jericho
Ἱεφθάε, ὁ — Jephthah
Κάϊν, ὁ — Cain
κακουχούμενοι, κακουχέω — mistreat
κατάσκοπος, -ου, ὁ — spy
κατεπόθησαν, καταπίνω — swallow
κατηγωνίσαντο, καταγωνίζομαι — conquer
κιβωτός, -οῦ, ἡ — boat; ark
κυκλωθέντα, κυκλόω — go around; surround
λέων, λέοντος, ὁ — lion
μάστιξ, -ιγος, ἡ — flogging
μετάθεσις, -εως, ἡ — departure
μετέθηκεν, μετετέθη, μετατίθημι — depart; change location
μηδέπω — not yet
μηλωτή, -ῆς, ἡ — sheepskin
μισθαποδοσία, -ας, ἡ — reward
μισθαποδότης, -ου, ὁ — rewarder
μονογενής, -ές — unique; only
νενεκρωμένου, νεκρόω — stop completely
Νῶε, ὁ — Noah
ξηρός, -ά, -όν — dry; paralyzed
ὀλοθρεύων, ὀλοθρεύω — ruin
ὀνειδισμός, -οῦ, ὁ — insult
ὀπή, -ῆς, ἡ — hole
ὀρέγονται, ὀρέγομαι — strive to attain
ὀστέον, -ου, τό — bone
παρεπίδημος, -ου, ὁ — stranger

παρῴκησεν, παροικέω — live as a foreigner
πατρίς, -ίδος, ἡ — homeland
πεῖρα, -ας, ἡ — attempt
περιῆλθον, περιέρχομαι — travel about
πόρρωθεν — far away
προβλεψιμένου, προβλέπομαι — foresee; select in advance
πρόσκαιρος, -ον — temporary
πρόσχυσις, -εως, ἡ — pouring
πρωτότοκος, -ον — firstborn
Ῥαάβ, ἡ — Rahab
Σαμουήλ, ὁ — Samuel
Σαμψών, ὁ — Samson
Σάρρα, -ας, ἡ — Sarah
σπήλαιον, -ου, τό — cave
στεῖρα, -ας, ἡ — barren
συγκακουχεῖσθαι, συγκακουχέομαι — join in suffering
συγκληρονόμος, -ου, ὁ — fellow heir
συναπώλετο, συναπόλλυμαι — perish with
τεῖχος, -ους, τό — city wall
τεχνίτης, -ου, ὁ — craftsman
τρίμηνος, -ου, τό — three-month period
ὑπόστασις, -εως, ἡ — realization
Φαραώ, ὁ — Pharaoh
φόνος, -ου, ὁ — murder
χεῖλος, -ους, τό — shore; speech
χρηματισθείς, χρηματίζω — reveal divine message

_____HEB 12

Ἅβελ, ὁ — Abel
ἁγιότης, -ητος, ἡ — holiness
ἀγών, -ῶνος, ὁ — fight; race
αἰσχύνη, -ης, ἡ — shame
ἀναλογίσασθε, ἀναλογίζομαι — consider carefully
ἀνορθώσατε, ἀνορθόω — build up again
ἀνταγωνιζόμενοι, ἀνταγωνίζομαι — struggle against
ἀντικατέστητε, ἀντικαθίστημι — resist
ἀντιλογία, -ας, ἡ — dispute; rebellion
ἄνω — above
ἀπεδοκιμάσθη, ἀποδοκιμάζω — regard as unworthy
ἀπογεγραμμένων, ἀπογράφομαι — register
ἀποθέμενοι, ἀποτίθεμαι — put away, stop
ἀποστρεφόμενοι, ἀποστρέφω — forsake; escape
ἀρχηγός, -οῦ, ὁ — initiator; pioneer leader
ἀσάλευτος, -ον — immovable; unchangeable
ἀφορῶντες, ἀφοράω — fix attention on

βέβηλος, -ον — worldly; profane
γεγυμνασμένοις, γυμνάζω — discipline oneself; train
γνόφος, -ου, ὁ — darkness
δέος, -ους, τό — reverence
δηλοῖ, δηλόω — make known; make clear
διαστελλόμενον, διαστέλλομαι — command
εἰρηνικός, -ή, -όν — peaceful; free from worry
ἐκζητήσας, ἐκζητέω — seek diligently; bring charges against
ἐκλέλησθε, ἐκλανθάνομαι — forget entirely
ἐκλυόμενοι, ἐκλύου, ἐκλύομαι — become discouraged
ἐκτραπῇ, ἐκτρέπομαι — sprain; wrench
ἔκφοβος, -ον — terrified
ἐνοχλῇ, ἐνοχλέω — afflict
ἐντρεπόμεθα, ἐντρέπω — respect (mid.)
ἔντρομος, -ον — trembling
ἐξέφυγον, ἐκφεύγω — escape
ἐπισκοποῦντες, ἐπισκοπέω — take care of
εὐαρέστως — pleasing

εὐλάβεια, -ας, ἡ	reverence
εὐπερίστατος, -ον	ensnaring; controlling tightly
ζόφος, -ου, ὁ	gloom
Ἠσαῦ, ὁ	Esau
ἦχος, -ου, ὁ; -ους, τό	sound
θίγῃ, θιγγάνω	touch
θύελλα, -ης, ἡ	windstorm
καίπερ	although
καταναλίσκον, καταναλίσκω	destroy completely
καταφρονήσας, καταφρονέω	despise
κάμητε, κάμνω	be sick
λιθοβοληθήσεται, λιθοβολέω	stone to death
μαστιγοῖ, μαστιγόω	beat with a whip; punish
μεσίτης, -ου, ὁ	mediator
μετάθεσις, -εως, ἡ	departure; change
μεταλαβεῖν, μεταλαμβάνω	receive share in
μετέπειτα	afterwards
μέτοχος, -ου, ὁ	companion
μιανθῶσιν, μιαίνω	defile
μυριάς, -άδος, ἡ	ten thousand; countless
νέφος, -ους, τό	cloud; large crowd
νόθος, -η, -ον	illegitimate (child)
ὄγκος, -ου, ὁ	hindrance
ὀλιγώρει, ὀλιγωρέω	despise
ὀρθός, -ή, -όν	straight
παιδεία, -ας, ἡ	discipline
παιδευτής, -οῦ, ὁ	trainer; punisher
πανήγυρις, -εως, ἡ	celebration
παραδέχεται, παραδέχομαι	receive; welcome
παραλελυμένα, παραλύομαι	be paralyzed
παρειμένας, παρίημι	be weak
περικείμενον, περίκειμαι	be around; be put around
πικρία, -ας, ἡ	bitterness
προκειμένης, προκείμενον, πρόκειμαι	lie ahead
πρωτοτόκια, -ων, τό	birthright
πρωτότοκος, -ον	firstborn
ῥαντισμός, -οῦ, ὁ	sprinkling
σείσω, σείω	shake
Σιών, ἡ	(Mount) Zion
τελειωτής, -οῦ, ὁ	perfecter
τοιγαροῦν	therefore
τροχιά, -ᾶς, ἡ	wheel track
φανταζόμενον, φαντάζομαι	appear
φοβερός, -ά, -όν	fearful
φύουσα, φύω	grow
χρηματίζοντα, χρηματίζω	reveal divine message
ψηλαφωμένῳ, ψηλαφάω	touch

HEB 13

ἀγρυπνοῦσιν, ἀγρυπνέω	be alert; take care of
αἴνεσις, -εως, ἡ	praise
ἀλυσιτελής, -ές	of no advantage
ἀμίαντος, -ον	undefiled
ἀναθεωροῦντες, ἀναθεωρέω	observe; reflect upon
ἀναστρέφεσθαι, ἀναστρέφω	return
ἀνῶ, ἀνίημι	loosen; forsake
ἀποκατασταθῶ, ἀποκαθίστημι	restore
ἀρκούμενοι, ἀρκέω	be sufficient
ἀφιλάργυρος, -ον	not loving money
βεβαιοῦσθαι, βεβαιόω	increase in strength (mid.)
βοηθός, -οῦ, ὁ	helper
βραχύς, -εῖα, -ύ	little
εἰσφέρεται, εἰσφέρω	bring in
ἔκβασις, -εως, ἡ	end; way of escape
ἔλαθον, λανθάνω	escape notice; forget
ἐπέστειλα, ἐπιστέλλω	write a letter
ἐπιλανθάνεσθε, ἐπιλανθάνομαι	forget; neglect
εὐαρεστεῖται, εὐαρεστέω	cause to be pleased
εὐάρεστος, -ον	pleasing
εὐποιΐα, -ας, ἡ	good deed
ἐχθές	yesterday
θαρροῦντας, θαρρέω	have courage
Ἰταλία, -ας, ἡ	Italy
κακουχουμένων, κακουχέω	mistreat
κοίτη, -ης, ἡ	bed; sexual life
μιμεῖσθε, μιμέομαι	imitate
μοιχός, -οῦ, ὁ	adulterer
ὀνειδισμός, -οῦ, ὁ	insult
παραφέρεσθε, παραφέρω	mislead
στενάζοντες, στενάζω	groan
συνδεδεμένοι, συνδέω	be in prison with
τοίνυν	therefore
ὑπείκετε, ὑπείκω	obey
φιλαδελφία, -ας, ἡ	love for the brethren
φιλοξενία, -ας, ἡ	hospitality
χεῖλος, -ους, τό	shore

JAS 1

ἀκατάστατος, -ον	not controlled
ἀκροατής, -οῦ, ὁ	hearer
ἀμίαντος, -ον	undefiled
ἀνεμιζομένῳ, ἀνεμίζομαι	be driven on by the wind
ἀνέτειλεν, ἀνατέλλω	rise
ἄνθος, -ους, τό	flower

ἀπαρχή, -ῆς, ἡ	first portion	καύσων, -ωνος, ὁ	scorching heat
ἀπατῶν, ἀπατάω	deceive	κλύδων, -ωνος, ὁ	wave
ἀπείραστος, -ον	cannot be tempted	κτίσμα, -τος, τό	creature
ἀπεκύησεν, ἀποκυέω	give birth; cause to exist	λείπεται, λειπόμενοι, λείπω	be in need
ἁπλῶς	generously	μαρανθήσεται, μαραίνομαι	fade away
ἀποθέμενοι, ἀποτίθεμαι	put away	μάταιος, -α, -ον	futile
ἀποκύει, ἀποκυέω	give birth; cause to exist	οἰέσθω, οἴομαι	suppose
ἀποσκίασμα, -τος, τό	shadow	ὁλόκληρος, -ον	entire
ἀποτελεσθεῖσα, ἀποτελέω	complete	ὀνειδίζοντος, ὀνειδίζω	reprimand
ἄσπιλος, -ον	spotless; pure	ὁποῖος, -α, -ον	what sort of
βραδύς, -εῖα, -ύ	slow	ὀρφανός, -οῦ, ὁ, ἡ	orphan
γένεσις, -εως, ἡ	birth; existence	παρακύψας, παρακύπτω	bend over; look into
δελεαζόμενος, δελεάζω	lure (into sin)	παραλλαγή, -ῆς, ἡ	change
διασπορά, -ᾶς, ἡ	diaspora	παραλογιζόμενοι,	deceive
δίψυχος, -ον	double-minded	παραλογίζομαι	
δοκίμιον, -ου, τό	testing	παραμείνας, παραμένω	continue
δόκιμος, -ον	considered good; genuine	περιπέσητε, περιπίπτω	run into; experience
δόσις, -εως, ἡ	gift	περισσεία, -ας, ἡ	abundance; excessive
δώρημα, -τος, τό	gift	ποίησις, -εως, ἡ	doing
ἔμφυτος, -ον	established in	ποιητής, -οῦ, ὁ	doer
ἔνι	there is	πορεία, -ας, ἡ	journey
ἐξελκόμενος, ἐξέλκομαι	lure away	ῥιπιζομένῳ, ῥιπίζω	be tossed about
ἔοικα	be like	ῥυπαρία, -ας, ἡ	moral impurity
ἐπελάθετο, ἐπιλανθάνομαι	forget	ταπεινός, -ή, -όν	humble; lowly
ἐπιλησμονή, -ῆς, ἡ	forgetting	ταπείνωσις, -εως, ἡ	humility
ἔσοπτρον, -ου, τό	mirror	τροπή, -ῆς, ἡ	turning
εὐπρέπεια, -ας, ἡ	beauty	ὕψος, -ους, τό	height
θρησκεία, -ας, ἡ	religion	χαλιναγωγῶν, χαλιναγωγέω	exercise self-control
θρησκός, -όν	religious		

_____JAS 2

ἀνέλεος, -ον	merciless	λειπόμενοι, λείπω	be in need
ἀργός, -ή, -όν	useless	μέντοι	nevertheless; though
βασιλικός, -ή, -όν	royal	ὄφελος, -ους, τό	advantage
ἕλκουσιν, ἕλκω	pull; lead by force	παραβάτης, -ου, ὁ	transgressor
ἐπιβλέψητε, ἐπιβλέπω	pay attention to; help	προσωπολημπτεῖτε,	be partial
ἐπιτήδειος, -α, -ον	needed	προσωπολημπτέω	
ἐσθής, -ῆτος, ἡ	clothing	προσωπολημψία, -ας, ἡ	partiality
ἐφήμερος, -ον	daily	πταίσῃ, πταίω	stumble; sin
ἠτιμάσατε, ἀτιμάζω	treat shamefully; cause to be dishonored	Ῥαάβ, ἡ	Rahab
		ῥυπαρός, -ά, -όν	dirty
θερμαίνεσθε, θερμαίνομαι	warm oneself	συνήργει, συνεργέω	work together with
καταδυναστεύουσιν,	oppress	ὑποδεξαμένη, ὑποδέχομαι	welcome
καταδυναστεύω		ὑποπόδιον, -ου, τό	footstool
κατακαυχᾶται,	have more power	φοροῦντα, φορέω	wear
κατακαυχάομαι		φρίσσουσιν, φρίσσω	shudder; be extremely afraid
κριτήριον, -ου, τό	court of justice	χρυσοδακτύλιος, -ον	wearing a gold ring
λαμπρός, -ά, -όν	shining		

_____JAS 3

ἁγνός, -ή, -όν	pure	ἀκαταστασία, -ας, ἡ	disorder
ἀδιάκριτος, -ον	impartial; without prejudice	ἀκατάστατος, -ον	not controlled

ἀλυκός, -ή, -όν	salty	κατάρα, -ας, ἡ	curse
ἄμπελος, -ου, ἡ	grapevine	καταρώμεθα, καταράομαι	curse
ἀνάπτει, ἀνάπτω	start fire	μεστός, -ή, -όν	very full
ἀνθρώπινος, -η, -ον	human	μετάγεται, μετάγομεν, μετάγω	guide
ἀνυπόκριτος, -ον	genuine		
αὐχεῖ, αὐχέω	boast	ὁμοίωσις, -εως, ἡ	similarity
βρύει, βρύω	pour out	ὀπή, -ῆς, ἡ	hole
γένεσις, -εως, ἡ	existence	ὀρμή, -ῆς, ἡ	will
γλυκύς, γλυκεῖα, γλυκύ	sweet	πηδάλιον, -ου, τό	rudder
δαιμονιώδης, -ες	demonic	πικρός, -ά, -όν	bitter; resentful
δαμάζεται, δαμάσαι, δαμάζω	bring under control	πταίει, πταίομεν, πταίω	stumble; sin
δεδάμασται, δαμάζω	bring under control	σκληρός, -ά, -όν	strong; harsh
εἰρηνικός, -ή, -όν	peaceful; free from worry	σπιλοῦσα, σπιλόω	spot
ἐλαυνόμενα, ἐλαύνω	drive along	σῦκον, -ου, τό	fig
ἐνάλιος, -ου, τό	sea creature	τηλικοῦτος, -αύτη, -οῦτο	so great
ἐπίγειος, -ον	on the earth; human	τροχός, -οῦ, ὁ	wheel; course
ἐπιεικής, -ές	gentle	ὕλη, -ης, ἡ	forest
ἐπιστήμων, -ον	intelligent	φαῦλος, -η, -ον	bad
ἐριθεία, -ας, ἡ	selfish ambition	φλογιζομένη, φλογίζουσα, φλογίζω	ignite
ἑρπετόν, -οῦ, τό	reptile		
εὐθύνοντος, εὐθύνω	pilot a ship	χαλιναγωγῆσαι, χαλιναγωγέω	exercise self-control
εὐπειθής, -ές	easily persuaded		
ἡλίκος, -η, -ον	how extensive	χαλινός, -οῦ, ὁ	bridle
θανατηφόρος, -ον	deadly	χρή	should
ἰός, -οῦ, ὁ	venom	ψυχικός, -ή, -όν	physical; natural; worldly
κατακαυχᾶσθε, κατακαυχάομαι	boast against		

JAS 4

ἄγε	look (interjection)	κατῴκισεν, κατοικίζω	cause to dwell
ἁγνίσατε, ἁγνίζω	purify	κενῶς	for no purpose
ἀλαζονεία, -ας, ἡ	false pride	μάχεσθε, μάχομαι	clash severely
ἀντιτάσσεται, ἀντιτάσσομαι	be hostile toward	μάχη, -ης, ἡ	severe clash
ἀτμίς, ἀτμίδος, ἡ	steam	μετατραπήτω, μετατρέπω	change
ἀφανιζομένη, ἀφανίζω	disappear (mid.)	μοιχαλίς, -ί	adulterous; unfaithful
γέλως, -ωτος, ὁ	laughter	νομοθέτης, -ου, ὁ	lawgiver
δαπανήσητε, δαπανάω	spend	πένθος, -ους, τό	sorrow
δίψυχος, -ον	double-minded	ποιητής, -οῦ, ὁ	doer
ἐμπορευσόμεθα, ἐμπορεύομαι	be in business	πολεμεῖτε, πολεμέω	wage war; fight
ἐπιποθεῖ, ἐπιποθέω	deeply desire	στρατευομένων, στρατεύομαι	be a soldier
ἐπιτυχεῖν, ἐπιτυγχάνω	acquire	ταλαιπωρήσατε, ταλαιπωρέω	be sorrowful
ἔχθρα, -ας, ἡ	enmity	ταπεινός, -ή, -όν	humble; lowly
ἡδονή, -ῆς, ἡ	pleasure; passion	ὑπερήφανος, -ον	arrogant
καταλαλεῖ, καταλαλεῖτε, καταλαλῶν, καταλαλέω	slander	φθόνος, -ου, ὁ	jealousy
		φιλία, -ας, ἡ	love
κατήφεια, -ας, ἡ	depression		

JAS 5

ἄγε	look (interjection)	ἀπεστερημένος, ἀποστερέω	defraud
ἀλείψαντες, ἀλείφω	anoint	ἄργυρος, -ου, ὁ	silver; silver money
ἀμησάντων, ἀμάω	mow	βοή, -ῆς, ἡ	shout
ἀντιτάσσεται, ἀντιτάσσομαι	be hostile toward	βρέξαι, βρέχω	rain; send rain

ἐβλάστησεν, βλαστάνω	bear fruit
ἔβρεξεν, βρέχω	rain; send rain
ἐθησαυρίσατε, θησαυρίζω	treasure up
ἐθρέψατε, τρέφω	provide food for; take care of
ἐκδέχεται, ἐκδέχομαι	wait for; expect
ἐπερχομέναις, ἐπέρχομαι	arrive
ἐσπαταλήσατε, σπαταλάω	live indulgently
ἐτρυφήσατε, τρυφάω	revel
εὔχεσθε, εὔχομαι	pray; desire
εὐθυμεῖ, εὐθυμέω	be encouraged
εὐχή, -ῆς, ἡ	prayer
ἰός, -οῦ, ὁ	rust
Ἰώβ, ὁ	Job
κακοπαθεῖ, κακοπαθέω	suffer distress
κακοπάθια, -ας, ἡ	suffering distress
καλύψει, καλύπτω	cover
κάμνοντα, κάμνω	be sick
κατεδικάσατε, καταδικάζω	condemn
κατίωται, κατιόομαι	become rusty
μακαρίζομεν, μακαρίζω	regard as happy
οἰκτίρμων, -ον	merciful
ὀλολύζοντες, ὀλολύζω	cry aloud
ὁμοιοπαθής, -ές	like desires
ὄψιμος, -ου, ὁ	late rain
πολύσπλαγχνος, -ον	very compassionate
πρόϊμος, -ου, ὁ	early rain
σαβαώθ	Almighty (Heb.)
σέσηπεν, σήπω	decay
σητόβρωτος, -ον	moth-eaten
στενάζετε, στενάζω	groan; complain strongly
σφαγή, -ῆς, ἡ	slaughter
ταλαιπωρία, -ας, ἡ	hardship
ὑετός, -οῦ, ὁ	rain
ὑπόδειγμα, -τος, τό	example
ψαλλέτω, ψάλλω	sing praises

1 Pet 1

ἄγνοια, -ας, ἡ	ignorance
ἀμάραντος, -ον	unfading
ἀμίαντος, -ον	undefiled
ἀμνός, -οῦ, ὁ	lamb
ἄμωμος, -ον	without defect
ἀναγεγεννημένοι, ἀναγεννήσας, ἀναγεννάω	cause to be born again
ἀναζωσάμενοι, ἀναζώννυμαι	bind up the loins; be ready to learn
ἀναστράφητε, ἀναστρέφω	return
ἀνεκλάλητος, -ον	cannot be expressed
ἄνθος, -ους, τό	flower
ἀνυπόκριτος, -ον	genuine
ἀπροσωπολήμπτως	impartially
ἄσπιλος, -ον	spotless; pure
ἄφθαρτος, -ον	immortal
Βιθυνία, -ας, ἡ	Bithynia
Γαλατία, -ας, ἡ	Galatia
διασπορά, -ᾶς, ἡ	diaspora
δοκίμιον, -ου, τό	genuineness
ἐδήλου, δηλόω	make known; make clear
ἐκτενῶς	eagerly
ἐλυτρώθητε, λυτρόομαι	liberate
ἐξεζήτησαν, ἐκζητέω	seek diligently
ἐξηραύνησαν, ἐξεραυνάω	seek diligently
ἐραυνῶντες, ἐραυνάω	try to learn
εὐλογητός, -ή, -όν	be praised
ἡγνικότες, ἁγνίζω	purify
Καππαδοκία, -ας, ἡ	Cappadocia
μάταιος, -α, -ον	futile
νήφοντες, νήφω	be sober-minded
ὀσφῦς, -ύος, ἡ	waist; genitals
παρακύψαι, παρακύπτω	bend over; look into
παρεπίδημος, -ου, ὁ	stranger
παροικία, -ας, ἡ	time of residence
πατροπαράδοτος, -ον	handed down
πολύτιμος, -ον	valuable
Πόντος, -ου, ὁ	Pontus
πρόγνωσις, -εως, ἡ	foreknowledge
προεγνωσμένου, προγινώσκω	know beforehand
προμαρτυρόμενον, προμαρτύρομαι	predict
ῥαντισμός, -οῦ, ὁ	sprinkling
σπορά, -ᾶς, ἡ	seed; parentage
συσχηματιζόμενοι, συσχηματίζομαι	shape one's behavior
τελείως	completely
φθαρτός, -ή, -όν	mortal
φιλαδελφία, -ας, ἡ	love for the brethren
φρουρουμένους, φρουρέω	guard against

1 Pet 2

ἀγαθοποιός, -οῦ, ὁ	one doing good deeds
ἀγαθοποιοῦντας, ἀγαθοποιοῦντες, ἀγαθοποιέω	do good
ἀγνωσία, -ας, ἡ	lack of knowledge
ἀδελφότης, -ητος, ἡ	brotherhood
ἀδίκως	unjustly
ἄδολος, -ον	pure

ἀκρογωνιαῖος, -ου, ὁ	cornerstone	θαυμαστός, -ή, -όν	marvelous
ἀνθρώπινος, -η, -ον	human	ἱεράτευμα, -τος, τό	priesthood
ἀντελοιδόρει, ἀντιλοιδορέω	insult in return	ἴχνος, -ους, τό	footprint
ἀπεδοκίμασαν, ἀποδοκιμάζω	regard as unworthy	κακοποιός, -οῦ, ὁ	evildoer
ἀπιστοῦσιν, ἀπιστέω	not believe	καταλαλιά, -ᾶς, ἡ	slander
ἀπογενόμενοι, ἀπογίνομαι	cease; be dead to	καταλαλοῦσιν, καταλαλέω	slander
ἀποδεδοκιμασμένον,	regard as unworthy	κλέος, -ους, τό	honor
ἀποδοκιμάζω		κολαφιζόμενοι, κολαφίζω	strike with fist; cause harm
ἀποθέμενοι, ἀποτίθεμαι	put away	λογικός, -ή, -όν	true to real nature
ἀρετή, -ῆς, ἡ	wonderful act	λοιδορούμενος, λοιδορέω	slander
ἀρτιγέννητος, -ον	newly born	μώλωψ, -ωπος, ὁ	wound
βασίλειος, -ον	royal	οἰκέτης, -ου, ὁ	house servant
βρέφος, -ους, τό	infant	παρεπίδημος, -ου, ὁ	stranger
γάλα, γάλακτος, τό	milk	πάροικος, -ου, ὁ	stranger
γωνία, -ας, ἡ	corner	περιέχει, περιέχω	contain
δικαίως	rightly	περιποίησις, -εως, ἡ	possessions
ἐκδίκησις, -εως, ἡ	revenge; punishment	πρόσκομμα, -τος, τό	stumbling; offense
ἔντιμος, -ον	valuable; honored	προσκόπτουσιν, προσκόπτω	stumble
ἐξαγγείλητε, ἐξαγγέλλω	proclaim throughout	σαρκικός, -ή, -όν	fleshly; material
ἐπακολουθήσητε,	follow; imitate	Σιών, ἡ	(Mount) Zion
ἐπακολουθέω		σκολιός, -ά, -όν	crooked; unscrupulous
ἐπιεικής, -ές	gentle	στρατεύονται, στρατεύομαι	be a soldier
ἐπικάλυμμα, -τος, τό	veil; pretext	ὑπερέχοντι, ὑπερέχω	surpass in value; control
ἐπιποθήσατε, ἐπιποθέω	deeply desire	ὑπογραμμός, -οῦ, ὁ	example
ἐπισκοπή, -ῆς, ἡ	visitation	ὑπόκρισις, -εως, ἡ	pretense; hypocrisy
ἐπίσκοπος, -ου, ὁ	guardian; church leader	ὑπολιμπάνων, ὑπολιμπάνω	leave behind
ἐποπτεύοντες, ἐποπτεύω	watch	ὑποφέρει, ὑποφέρω	endure
εὐπρόσδεκτος, -ον	quite pleasing; truly	φθόνος, -ου, ὁ	jealousy
	favorable	φιμοῦν, φιμόω	muzzle; put to silence
ἠπείλει, ἀπειλέω	threaten	χρηστός, -ή, -όν	good; kind

_____ 1 PET 3

ἀγαθοποιοῦντας,	do good	ἐποπτεύσαντες, ἐποπτεύω	watch
ἀγαθοποιοῦσαι,		εὔσπλαγχνος, -ον	compassionate
ἀγαθοποιέω		ζηλωτής, -οῦ, ὁ	enthusiast
ἀγνός, -ή, -όν	pure	ἡσύχιος, -ον	quiet
ἀεί	always	κακοποιοῦντας, κακοποιέω	do evil
ἄνευ	without	κακώσων, κακόω	injure
ἀντίτυπος, -ον	representation	καταλαλεῖσθε, καταλαλέω	slander
ἀπεξεδέχετο, ἀπεκδέχομαι	wait for	κιβωτός, -οῦ, ἡ	ark; boat
ἀπόθεσις, -εως, ἡ	removal; getting rid of	λοιδορία, -ας, ἡ	slander
ἀπολογία, -ας, ἡ	defense	Νῶε, ὁ	Noah
ἀπονέμοντες, ἀπονέμω	show	ὀκτώ	eight
ἄφθαρτος, -ον	immortal	ὁμόφρων, -ον	like-minded
γυναικεῖος, -α, -ον	female	περίθεσις, -εως, ἡ	wearing
διεσώθησαν, διασῴζω	rescue	πολυτελής, -ές	valuable
ἐγκόπτεσθαι, ἐγκόπτω	prevent	πραΰς, πραεῖα, πραΰ	gentle
ἐκκλινάτω, ἐκκλίνω	turn away from	προσαγάγῃ, προσάγω	bring into presence
ἐμπλοκή, -ῆς, ἡ	braiding	πτόησις, -εως, ἡ	something alarming
ἔνδυσις, -εως, ἡ	wearing	ῥύπος, -ου, ὁ	dirt
ἐπερώτημα, -τος, τό	request	Σάρρα, -ας, ἡ	Sarah
ἐπηρεάζοντες, ἐπηρεάζω	mistreat	συγκληρονόμος, -ου, ὁ	fellow heir

συμπαθής, -ές — sympathetic
συνοικοῦντες, συνοικέω — live with
ταπεινόφρων, -ον — humility
τοὐναντίον (τὸ ἐναντίον) — rather

φιλάδελφος, -ον — loving fellow brothers and sisters
χεῖλος, -ους, τό — lip; speech

_____ 1 PET 4

ἀγαθοποιΐα, -ας, ἡ — good deeds
ἀθέμιτος, -ον — forbidden; disgusting
αἰσχυνέσθω, αἰσχύνομαι — be ashamed
ἀλλοτριεπίσκοπος, -ου, ὁ — busybody
ἀνάχυσις, -εως, ἡ — flood; excessive amount
ἄνευ — without
ἀρκετός, -ή, -όν — sufficient
ἀσεβής, -ές — ungodly
ἀσωτία, -ας, ἡ — recklessness
βιῶσαι, βιόω — conduct daily life
βούλημα, -τος, τό — intention
γογγυσμός, -οῦ, ὁ — complaint
εἰδωλολατρία, -ας, ἡ — idolatry
ἐκτενής, -ές — eager
ἔννοια, -ας, ἡ — way of thinking; intention
ἐπίλοιπος, -ον — remaining
ἑτοίμως — readily
καθό — to the degree that
κακοποιός, -οῦ, ὁ — evildoer
καλύπτει, καλύπτω — cover; keep secret

κοινωνεῖτε, κοινωνέω — share
κτίστης, -ου, ὁ — creator
κῶμος, -ου, ὁ — orgy
λόγιον, -ου, τό — a saying
μόλις — with difficulty
νήψατε, νήφω — be sober-minded; be restrained
οἰνοφλυγία, -ας, ἡ — drunkenness
ὀνειδίζεσθε, ὀνειδίζω — insult
ὁπλίσασθε, ὁπλίζομαι — arm oneself; prepare oneself
πότος, -ου, ὁ — orgy
πύρωσις, -εως, ἡ — burning
συμβαίνοντος, συμβαίνω — happen
συντρεχόντων, συντρέχω — run together
σωφρονήσατε, σωφρονέω — be sensible
φιλόξενος, -ον — hospitable
φονεύς, -έως, ὁ — murderer
χορηγεῖ, χορηγέω — provide for
Χριστιανός, -οῦ, ὁ — Christian

_____ 1 PET 5

ἀδελφότης, -ητος, ἡ — brotherhood
αἰσχροκερδῶς — shamefully greedy
ἀμαράντινος, -η, -ον — unfading
ἀναγκαστῶς — out of obligation
ἀντίδικος, -ου, ὁ — adversary
ἀντιτάσσεται, ἀντιτάσσομαι — be hostile toward
ἀρχιποίμην, -ενος, ὁ — chief shepherd
ἐγκομβώσασθε, ἐγκομβόομαι — dress
ἑκουσίως — willingly
ἐπιμαρτυρῶν, ἐπιμαρτυρέω — witness
ἐπιρίψαντες, ἐπιρίπτω — throw on
ἐπισκοποῦντες, ἐπισκοπέω — take care of
θεμελιώσει, θεμελιόω — lay a foundation
κατακυριεύοντες, κατακυριεύω — rule
καταπιεῖν, καταπίνω — swallow; destroy
κραταιός, -ά, -όν — powerful

λέων, λέοντος, ὁ — lion
Μᾶρκος, -ου, ὁ — Mark
μέριμνα, -ης, ἡ — anxiety
νήψατε, νήφω — be sober-minded; be restrained
ποίμνιον, -ου, τό — flock
προθύμως — eagerly
σθενώσει, σθενόω — make more able
Σιλουανός, -οῦ, ὁ — Silvanus
στερεός, -ά, -όν — firm
συμπρεσβύτερος, -ου, ὁ — fellow elder
συνεκλεκτός, -ή, -όν — one also chosen
ταπεινός, -ή, -όν — humble; lowly
ταπεινοφροσύνη, -ης, ἡ — humility
ὑπερήφανος, -ον — arrogant
φίλημα, -τος, τό — kiss
ὠρυόμενος, ὠρύομαι — roar

_____ 2 PET 1

ἀεί — always
ἄκαρπος, -ον — without fruit; useless
ἀνατείλῃ, ἀνατέλλω — rise, dawn
ἀπόθεσις, -εως, ἡ — removal; getting rid of

ἀποφυγόντες, ἀποφεύγω — escape
ἀργός, -ή, -όν — useless
ἀρετή, -ῆς, ἡ — virtue
αὐχμηρός, -ά, -όν — dark and miserable

βέβαιος, -α, -ον	certain; verified
δεδωρημένης, δεδώρηται, δωρέομαι	grant
διαυγάσῃ, διαυγάζω	shine through
διεγείρειν, διεγείρω	wake up
ἐγκράτεια, -ας, ἡ	self-control
ἐδήλωσεν, δηλόω	make known
εἴσοδος, -ου, ἡ	coming
ἑκάστοτε	always
ἐκλογή, -ῆς, ἡ	choice; chosen
ἐξακολουθήσαντες, ἐξακολουθέω	follow; imitate
ἔξοδος, -ου, ἡ	departure; death
ἐπάγγελμα, -τος, τό	promise
ἐπίλυσις, -εως, ἡ	explanation
ἐπιχορηγηθήσεται, ἐπιχορηγήσατε, ἐπιχορηγέω	provide for
ἐπόπτης, -ου, ὁ	eyewitness
θεῖος, -α, -ον	divine
ἰσότιμος, -ον	equal to
καθαρισμός, -οῦ, ὁ	purification
καίπερ	although
λαχοῦσιν, λαγχάνω	receive
λήθη, -ης, ἡ	forgetting

μεγαλειότης, -ητος, ἡ	prominence; mighty power
μεγαλοπρεπής, -ές	very wonderful
μνήμη, -ης, ἡ	remembrance
μῦθος, -ου, ὁ	legend; myth
μυωπάζων, μυωπάζω	be shortsighted; fail to understand
πάλαι	long ago
παρεισενέγκαντες, παρεισφέρω	do one's best; make an effort
πλεονάζοντα, πλεονάζω	be in abundance
πλουσίως	in abundance
προφητικός, -ή, -όν	prophetic
πταίσητε, πταίω	stumble; sin
σκήνωμα, -τος, τό	dwelling place
σοφίσαι, σοφίζω	make wise
Συμεών, ὁ	Simeon
ταχινός, -ή, -όν	(very) soon
τοιόσδε, -άδε, -όνδε	of such kind
ὑπομιμνήσκειν, ὑπομιμνήκσω	remind
ὑπόμνησις, -εως, ἡ	reminding
φθορά, -ᾶς, ἡ	decay; moral corruption
φιλαδελφία, -ας, ἡ	love for brethren
φωσφόρος, -ου, ὁ	morning star

2 PET 2

ἄθεσμος, -ον	lawless
αἵρεσις, -εως, ἡ	false teaching; division
ἀκατάπαυστος, -ον	never ceasing
ἄλογος, -ον	without basis
ἅλωσις, -εως, ἡ	capture
ἀναστρεφομένους, ἀναστρέφω	return
ἄνυδρος, -ον	waterless
ἀπάτη, -ης, ἡ	deception
ἀποφεύγοντας, ἀποφυγόντες, ἀποφεύγω	escape
ἀργεῖ, ἀργέω	be idle
ἀσεβεῖν, ἀσεβέω	live ungodly
ἀσεβής, -ές	ungodly
ἀστήρικτος, -ον	unstable
αὐθάδης, -ες	arrogant
ἄφωνος, -ον	mute
Βαλαάμ, ὁ	Balaam
βλάσφημος, -ον	blasphemous
βλέμμα, -τος, τό	what is seen
βόρβορος, -ου, ὁ	mud
βοσόρ, ὁ	Bosor
γεγυμνασμένην, γυμνάζω	train
Γόμορρα, -ας, ἡ; -ων, τά	Gomorrah
δεδούλωται, δουλόω	enslave; make subservient

δελεάζοντες, δελεάζουσιν, δελεάζω	lure into sin
ἐγκατοικῶν, ἐγκατοικέω	dwell among
ἔκπαλαι	long ago; for a long time
ἐλαυνόμεναι, ἐλαύνω	drive along
ἔλεγξις, -εως, ἡ	rebuke
ἐμπλακέντες, ἐμπλέκω	be involved in
ἐμπορεύσονται, ἐμπορεύομαι	cheat
ἐντρυφῶντες, ἐντρυφάω	carouse
ἐξακολουθήσαντες, ἐξακολουθήσουσιν, ἐξακολουθέω	follow
ἐξέραμα, -τος, τό	vomit
ἐπάγοντες, ἐπάξας, ἐπάγω	bring upon
εὐθύς, -εῖα, -ύ	straight
εὐσεβής, -ές	religious
ζόφος, -ου, ὁ	gloom
ἡδονή, -ῆς, ἡ	pleasure
ἥττηται, ἡττῶνται, ἡττάομαι	be defeated
κατακλυσμός, -οῦ, ὁ	flood
καταπονούμενον, καταπονέω	mistreat
κατάρα, -ας, ἡ	curse
καταστροφή, -ῆς, ἡ	destruction
καταφρονοῦντας, καταφρονέω	despise

κῆρυξ, -υκος, ὁ	preacher	σειρά, -ᾶς, ἡ	chain, rope
κολαζομένους, κολάζω	punish	Σόδομα, -ων, τά	Sodom
κυλισμός, -οῦ, ὁ	rolling about	σπίλος, -ου, ὁ	spot
κυριότης, -ητος, ἡ	ruling power; lordship	συμβέβηκεν, συμβαίνω	happen
κύων, κυνός, ὁ	dog	συνευωχούμενοι,	feast together
λαῖλαψ, λαίλαπος, ἡ	windstorm	συνευωχέομαι	
λουσαμένη, λούω	wash	ταρταρώσας, ταρταρόω	cast into hell
Λώτ, ὁ	Lot	ταχινός, -ή, -όν	swift; soon
ματαιότης, -ητος, ἡ	futility	τεφρώσας, τεφρόω	reduce to ashes
μεστός, -ή, -όν	very full	τολμητής, -οῦ, ὁ	daring person
μίασμα, -τος, τό	defilement	τρέμουσιν, τρέμω	tremble; fear
μιασμός, -οῦ, ὁ	defilement	τρυφή, -ῆς, ἡ	revelling
μοιχαλίς, -ί	adulterous; unfaithful	ὑπέρογκος, -ον	boastful
μῶμος, -ου, ὁ	blemish	ὑπόδειγμα, -τος	example
νυστάζει, νυστάζω	grow drowsy	ὑποζύγιον, -ου, τό	pack animal
Νῶε, ὁ	Noah	ὗς, ὑός, ἡ	sow
ὄγδοος, -η, -ον	eighth	φθαρήσονται, φθείρω	destroy
ὀλίγως	hardly	φθεγγόμενοι, φθεγξάμενον,	speak
ὁμίχλη, -ης, ἡ	mist	φθέγγομαι	
παρανομία, -ας, ἡ	lawless act	φθορά, -ᾶς, ἡ	destruction; moral
παραφρονία, -ας, ἡ	insanity		corruption
παρεισάξουσιν, παρεισάγω	bring from the outside	φυσικός, -ή, -όν	natural
παροιμία, -ας, ἡ	proverb; parable	ψευδοδιδάσκαλος, -ου, ὁ	false teacher
πλαστός, -ή, -όν	false		

_____ 2 PET 3

ἄθεσμος, -ον	lawless	λανθάνει, λανθανέτω,	escape notice
ἀμαθής, -ές	uneducated	λανθάνω	
ἀμώμητος, -ον	blameless	ποταπός, -ή, -όν	what sort of
ἀσεβής, -ές	ungodly	προγινώσκοντες,	know beforehand
ἄσπιλος, -ον	spotless; pure	προγινώσκω	
ἀστήρικτος, -ον	unstable	πυρούμενοι, πυρόομαι	be on fire
βραδύνει, βραδύνω	be slow in	ῥοιζηδόν	with a shrill noise
βραδύτης, -ητος, ἡ	slowness	σπεύδοντας, σπεύδω	do quickly; be eager
διαμένει, διαμένω	continue	στηριγμός, -οῦ, ὁ	firm position
διεγείρω, διεγείρω	wake up	στοιχεῖον, -ου, τό	elements
δυσνόητος, -ον	difficult to understand	στρεβλοῦσιν, στρεβλόω	twist; misinterpret
εἰλικρινής, -ές	sincere	συναπαχθέντες,	lead astray with
ἔκπαλαι	for a long time	συναπάγομαι	
ἐμπαιγμονή, -ῆς, ἡ	mocking	τεθησαυρισμένοι, θησαυρίζω	treasure up
ἐμπαίκτης, -ου, ὁ	mocker	τήκεται, τήκομαι	become liquid
ἐπάγγελμα, -τος, τό	promise	ὑπόμνησις, -εως, ἡ	reminding
κατακλυσθείς, κατακλύζω	flood	χίλιοι, -αι, -α	thousand
καυσούμενα, καυσόομαι	burn		

_____ 1 JOHN 1

ἀγγελία, -ας, ἡ	message	ἡμέτερος, -α, -ον	our
ἐψηλάφησαν, ψηλαφάω	touch		

_____ 1 JOHN 2

αἰσχυνθῶμεν, αἰσχύνομαι	be ashamed	ἀλαζονεία, -ας, ἡ	false pride

ἀντίχριστος, -ου, ὁ	antichrist	ἱλασμός, -οῦ, ὁ	means of forgiveness
ἐτύφλωσεν, τυφλόω	blind; make to not understand	παράκλητος, -ου, ὁ	helper
		τεκνίον, -ου, τό	child
ἡμέτερος, -α, -ον	our	χρῖσμα, -τος, τό	anointing; assignment

1 JOHN 3

ἀγγελλία, -ας, ἡ	message	Κάϊν, ὁ	Cain
ἀγνίζει, ἀγνίζω	purify	καταγινώσκῃ, καταγινώσκω	condemn
ἀγνός, -ή, -όν	pure	ποταπός, -ή, -όν	what sort of
ἀνθρωποκτόνος, -ου, ὁ	murderer	τεκνίον, -ου, τό	child
ἀρεστός, -ή, -όν	pleasing	χάριν	for the purpose of

1 JOHN 4

ἀντίχριστος, -ου, ὁ	antichrist	μονογενής, -ές	unique
ἱλασμός, -οῦ, ὁ	means of forgiveness	πώποτε	ever
κόλασις, -εως, ἡ	punishment	τεκνίον, -ου, τό	child

1 JOHN 5

αἴτημα, -τος, τό	request	νίκη, -ης, ἡ	victory
βαρύς, -εῖα, -ύ	heavy; burdensome	τεκνίον, -ου, τό	child

2 JOHN

ἀντίχριστος, -ου, ὁ	antichrist	μέλας, -αινα, -αν	black
κοινωνεῖ, κοινωνέω	share	πλάνος, -ον	deceitful
κυρία, -ας, ἡ	lady	χάρτης, -ου, ὁ	sheet of paper

3 JOHN

ἀγαθοποιῶν, ἀγαθοποιέω	do good	εὔχομαι, εὔχομαι	pray; desire
ἀξίως	worthily	κακοποιῶν, κακοποιέω	do evil
ἀρκούμενος, ἀρκέω	be sufficient	μέλας, -αινα, -αν	black
Γάϊος, -ου, ὁ	Gaius	μιμοῦ, μιμέομαι	imitate
Δημήτριος, -ου, ὁ	Demetrius	προπέμψας, προπέμπω	send on one's way
Διοτρέφης, -ους, ὁ	Diatrephes	ὑπολαμβάνειν, ὑπολαμβάνω	take
ἐθνικός, -ή, -όν	heathen	ὑπομνήσω, ὑπομιμνήκσω	remind
ἐπιδέχεται, ἐπιδέχομαι	welcome; obey	φιλοπρωτεύων, φιλοπρωτεύω	desire to be first
εὐοδοῦσθαι, εὐοδοῦται, εὐοδόομαι	get along well	φλυαρῶν, φλυαρέω	talk nonsense

JUDE

ἀγαλλίασις, -εως, ἡ	extreme joy	ἀπολιπόντας, ἀπολείπω	leave behind; abandon
ἄγριος, -α, -ον	violent	ἄπταιστος, -ον	free from stumbling; free from sinning
Ἀδάμ, ὁ	Adam		
ἀΐδιος, -ον	eternal	ἀρχάγγελος, -ου, ὁ	archangel
αἰσχύνη, -ης, ἡ	shame	ἀσεβής, -ές	ungodly
ἄκαρπος, -ον	without fruit	ἀσέβεια, -ας, ἡ	godlessness
ἄλογος, -ον	without basis	ἀφόβως	without fear
ἄμωμος, -ον	without defect; blameless	Βαλαάμ, ὁ	Balaam
ἀντιλογία, -ας, ἡ	rebellion	γογγυστής, -οῦ, ὁ	grumbler
ἄνυδρος, -ον	waterless	Γόμορρα, -ας, ἡ; -ων, τά	Gomorrah
ἀποδιορίζοντες, ἀποδιορίζω	cause divisions	δεῖγμα, -τος, τό	example

δίκη, -ης, ἡ — punishment
δίς — twice
ἕβδομος, -η, -ον — seventh
ἐκπορνεύσασαι, ἐκπορνεύω — engage in illicit sex
ἐκριζωθέντα, ἐκριζόω — uproot
ἐλεᾶτε, ἐλεάω — show mercy
ἐμπαίκτης, -ου, ὁ — mocker
ἐνυπνιαζόμενοι, ἐνυπνιάζομαι — dream
Ἑνώχ, ὁ — Enoch
ἐπαγωνίζεσθαι, ἐπαγωνίζομαι — struggle for
ἐπαφρίζοντα, ἐπαφρίζω — cause to foam up
ἐπενεγκεῖν, ἐπιφέρω — cause to experience; impose
ἐποικοδομοῦντες, ἐποικοδομέω — build upon
ἐσπιλωμένον, σπιλόω — spot
ζόφος, -ου, ὁ — gloom
ἠσέβησαν, ἀσεβέω — live ungodly
Κάϊν, ὁ — Cain
κατενώπιον — in front of
Κόρε, ὁ — Korah
κῦμα, -τος, τό — wave
κυριότης, -ητος, ἡ — lordship; ruling power
μεγαλωσύνη, -ης, ἡ — prominence; majesty
μεμψίμοιρος, -ον — blaming
μέντοι — nevertheless; though

μετατιθέντες, μετατίθημι — change
μιαίνουσιν, μιαίνω — defile
Μιχαήλ, ὁ — Michael
μυριάς, -άδος, ἡ — ten thousand; countless
οἰκητήριον, -ου, τό — dwelling place
πάλαι — long ago
παραφερόμεναι, παραφέρω — drive along
παρεισέδυσαν, παρεισδύω — slip into a group
πλανήτης, -ου, ὁ — wanderer
προεγραμμένοι, προγράφω — write beforehand
πρόκεινται, πρόκειμαι — exist openly
σκληρός, -ά, -όν — harsh
Σόδομα, -ων, τά — Sodom
σπιλάς, -άδος, ἡ — spot
συνευωχούμενοι, συνευωχέομαι — feast together
ὑπέρογκος, -ον — boastful
ὑπέχουσαι, ὑπέχω — experience
ὑπομνῆσαι, ὑπομιμνήσκω — remind
φθείρονται, φθείρω — destroy; deprave
φθινοπωρινός, -ή, -όν — late autumn
φυσικῶς — by nature
χάριν — because of; for the purpose of
ψυχικός, -ή, -όν — physical
ὠφέλεια, -ας, ἡ — benefit

_____ REV 1

ἄλφα, τό — first; alpha
δίστομος, -ον — double-edged
ἐξεκέντησαν, ἐκκεντέω — pierce
ἔριον, -ου, τό — wool
ἐσήμανεν, σημαίνω — make clear
ζώνη, -ης, ἡ — belt
Θυάτειρα, -ων, τά — Thyatira
κάμινος, -ου, ἡ — furnace
κλείς, κλειδός, ἡ — key
κόψονται, κόπτω — mourn; beat one's breast
κυριακός, -ή, -όν — belonging to the Lord
Λαοδίκεια, -ας, ἡ — Laodicea
μαστός, -οῦ, ὁ — breast
νῆσος, -ου, ἡ — island
ὀξύς, -εῖα, -ύ — sharp; swift
ὄψις, -εως, ἡ — face; appearance
Πάτμος, -ου, ὁ — Patmos

πεπυρωμένης, πυρόομαι — be on fire
Πέργαμος, -ου, ἡ — Pergamum
περιεζωσμένον, περιζώννυμαι — be girded
ποδήρης, -ους, ὁ — long robe
πρωτότοκος, -ον — firstborn
ῥομφαία, -ας, ἡ — sword
Σάρδεις, -εων, αἱ — Sardis
Σμύρνα, -ης, ἡ — Smyrna
συγκοινωνός, -οῦ, ὁ — partner
τάχος, -ους, τό — swiftness
Φιλαδέλφεια, -ας, ἡ — Philadelphia
φλόξ, φλογός, ἡ — flame
χαλκολίβανον, -ου, τό — fine bronze
χιών, -όνος, ἡ — snow
ὦ — last; omega

_____ REV 2

Ἀντιπᾶς, -ᾶ, ὁ — Antipas
βαθύς, βαθεῖα, βαθύ — deep; extremely
Βαλαάμ, ὁ — Balaam
Βαλάκ, ὁ — Balak

βάρος, -ους, τό — hardship
δίστομος, -ον — double-edged
εἰδωλόθυτον, -ου, τό — sacrificial meat
ἐραυνῶν, ἐραυνάω — try to learn

Θυάτειρα, -ων, τά	Thyatira	πορνεῦσαι, πορνεύω	commit fornication
Ἰεζάβελ, ἡ	Jezebel	προφῆτις, -ιδος, ἡ	prophetess
κεραμικός, -ή, -όν	made of potter's clay	πρωϊνός, -ή, -όν	of the morning
κινήσω, κινέω	move	πτωχεία, -ας, ἡ	poverty
κλίνη, -ης, ἡ	bed	ῥομφαία, -ας, ἡ	sword
μάννα, τό	manna	σιδηροῦς, -ᾶ, -οῦν	made of iron
νεφρός, -οῦ, ὁ	desires (lit., kidneys)	Σμύρνα, -ης, ἡ	Smyrna
Νικολαΐτης, -ου, ὁ	Nicolaitan	συντρίβεται, συντρίβω	break into pieces
ὀξύς, -εῖα, -ύ	sharp	φλόξ, φλογός, ἡ	flame
παράδεισος, -ου, ὁ	paradise	χαλκολίβανον, -ου, τό	fine bronze
Πέργαμος, -ου, ἡ	Pergamum	ψευδής, -ές	lying
πολεμήσω, πολεμέω	wage war	ψῆφος, -ου, ἡ	pebble

REV 3

αἰσχύνη, -ης, ἡ	shame	κρούω, κρούω	knock
γυμνότης, -ητος, ἡ	nakedness	Λαοδίκεια, -ας, ἡ	Laodicea
δειπνήσω, δειπνέω	eat a meal	ὄφελον	would that
ἔγχρισαι, ἐγχρίω	rub on	πεπυρωμένον, πυρόομαι	be on fire
ἐλεεινός, -ή, -όν	pitiable	Σάρδεις, -εων, αἱ	Sardis
ἐμέσαι, ἐμέω	vomit	στῦλος, -ου, ὁ	pillar
ἐμόλυναν, μολύνω	make dirty; defile	συμβουλεύω, συμβουλεύω	advise
ἐξαλείψω, ἐξαλείφω	wipe away; eliminate	ταλαίπωρος, -ον	wretched
ζεστός, -ή, -όν	hot	Φιλαδέλφεια, -ας, ἡ	Philadelphia
ζήλευε, ζηλεύω	set one's heart on	χλιαρός, -ά, -όν	lukewarm
κλείς, κλειδός, ἡ	key	ψυχρός, -ά, -όν	cold
κολλ(ο)ύριον, -ου, τό	eye salve		

REV 4

ἀετός, -οῦ, ὁ	eagle; vulture	λέων, λέοντος, ὁ	lion
ἀνάπαυσις, -εως, ἡ	stop	μόσχος, -ου, ὁ	calf
ἀστραπή, -ῆς, ἡ	lightning, bright beam	ὄπισθεν	from behind
εἴκοσι τέσσαρες	twenty-four	ὅρασις, -εως, ἡ	appearance
ἴασπις, -ιδος, ἡ	jasper	πετομένῳ, πέτομαι	fly
ἶρις, -ιδος, ἡ	circle of light; rainbow	πτέρυξ, -υγος, ἡ	wing
κρύσταλλος, -ου, ὁ	crystal	σάρδιον, -ου, τό	carnelian
κυκλόθεν	around	σμαράγδινος, -η, -ον	made of emerald
κύκλῳ	around	ὑάλινος, -η, -ον	of glass
λαμπάς, -άδος, ἡ	torch		

REV 5

ᾄδουσιν, ᾄδω	sing	κτίσμα, -τος, τό	creature
εἴκοσι τέσσαρες	twenty-four	κύκλῳ	around
θυμίαμα, -τος, τό	incense	λέων, λέοντος, ὁ	lion
κατεσφραγισμένον, κατασφραγίζω	seal	μυριάς, -άδος, ἡ	ten thousand; countless
		ὄπισθεν	from behind; on the back of
κιθάρα, -ας, ἡ	lyre	ᾠδή, -ῆς, ἡ	song

REV 6

ἀπεχωρίσθη, ἀποχωρίζομαι	separate definitely	ἑλισσόμενον, ἑλίσσω	roll up
ἐκδικεῖς, ἐκδικέω	revenge; punish	ζυγός, -οῦ, ὁ	balance scale
ἐκινήθησαν, κινέω	move	κριθή, -ῆς, ἡ	barley

μεγιστᾶνες, -ων, οἱ	very important persons	σειομένη, σείω	shake
μέλας, -αινα, -αν	black	σελήνη, -ης, ἡ	moon
νῆσος, -ου, ἡ	island	σπήλαιον, -ου, τό	cave
ὄλυνθος, -ου, ὁ	late fig	στολή, -ῆς, ἡ	long robe
πέμπτος, -η, -ον	fifth	τόξον, -ου, τό	bow
πυρρός, -ά, -όν	fiery red	τρίχινος, -η, -ον	hairy
ῥομφαία, -ας, ἡ	sword	χλωρός, -ά, -όν	light green
σάκκος, -ου, ὁ	sackcloth	χοῖνιξ, -ικος, ἡ	quart

_____REV 7

ἀριθμῆσαι, ἀριθμέω	count	κύκλῳ	around
Ἀσήρ, ὁ	Asher	Λευίς, ὁ	Levi (from Λευί, ὁ)
Βενιαμίν, ὁ	Benjamin	Μανασσῆς, ῆ, ὁ	Manasseh
Γάδ, ὁ	Gad	μέτωπον, -ου, τό	forehead
γωνία, -ας, ἡ	corner	Νεφθαλίμ, ὁ	Naphtali (person); Naphtali (place)
ἑκατόν τεσσεράκοντα τέσσαρες	one hundred and forty-four		
		ὁδηγήσει, ὁδηγέω	guide
ἐλεύκαναν, λευκαίνω	make white	πνέῃ, πνέω	blow
ἐξαλείψει, ἐξαλείφω	wipe away	Ῥουβήν, ὁ	Reuben
ἔπλυναν, πλύνω	wash	σκηνώσει, σκηνόω	take up residence
Ζαβουλών, ὁ	Zebulun	στολή, -ῆς, ἡ	long robe
Ἰσσαχάρ, ὁ	Issachar	Συμεών, ὁ	Simeon
καῦμα, -τος, τό	scorching heat	φοῖνιξ (φοίνιξ), -ικος, ὁ	palm tree

_____REV 8

ἀετός, -οῦ, ὁ	eagle	λαμπάς, -άδος, ἡ	torch
ἀστραπή, -ῆς, ἡ	lightning	λιβανωτός, -οῦ, ὁ	censer
ἄψινθος, -ου, ὁ	wormwood; bitter	μεμιγμένα, μίγνυμι	mix
διεφθάρησαν, διαφθείρω	destroy utterly	μεσουράνημα, -τος, τό	high in the sky
ἕβδομος, -η, -ον	seventh	πετομένου, πέτομαι	fly
ἐγέμισεν, γεμίζω	fill	σελήνη, -ης, ἡ	moon
ἐπικράνθησαν, πικραίνω	make bitter	σιγή, -ῆς, ἡ	silence
ἐπλήγη, πλήσσω	strike	σκοτισθῇ, σκοτίζομαι	become dark
ἡμιώριον, -ου, τό	half an hour	χάλαζα, -ης, ἡ	hail
θυμίαμα, -τος, τό	incense	χλωρός, -ά, -όν	light green
κτίσμα, -τος, τό	creature		

_____REV 9

Ἀβαδδών, ὁ	Abaddon	θεῖον, -ου, τό	sulfur
ἄβυσσος, -ου, ἡ	very deep place	θειώδης, -ες	sulfureous yellow
ἀήρ, -έρος, ὁ	air	θώραξ, -ακος, ὁ	breastplate
ἀκρίς, -ίδος, ἡ	grasshopper; locust	ἱππικόν, -οῦ, τό	horseman; cavalry
Ἀπολλύων, -ονος, ὁ	Apollyon	κάμινος, -ου, ἡ	furnace
ἀργυροῦς, -ᾶ, -οῦν	made of silver	κέντρον, -ου, τό	sting
ἅρμα, -τος, τό	chariot	κλείς, κλειδός, ἡ	key
βασανισμός, -οῦ, ὁ	torment	κλέμμα, -τος, τό	theft
δισμυριάς, -άδος, ἡ	countless	λέων, λέοντος, ὁ	lion
Ἑβραϊστί	Heb. language	λίθινος, -η, -ον	made out of stone
Ἑλληνικός, -ή, -όν	Greek	μέτωπον, -ου, τό	forehead
ἐσκοτώθη, σκοτόομαι	become dark	μυριάς, -άδος, ἡ	ten thousand; countless
Εὐφράτης, -ου, ὁ	Euphrates	ξύλινος, -η, -ον	wooden

ὁμοίωμα, -τος, τό	similarity	σκορπίος, -ου, ὁ	scorpion
ὅρασις, -εως, ἡ	vision	στράτευμα, -τος, τό	army; soldiers
οὐρά, -ᾶς, ἡ	tail	ὑακίνθινος, -η, -ον	blue
παίσῃ, παίω	sting	φάρμακον, -ου, τό	sorcery
πέμπτος, -η, -ον	fifth	φόνος, -ου, ὁ	murder
πτέρυξ, -υγος, ἡ	wing	φρέαρ, -ατος, τό	well; deep pit
πύρινος, -η, -ον	fiery red	χαλκοῦς, -ῆ, -οῦν	made of bronze
σιδηροῦς, -ᾶ, -οῦν	made of iron	χλωρός, -ά, -όν	light green

_____REV 10

βιβλαρίδιον, -ου, τό	little scroll	λέων, λέοντος, ὁ	lion
γλυκύς, γλυκεῖα, γλυκύ	sweet	μέλι, -ιτος, τό	honey
ἕβδομος, -η, -ον	seventh	μυκᾶται, μυκάομαι	roar
ἐπικράνθη, πικραίνω	make bitter	πικρανεῖ, πικραίνω	make bitter
εὐώνυμος, -ον	left	στῦλος, -ου, ὁ	pillar
ἶρις, -ιδος, ἡ	circle of light; rainbow		

_____REV 11

ἄβυσσος, -ου, ἡ	very deep place	πατήσουσιν, πατέω	trample
ἀστραπή, -ῆς, ἡ	lightning	πλατεῖα, -ας, ἡ	wide street
βρέχῃ, βρέχω	rain; send rain; make wet	πνευματικῶς	spiritually
δέκατος, -η, -ον	tenth	πτῶμα, -τος, τό	corpse
διαφθεῖραι, διαφθείροντας, διαφθείρω	destroy utterly	σάκκος, -ου, ὁ	sackcloth
		Σόδομα, -ων, τά	Sodom
ἕβδομος, -η, -ον	seventh	τεσσεράκοντα δύο	forty-two
εἴκοσι τέσσαρες	twenty-four	ὑετός, -οῦ, ὁ	rain
ἔμφοβος, -ον	terrified	χάλαζα, -ης, ἡ	hail
ἥμισυς, -εια, -υ	one half	χίλιοι διακοσίοι ἑξήκοντα	one thousand two hundred and sixty
κιβωτός, -οῦ, ἡ	box		
μνῆμα, -τος, τό	grave	ὠργίσθησαν, ὀργίζομαι	be very angry
ὁσάκις	whenever		

_____REV 12

ἀετός, -οῦ, ὁ	eagle	πολεμῆσαι, πολεμέω	wage war
ἄμμος, -ου, ἡ	sand	ποταμοφόρητος, -ον	carried off by flood
ἄρσην, -εν	male	πτέρυξ, -υγος, ἡ	wing
γαστήρ, -τρός, ἡ	belly; womb	πυρρός, -ά, -όν	fiery red
διάδημα, -τος, τό	diadem crown	σελήνη, -ης, ἡ	moon
ἐβοήθησεν, βοηθέω	help	σιδηροῦς, -ᾶ, -οῦν	made of iron
ἐπολέμησεν, πολεμέω	wage war	σκηνοῦντες, σκηνόω	take up residence
ἥμισυς, -εια, -υ	one half	σύρει, σύρω	pull
κατέπιεν, καταπίνω	swallow	τρέφεται, τρέφωσιν, τρέφω	provide food for
κατήγωρ, -ορος, ὁ	accuser	χίλιοι διακοσίοι ἑξήκοντα	one thousand two hundred and sixty
Μιχαήλ, ὁ	Michael		
οὐρά, -ᾶς, ἡ	tail	ὠδίνουσα, ὠδίνω	have birth pains
πέτηται, πέτομαι	fly	ὠργίσθη, ὀργίζομαι	be very angry

_____REV 13

αἰχμαλωσία, -ας, ἡ	captivity	λέων, λέοντος, ὁ	lion
ἄρκος, -ου, ὁ, ἡ	bear	μέτωπον, -ου, τό	forehead
διάδημα, -τος, τό	diadem crown	πάρδαλις, -εως, ἡ	leopard
ἑξακόσιοι ἑξήκοντα ἕξ	six hundred and sixty-six	πολεμῆσαι, πολεμέω	wage war

σκηνοῦντας, σκηνόω	take up residence	χάραγμα, -τος, τό	mark
τεσσεράκοντα δύο	forty-two	ψηφισάτω, ψηφίζω	calculate; figure out

REV 14

ᾄδουσιν, ᾄδω	sing	κιθάρα, -ας, ἡ	lyre
ἄκρατος, -ον	pure	κιθαριζοντων, κιθαρίζω	play the lyre
ἄμπελος, -ου, ἡ	grapevine	κιθαρῳδός, -οῦ, ὁ	harpist
ἄμωμος, -ον	without defect; blameless	ληνός, -οῦ, ἡ	winepress
ἀνάπαυσις, -εως, ἡ	rest	μεσουράνημα, -τος, τό	high in the sky
ἀπαρχή, -ῆς, ἡ	first portion	μέτωπον, -ου, τό	forehead
βασανισμός, -οῦ, ὁ	torment	ὀξύς, -εῖα, -ύ	sharp
βότρυς, -υος, ὁ	grapes	πετόμενον, πέτομαι	fly
δρέπανον, -ου, τό	sickle	Σιών, ἡ	(Mount) Zion
ἑκατόν τεσσεράκοντα τέσσαρες	one hundred and forty-four	στάδιον, -ου, τό	stade (600 feet)
		σταφυλή, -ῆς, ἡ	(bunches of) grapes
ἐμολύνθησαν, μολύνω	defile	τρύγησον, τρυγάω	pick
ἐπατήθη, πατέω	trample on	χαλινός, -οῦ, ὁ	bridle
ἐτρύγησεν, τρυγάω	pick	χάραγμα, -τος, τό	mark
ἤκμασαν, ἀκμάζω	ripen	χίλιοι, -αι, -α	thousand
θεῖον, -ου, τό	sulfur	χίλιοι ἑξακόσιοι	one thousand six hundred
κεκερασμένου, κεράννυμι	pour	ᾠδή, -ῆς, ἡ	song

REV 15

ᾄδουσιν, ᾄδω	sing	μεμιγμένην, μίγνυμι	mix
ἐγεμίσθη, γεμίζω	fill	ὅσιος, -α, -ον	holy
ζώνη, -ης, ἡ	belt	περιεζωσμένοι, περιζώννυμαι	be girded
θαυμαστός, -ή, -όν	marvelous	στῆθος, -ους, τό	chest
κιθάρα, -ας, ἡ	lyre	ὑάλινος, -η, -ον	of glass
λαμπρός, -ά, -όν	shining	ᾠδή, -ῆς, ἡ	song
λίνον, -ου, τό	linen garment		

REV 16

ἀήρ, έρος, ὁ	air	Εὐφράτης, -ου, ὁ	Euphrates
Ἁρμαγεδών	Armageddon	καῦμα, -τος, τό	scorching heat
ἀστραπή, -ῆς, ἡ	lightning	καυματίσαι, καυματίζω	scorch
ἀσχημοσύνη, -ης, ἡ	indecent behavior	νῆσος, -ου, ἡ	island
βάτραχος, -ου, ὁ	frog	ὅσιος, -α, -ον	holy
ἕβδομος, -η, -ον	seventh	πέμπτος, -η, -ον	fifth
Ἑβραϊστί	Heb. language	πόνος, -ου, ὁ	pain
ἐκαυματίσθησαν, καυματίζω	scorch	ταλαντιαῖος, -α, -ον	weighing a talent
ἕλκος, -ους, τό	sore	τηλικοῦτος, -αύτη, -οῦτο	so great
ἐμασῶντο, μασάομαι	bite	χάλαζα, -ης, ἡ	hail
ἐσκοτωμένη, σκοτόομαι	become dark	χάραγμα, -τος, τό	mark

REV 17

ἄβυσσος, -ου, ἡ	very deep place	ἠρημωμένην, ἐρημόομαι	be destroyed
ἀπήνεγκεν, ἀποφέρω	carry away	θαῦμα, -τος, τό	amazement
βδέλυγμα, -τος, τό	what is detestable	κεχρυσωμένη, χρυσόω	be adorned with gold
γνώμη, -ης, ἡ	opinion	κόκκινος, -η, -ον	scarlet
δεῦρο	(come) here	μαργαρίτης, -ου, ὁ	pearl
ἐμεθύσθησαν, μεθύω	be drunk	μεθύουσαν, μεθύω	be drunk
ἐπόρνευσαν, πορνεύω	commit fornication	μέτωπον, -ου, τό	forehead

ὄγδοος, -η, -ον	eighth	πορφυροῦς, -ᾶ, -οῦν	purple
πολεμήσουσιν, πολεμέω	wage war; fight		

REV 18

ἀδίκημα, -τος, τό	unrighteous act	μάρμαρος, -ου, ὁ	marble
ἄμωμον, -ου, τό	spice	μεγιστᾶνες, -ων, οἱ	very important persons
ἄργυρος, -ου, ὁ	silver	μουσικός, -οῦ, ὁ	musician
αὐλητής, -οῦ, ὁ	flutist	μύλινος, -η, -ον	of a mill
βασανισμός, -οῦ, ὁ	torment	μύλος, -ου, ὁ	mill
βασίλισσα, -ης, ἡ	queen	ναύτης, -ου, ὁ	sailor
βύσσινος, -η, -ον	made of fine linen	νύμφη, -ης, ἡ	bride
γόμος, -ου, ὁ	load	ὀπώρα, -ας, ἡ	ripe fruit
διπλοῦς, -ῆ, -οῦν	double	ὅρμημα, -τος, τό	sudden violence
διπλώσατε, διπλόω	double	ὄρνεον, -ου, τό	bird
ἐκέρασεν, κεράννυμι	mix	πένθος, -ους, τό	sorrow
ἐλεφάντινος, -η, -ον	made of ivory	πλέων, πλέω	sail
ἔμπορος, -ου, ὁ	merchant	πορνεύσαντες, πορνεύω	commit fornication
ἐπόρνευσαν, πορνεύω	commit fornication	πορφύρα, -ας, ἡ	purple cloth
ἐστρηνίασεν, στρηνιάω	live sensually	πορφυροῦς, -ᾶ, -οῦν	purple
ἠρημώθη, ἐρημόομαι	be destroyed	πύρωσις, -εως, ἡ	burning
θύϊνος, -η, -ον	made of citron wood	ῥέδη, -ης, ἡ	carriage
θυμίαμα, -τος, τό	incense	σαλπιστής, -οῦ, ὁ	trumpeter
κατοικητήριον, -ου, τό	dwelling place	σεμίδαλις, -εως, ἡ	fine flour
κεράσατε, κεράννυμι	mix	σίδηρος, -ου, ὁ	iron
κεχρυσωμένη, χρυσόω	be adorned with gold	σιρικόν, -οῦ, τό	silk cloth
κιθαρῳδός, -οῦ, ὁ	harpist	στρηνιάσαντες, στρηνιάω	live sensually
κιννάμωμον, -ου, τό	cinnamon	στρῆνος, -ους, τό	sensual living
κόκκινος, -η, -ον	scarlet	συγκοινωνήσητε,	associate with
κόψονται, κόπτω	mourn; beat one's breast	συγκοινωνέω	
κτῆνος, -ους, τό	beast of burden	τέχνη, -ης, ἡ	craft
κυβερνήτης, -ου, ὁ	captain of a ship	τεχνίτης, -ου, ὁ	craftsman
λαμπρός, -ά, -όν	shining; sparkling	τιμιότης, -ητος, ἡ	wealth
λίβανος, -ου, ὁ	frankincense	φαρμακεία, -ας, ἡ	sorcery
λιπαρός, -ά, -όν	luxurious	χαλκός, -οῦ, ὁ	bronze
μαργαρίτης, -ου, ὁ	pearl	χοῦς, χοός, χοῦν (acc.), ὁ	dust

REV 19

αἰνεῖτε, αἰνέω	praise	μηρός, -οῦ, ὁ	thigh
ἀλληλουϊά	hallelujah (Heb.)	ὀξύς, -εῖα, -ύ	sharp
βεβαμμένον, βάπτω	dip in	ὄρνεον, -ου, τό	bird
βύσσινος, -η, -ον	made of fine linen	πατεῖ, πατέω	trample on
διάδημα, -τος, τό	diadem crown	πετομένοις, πέτομαι	fly
εἴκοσι τέσσαρες	twenty-four	πολεμεῖ, πολεμέω	wage war; fight
ἐξεδίκησεν, ἐκδικέω	revenge	ῥομφαία, -ας, ἡ	sword; war
ἔφθειρεν, φθείρω	deprave	σιδηροῦς, -ᾶ, -οῦν	made of iron
θεῖον, -ου, τό	sulfur	στράτευμα, -τος, τό	army; soldiers
λαμπρός, -ά, -όν	shining; sparkling	φλόξ, φλογός, ἡ	flame
ληνός, -οῦ, ἡ	wine press	χάραγμα, -τος, τό	mark
μεσουράνημα, -τος, τό	high in the sky		

REV 20

ἄβυσσος, -ου, ἡ	very deep place	ἄμμος, -ου, ἡ	sand

Γώγ, ὁ	Gog	μέτωπον, -ου, τό	forehead
γωνία, -ας, ἡ	corner	πεπελεκισμένων,	behead
ἐκύκλευσαν, κυκλεύω	surround	πελεκίζομαι	
θεῖον, -ου, τό	sulfur	πλάτος, -ους, τό	breadth
κλείς, κλειδός, ἡ	key	χάραγμα, -τος, τό	mark
Μαγώγ, ὁ	Magog	χίλιοι, -αι, -α	thousand

_____ REV 21

ἄλφα, τό	first; alpha	νότος, -ου, ὁ	south
ἀμέθυστος, -ου, ἡ	amethyst	νύμφη, -ης, ἡ	bride
ἀπήνεγκεν, ἀποφέρω	carry away	ὄγδοος, -η, -ον	eighth
βδέλυγμα, -τος, τό	what is detestable	πέμπτος, -η, -ον	fifth
βήρυλλος, -ου, ὁ, ἡ	beryl	πένθος, -ους, τό	sorrow
βορρᾶς, -ᾶ, ὁ	north	πῆχυς, -εως, ὁ	cubit
δειλός, -ή, -όν	cowardly	πλατεῖα, -ας, ἡ	wide street
δέκατος, -η, -ον	tenth	πλάτος, -ους, τό	breadth
δεῦρο	(come) here	πόνος, -ου, ὁ	pain
διαυγής, -ές	transparent	σάπφιρος, -ου, ἡ	sapphire
δυσμή, -ῆς, ἡ	west	σάρδιον, -ου, τό	carnelian
δωδέκατος, -η, -ον	twelfth	σαρδόνυξ, -υχος, ὁ	(sard) onyx
δωρεάν	without cost	σελήνη, -ης, ἡ	moon
ἐβδελυγμένοις, βδελύσσομαι	detest	σκηνώσει, σκηνόω	take up residence
ἕβδομος, -η, -ον	seventh	σμάραγδος, -ου, ὁ	emerald
εἰδωλολάτρης, -ου, ὁ	worshiper of idols	στάδιον, -ου, τό	stade (600 feet)
ἑκατόν τεσσεράκοντα τέσσαρες	one hundred and forty-four	τεῖχος, -ους, τό	city wall
		τετράγωνος, -ον	square
ἑνδέκατος, -η, -ον	eleventh	τοπάζιον, -ου, τό	topaz
ἐνδώμησις, -εως, ἡ	building material	ὑάκινθος, -ου, ὁ	hyacinth
ἐξαλείψει, ἐξαλείφω	wipe away	ὕαλος, -ου, ἡ	glass; crystal
ἐπιγεγραμμένα, ἐπιγράφω	write on	ὕψος, -ους, τό	height
θεῖον, -ου, τό	sulfur	φάρμακος, -ου, ὁ	sorcerer
ἴασπις, -ιδος, ἡ	jasper	φονεύς, -έως, ὁ	murderer
ἴσος, -η, -ον	equal	φωστήρ, -ῆρος, ὁ	radiance
κραυγή, -ῆς, ἡ	weeping	χαλκηδών, -όνος, ὁ	agate
κρυσταλλίζοντι, κρυσταλλίζω	shine like crystal	χρυσόλιθος, -ου, ὁ	chrysolite
		χρυσόπρασος, -ου, ὁ	chrysoprase
μαργαρίτης, -ου, ὁ	pearl	ψευδής, -ές	liar
μῆκος, -ους, τό	length	ὦ	last; omega

_____ REV 22

ἄλφα, τό	first; alpha	πλύνοντες, πλύνω	wash
δωρεάν	without cost	πρωϊνός, -ή, -όν	morning
εἰδωλολάτρης, -ου, ὁ	worshiper of idols	ῥυπανθήτω, ῥυπαίνομαι	live in moral filth
θεραπεία, -ας, ἡ	healing	ῥυπαρός, -ά, -όν	dirty
κατάθεμα, -τος, τό	cursed	στολή, -ῆς, ἡ	long robe
κρύσταλλος, -ου, ὁ	crystal	τάχος, -ους, τό	swiftness
κύων, κυνός, ὁ	dog	φάρμακος, -ου, ὁ	sorcerer
λαμπρός, -ά, -όν	shining; sparkling	φονεύς, -έως, ὁ	murderer
μέτωπον, -ου, τό	forehead	φύλλον, -ου, τό	leaf
νύμφη, -ης, ἡ	bride	ὦ	last; omega
πλατεῖα, -ας, ἡ	wide street		

PART 3: SELECTED PARADIGMS AND PREPOSITION CHARTS

_____NOUN PARADIGMS_____

_____FIRST AND SECOND DECLENSIONS MODEL

The article can serve as a model for the nouns and adjectives of the first and second declensions.

THE ARTICLE

	SINGULAR				PLURAL		
	MAS.	FEM.	NEUT.		MAS.	FEM.	NEUT.
N.	ὁ	ἡ	τό		ὁι	ἁι	τά
G.	τοῦ	τῆς	τοῦ		τῶν	τῶν	τῶν
D.	τῷ	τῇ	τῷ		τοῖς	ταῖς	τοῖς
A.	τόν	τήν	τό		τούς	τάς	τά

FIRST DECLENSION NOUNS

	SINGULAR				PLURAL		
	MAS.	FEM.	NEUT.		MAS.	FEM.	NEUT.
N.	μαθητ ής	φων ή			μαθητ αί	φων αί	
G.	μαθητ οῦ	φων ῆς			μαθητ ῶν	φων ῶν	
D.	μαθητ ῇ	φων ῇ			μαθητ αῖς	φων αῖς	
A.	μαθητ ήν	φων ήν			μαθητ άς	φων άς	

N.		δόξ α				δόξ αι	
G.		δόξ ης				δοξ ῶν	
D.		δόξ ῃ				δόξ αις	
A.		δόξ αν				δόξ ας	

N.		ὥρ α				ὧρ αι	
G.		ὥρ ας				ὡρ ῶν	
D.		ὥρ ᾳ				ὥρ αις	
A.		ὥρ αν				ὥρ ας	

SECOND DECLENSION NOUNS

	SINGULAR				PLURAL		
	MAS.	FEM.	NEUT.		MAS.	FEM.	NEUT.
N.	λόγ ος	ὁδ ός	ἔργ ον		λόγ οι	ὁδ οί	ἔργ α
G.	λόγ ου	ὁδ οῦ	ἔργ ου		λόγ ων	ὁδ ῶν	ἔργ ων
D.	λόγ ῳ	ὁδ ῷ	ἔργ ῳ		λόγ οις	ὁδ οῖς	ἔργ οις
A.	λόγ ον	ὁδ όν	ἔργ ον		λόγ ους	ὁδ ούς	ἔργ α

THIRD DECLENSION MODEL

The interrogative pronoun (τίς, τί) can serve as the model for the third declension.

	SINGULAR			PLURAL	
	MAS./FEM.	NEUT.		MAS./FEM.	NEUT.
	τί ς	τί		τίν ες	τίν α
	τίν ος	τίν ος		τίν ων	τίν ων
	τίν ι	τίν ι		τί σι(ν)	τί σι(ν)
	τίν α	τί		τίν ας	τίν α

THIRD DECLENSION NOUNS

The numbers of the following paradigms correspond to the superscripts in Part 1. See Introduction for further explanation.

1. Mas. and Fem. nouns with stems ending in a palatal (κ, γ, χ)

N.	νύξ	νύκτ ες
G.	νυκτ ός	νυκτ ῶν
D.	νυκτ ί	νύξ ί(ν)
A.	νύκτ α	νύκτ ας

2. Mas. and Fem. nouns with stem ending in dental (τ, δ, θ)

N.	ἐλπίς	ἐλπίδ ες
G.	ἐλπίδ ος	ἐλπίδ ων
D.	ἐλπίδ ι	ἐλπί σι(ν)
A.	ἐλπίδ α	ἐλπίδ ας

3. Mas. Nouns in -ντ-

N.	ἄρχων	ἄρχοντ ες
G.	ἄρχοντ ος	ἀρχόντ ων
D.	ἄρχοντ ι	ἄρχου σι(ν)
A.	ἄρχοντ α	ἄρχοντ ας

4. Neuter nouns ending in -τ (mostly -ματ)[1]

N.	ὄνομα	ὀνόματ α
G.	ὀνόματ ος	ὀνομάτ ων
D.	ὀνόματ ι	ὀνόμα σι(ν)
A.	ὄνομα	ὀνόματ α

5. Mas. and Fem. nouns ending in λ, ρ[1]

N.	ἀνηρ	ἄνδρ ες
G.	ἀνδρ ός	ἀνδρ ῶν
D.	ἀνδρ ί	ἀνδρ άσι
A.	ἄνδρ α	ἄνδρ ας

6. Mas. and Fem. nouns ending in ν

	αἰών	αἰῶν ες
	αἰῶν ος	αἰών ων
	αἰῶν ι	αἰῶ σι
	αἰῶν α	αἰῶν ας

7. Neuter nouns ending in ς (-ος, -ους)

	γένος	γένη
	γένου ς	γεν ῶν
	γένε ι	γένε σι(ν)
	γένος	γένη

8. Mas. and Fem. nouns ending in υ

	ἰχθύ ς	ἰχθύ ες
	ἰχθύ ος	ἰχθύ ων
	ἰχθύ ϊ	ἰχθύ σι
	ἰχθύν	ἰχθύ ας

9. Fem. stems ending in ι/ε

	πόλι ς	πόλει ς
	πόλε ως	πόλε ων
	πόλε ι	πόλε σι(ν)
	πόλι ν	πόλει ς

10. Mas. nouns ending in ευ/ε

	βασιλεύ ς	βασιλεῖ ς
	βασιλέ ως	βασιλέ ων
	βασιλέ ῖ	βασιλεῦ σι(ν)
	βασιλέ α	βασιλεῖ ς

1. Some few nouns do not correspond exactly to the paradigm. See Introduction.

PERSONAL PRONOUNS

	1st		2d			3d		
					SINGULAR			
						MAS.	FEM.	NEUT.
	ἐγώ		σύ			αὐτ ός	αὐτ ή	αὐτ ό
	ἐμ οῦ	(μ ου)	σ οῦ	(σ ου)		αὐτ οῦ	αὐτ ῆς	αὐτ οῦ
	ἐμ οί	(μ οι)	σ οί	(σ οι)		αὐτ ῷ	αὐτ ῇ	αὐτ ῷ
	ἐμ έ	(μ ε)	σ έ	(σ ε)		αὐτ όν	αὐτ ήν	αὐτ ό
					PLURAL			
	ἡμ εῖς		ὑμ εῖς			αὐτ οί	αὐτ αί	αὐτ ά
	ἡμ ῶν		ὑμ ῶν			αὐτ ῶν	αὐτ ῶν	αὐτ ῶν
	ἡμ ῖν		ὑμ ῖν			αὐτ οῖς	αὐτ αῖς	αὐτ οῖς
	ἡμ ᾶς		ὑμ ᾶς			αὐτ ούς	αὐτ άς	αὐτ ά

VERB PARADIGMS

εἰμί

Present	Imperfect	Future	Subjunctive	Imperative	Present Infinitive	Present Participle
εἰμί	ἤμην	ἔσομαι	ὦ			
εἶ	ἦς	ἔσῃ	ᾖς	ἴσθι		ὤν
ἐστί(ν)	ἦν	ἔσται	ᾖ	ἔστω	εἶναι	οὖσα
ἐσμέν	ἦμεν	ἐσόμεθα	ὦμεν			ὄν
ἐστέ	ἦτε	ἔσεθε	ἦτε	ἔστε		
εἰσί(ν)	ἦσαν	ἔσονται	ὦσί(ν)	ἔστωσαν		

Ω VERBS: ACTIVE VOICE

	Present	Imperfect	Future	1 Aorist	2 Aorist	Perfect	Pluperfect
Indicative Mood	λύ ω εις ει ομεν ετε ουσι(ν)	ἔλυ ον ες ε(ν) ἐλύ ομεν ετε ἔλυ ον	λύσ ω εις ει ομεν ετε ουσι	ἔ λυσα α ας ε(ν) ἐ λύσ αμεν ατε ἔ λυσ αν	ἔ βαλ ον ες ε(ν) ἐ βάλ ομεν ετε ἔ βαλ ον	λέλυ κ α κ ας κ ε(ν) λέλυ κ αμεν κ ατε κ ασι(ν)	(ἐ)λελύ κ ειν κ εις κ ει κ ειμεν κ ειτε κ εισαν
Subjunctive Mood	λύ ω ῃς ῃ ωμεν ητε ωσι(ν)			λύσω ῃς ῃ ωμεν ητε ωσι(ν)	βάλ ω ῃς ῃ ωμεν ητε ωσι(ν)		
Imperative Mood	λῦ ε λυ έτω λύ ετε λυ έτωσαν			λῦσον λυσάτω λύσατε λυσάτωσαν	βάλε βαλέτω βάλετε βαλέτωσαν		
Infinitive	λύ ειν		λύσ ειν	λῦσαι	βαλεῖν	λελυ κ έναι	
Participle	λύ ων ουσα λῦ ον		λύσ ων ουσα λῦσ ον	λύσας ασα λῦσαν	βαλ ών οῦσα όν	λελυ κ ώς κ υῖα ός	

Ω VERBS: MIDDLE AND PASSIVE VOICE

		Present	Imperfect	Future	1 Aorist	2 Aorist	Perfect	Aorist Passive	Future Passive
Indicative Mood		λύ ομαι η εται λυ όμεθα λύ εσθε ονται	ἐλυ όμην ἐλύ ου ετο ἐλυ όμεθα ἐλύ εσθε οντο	λύσ ομαι η εται λυσ όμεθα λύσ εσθε ονται	ἐλυσ άμην ἐλύσ ω σ ατο ἐλυσ άμεθα ἐλύσ ασθε αντο	ἐ βαλ όμην ἐ βάλ ου ετο ἐ βαλ όμεθα ἐ βάλ εσθε οντο	λέλυ μαι σαι ται λελύ μεθα λέλυ σθε νται	ἐ λύθ ην ης η ημεν ητε ησαν	λυθήσ ομαι η εται λυθησ όμεθα λυθήσ εσθε ονται
Subjunctive Mood		λύ ωμαι η ηται λυ ώμεθα λύ ησθε ωνται				βάλ ωμαι η ηται βαλ ώμεθα βάλ ησθε ωνται		λυθ ῶ ῇς ῇ ῶμεν ῆτε ῶσι(ν)	
Imperative Mood		λύ ου λυ έσθω λύ εσθε λυ έσθωσαν			λῦσ αι λυσ άσθω λύσ ασθε λυσ άσθωσαν	βαλ οῦ βαλ έσθω βάλ εσθε βαλ έσθωσαν		λύθ ητι λυθ ήτω λύθ ητε λυθ ήτωσαν	
Infinitive		λύ εσθαι		λύσ εσθαι	λύσ ασθαι	βαλ έσθαι	λελύ σθαι	λυθ ῆναι	λυθήσ εσθαι
Participle		λυ όμενος λυ ομένη λυ όμενον		λυσ όμενος λυσ ομένη λυσ όμενον	λυσ άμενος λυσ αμένη λυσ άμενον	βαλ όμενος βαλ ομένη βαλ όμενον	λελυ μένος λελυ μένη λελυ μένον	λυθ είς εῖσα έν	λυθησ όμενος μένα όμενον

PREPOSITIONS

COMMON PREPOSITIONS

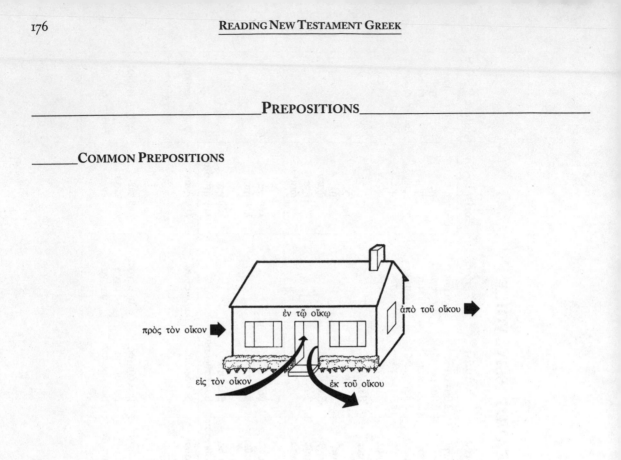

ACCUSATIVE PREPOSITIONS

The basic sense of accusative prepositions is frequently motion towards.

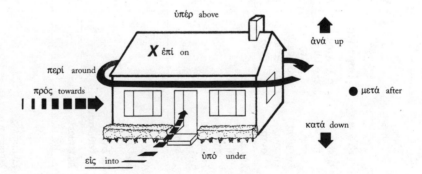

_____GENITIVE PREPOSITIONS

The basic sense of genitive prepositions is frequently motion away from.

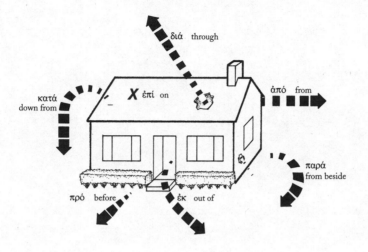

_____DATIVE PREPOSITIONS

The basic sense of accusative prepositions is frequently rest.

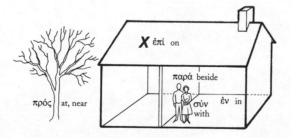

INDEX TO WORDS IN PART I

ἀντιλέγω to contradict, oppose	40
Ἀντιόχεια Antioch	29
ἄνωθεν from above; again	36
ἄξιος, -α, -ον worthy, proper	18
ἀπαγγέλλω to announce, to inform	16
ἀπάγω to lead away	30
ἅπαξ once, once for all	34
ἀπαρνέομαι to deny	40
ἅπας, -ασα, -αν all	20
ἀπειθέω to disobey	34
ἀπέρχομαι to go away, depart	9
ἀπέχω to receive in full; be away from	27
ἀπιστία not trustworthy, unbelief	40
ἄπιστος unbeliever	25
ἀπό from (gen.)	6
ἀποδίδωμι to pay, reward	15
ἀποθνήσκω to die	10
ἀποκαλύπτω to reveal, uncover	23
ἀποκάλυψις⁹ revelation	29
ἀποκρίνομαι to answer	7
ἀποκτείνω to kill	12
ἀπολαμβάνω to receive	42
ἀπόλλυμι to destroy; perish (mid.)	11
Ἀπολλῶς Apollos	42
ἀπολογέομαι to defend oneself	42
ἀπολύτρωσις⁹ deliverance	42
ἀπολύω to release, dismiss	13
ἀποστέλλω to send	9
ἀπόστολος apostle, messenger	12
ἅπτω to light, touch (mid.)	18
ἀπώλεια destruction	29
ἆρα indeed	16
ἀργύριον silver	27
ἀρέσκω to please	29
ἀριθμός number	29
ἀρνέομαι to deny	20
ἀρνίον sheep	21
ἁρπάζω to seize, to snatch	34
ἄρτι now, just now	19
ἄρτος loaf of bread, food	11
ἀρχαῖος, -α, -ον ancient	41
ἀρχή beginning	15
ἀρχιερεύς¹⁰ chief priest; high priest	9
ἄρχω to be first, to rule; to begin (mid.)	11
ἄρχων³ ruler, judge	19
ἀσέλγεια licentiousness	42
ἀσθένεια illness	25
ἀσθενέω to be weak	20
ἀσθενής, -ές unable, weak	24
Ἀσία Asia	29
ἀσκός wineskin	38
ἀσπάζομαι to greet	14
ἀσπασμός greeting	43

ἀστήρ⁵ star	25
ἀτενίζω to stare at	34
αὐλή courtyard	38
αὐξάνω to grow	24
αὔριον tomorrow	34
αὐτός, -ή, -ό same; he, she, it; self	5
ἀφαιρέω to take away	42
ἄφεσις⁹ pardon	30
ἀφίημι to let go, permit; forgive	8
ἀφίστημι to depart	34
ἀφορίζω to separate, set apart	42
ἄφρων, -ον foolish	41
Ἀχαΐα Achaia	43
ἄχρι until	16
Βαβυλῶν⁶ Babylon	38
βάλλω to throw, cast out	9
βαπτίζω to baptize	12
βάπτισμα⁴ baptism	28
βαπτιστής baptizer	38
Βαραββᾶς Barabbas	40
Βαρναβᾶς Barnabas	22
βασανίζω to torture	37
βασιλεία reign; kingdom	8
βασιλεύς¹⁰ king	9
βασιλεύω to rule	26
βαστάζω to bear, carry	22
Βηθανία Bethany	38
βῆμα⁴ judgment seat	38
βιβλίον book	20
βίβλος book	43
βίος life	43
βλασφημέω to revile, blaspheme	19
βλασφημία reviling; blasphemy	29
βλέπω to see	9
βοάω to cry out	37
βουλή counsel; intention	38
βούλομαι to want, wish	18
βροντή thunder	38
βρῶμα⁴ food, meat	30
βρῶσις⁹ eating	40
Γαλιλαία Galilee	14
Γαλιλαῖος Galilean	40
γαμέω to marry	22
γάμος marriage	31
γάρ because; then	5
γε indeed	22
γέεννα hell (Gehenna)	38
γέμω to fill	40
γενεά generation	17
γεννάω to beget, bear	11
γένος⁷ descendant, nation	27
γεύομαι to taste	32
γεωργός farmer	28

εἴτε . . . εἴτε if . . . if	14
ἐκ out of (gen.)	5
ἕκαστος, -η, -ον each	13
ἑκατόν òne hundred	41
ἑκατοντάρχης Roman officer	31
ἐκβάλλω to cast out	12
ἐκεῖ there	10
ἐκεῖθεν from there	19
ἐκεῖνος, -η, -ο that, these	7
ἐκκλησία congregation; church	10
ἐκκόπτω to cut off (out)	42
ἐκλέγομαι to choose	25
ἐκλεκτός, -ή, -όν chosen	26
ἐκπίπτω to fall away	42
ἐκπλήσσομαι to be (greatly) astounded	36
ἐκπορεύομαι to depart out of	19
ἐκτείνω to stretch out	31
ἕκτος, -η, -ον sixth	34
ἐκχέω to pour out	31
ἐκχύννομαι to pour out	40
ἐλαία olive	36
ἔλαιον olive oil	40
ἐλάχιστος, -η, -ον least important	34
ἐλέγχω to rebuke	29
ἐλεέω to have mercy	21
ἐλεημοσύνη acts of charity; alms	36
ἔλεος[7] (show) mercy	22
ἐλευθερία freedom	40
ἐλεύθερος, -α, -ον free	25
Ἕλλην[6] Greek person	23
ἐλπίζω to hope	20
ἐλπίς[2] hope	15
ἐμαυτοῦ, -ῆς myself	19
ἐμβαίνω to embark	29
ἐμβλέπω to look (straight) at	37
ἐμός, -ή, -όν my, mine	13
ἐμπαίζω to mock	36
ἔμπροσθεν in front of	16
ἐμφανίζω to manifest	42
ἐν in (dat.)	5
ἔνατος, -η, -ον ninth	43
ἐνδείκνυμι to show, demonstrate	40
ἐνδύω to clothe	22
ἕνεκεν on account of	28
ἐνεργέω to work	26
ἐνιαυτός one year	34
ἔνοχος, -ον guilty	43
ἐντέλλομαι to command	32
ἐντεῦθεν from here, from this	43
ἐντολή commandment	13
ἐνώπιον in front of	12
ἕξ six	44
ἐξάγω to lead out	37

ἐξαποστέλλω to send out	36
ἐξέρχομαι to go out	7
ἔξεστι it is permitted	20
ἐξίστημι to astonish greatly	29
ἐξομολογέω to confess	43
ἐξουθενέω to despise	40
ἐξουσία authority to rule	10
ἔξω outside, away	14
ἔξωθεν outside	36
ἑορτή festival	23
ἐπαγγελία promise, agreement	15
ἐπαγγέλλομαι to promise	32
ἔπαινος praise	40
ἐπαίρω to lift up	27
ἐπαισχύνομαι to be ashamed	40
ἐπάνω on, above	28
ἐπαύριον the next day	30
ἐπεί because	24
ἐπειδή because, when	44
ἔπειτα later	32
ἐπερωτάω to ask	14
ἐπί on, upon (gen.); on, above (dat.); across, over (acc.)	5
ἐπιβάλλω to lay upon	28
ἐπιγινώσκω to recognize, know about	16
ἐπίγνωσις[9] knowledge	27
ἐπιζητέω to seek for, search out	36
ἐπιθυμέω to desire	31
ἐπιθυμία desire, lust	18
ἐπικαλέω to call upon, name	21
ἐπιλαμβάνομαι to take hold of	27
ἐπιμένω to remain	29
ἐπιπίπτω to fall upon	40
ἐπισκέπτομαι to visit, care for	40
ἐπίσταμαι to understand	34
ἐπιστολή letter	25
ἐπιστρέφω to turn around, return	19
ἐπιτάσσω to command	43
ἐπιτελέω to complete	43
ἐπιτίθημι to put on, lay on	18
ἐπιτιμάω to rebuke	21
ἐπιτρέπω to permit	28
ἐπουράνιος, -ον in the sky, heavenly	28
ἑπτά seven	12
ἐργάζομαι to work, do	17
ἐργάτης worker, doer	31
ἔργον work; act	8
ἔρημος, -ον uninhabited, forsaken	16
ἔρχομαι to come, to go	6
ἐρῶ will say	11
ἐρωτάω to ask	13
ἐσθίω to eat	8
ἔσχατος, -η, -ον final(ly)	16

κάθημαι to sit, reside   11
καθίζω to sit   16
καθίστημι to appoint   26
καθώς inasmuch as; just as   8
καί and   5
καινός, -ή, -όν new   17
καιρός time, occasion   11
Καῖσαρ[5] Ceasar; Emperor   21
Καισάρεια Caesarea   30
καίω to burn   37
κἀκεῖ and there   44
κἀκεῖθεν and from there   44
κἀκεῖνος and that   26
κακία badness   41
κακός, -ή, -όν bad   16
κακῶς badly   32
κάλαμος reed   38
καλέω to call   8
καλός, -ή, -όν beautiful, good   11
καλῶς good   19
κἄν even if   30
καπνός smoke   36
καρδία inner self; heart   8
καρπός fruit   13
κατά down (gen.); according to (acc.)   6
καταβαίνω to go down   12
καταβολή creation   41
καταγγέλλω to proclaim   28
καταισχύνω to put to shame   36
κατακαίω to burn up   37
κατάκειμαι to lie down   37
κατακρίνω to condemn   28
καταλαμβάνω to overtake, apprehend   32
καταλείπω to leave   24
καταλύω to destroy   29
κατανοέω to observe   34
καταντάω to come to   36
καταργέω to abolish   22
καταρτίζω to restore   36
κατασκευάζω to prepare   41
κατεργάζομαι to work out, achieve   25
κατέρχομαι to come down   31
κατεσθίω to devour   32
κατέχω to hold fast; possess   28
κατηγορέω to accuse   24
κατοικέω to dwell   16
καυχάομαι to boast   19
καύχημα[4] boast   41
καύχησις[9] boasting   41
Καφαρναούμ Capernaum   31
κεῖμαι to recline   24
κελεύω to order (command)   23
κενός, -ή, -όν empty; foolish   29

κέρας[4] horn; power   41
κερδαίνω to gain   30
κεφαλή head, superior   12
κηρύσσω to proclaim   13
κλάδος branch   41
κλαίω to weep   17
κλάω to break   35
κλείω to close   31
κλέπτης thief   31
κλέπτω to steal   36
κληρονομέω to inherit   28
κληρονομία inheritance   35
κληρονόμος heir   32
κλῆρος lot   41
κλῆσις[9] call   41
κλητός, -ή, -όν called   44
κοιλία belly, womb   26
κοιμάομαι to sleep   28
κοινός, -ή, -όν common; defiled   35
κοινόω to make common, defile   35
κοινωνία fellowship   28
κοινωνός partner   44
κολλάομαι to join, cling to   37
κομίζω to receive   43
κοπιάω to labor   24
κόπος labor   29
κοσμέω to adorn, to put in order   43
κόσμος world   7
κράβαττος cot   41
κράζω to cry out   14
κρατέω to grasp   15
κράτος[7] power; mighty deed   38
κρείσσων, -ον better   28
κρείττων, -ον better   28
κρίμα[4] judgment, verdict   22
κρίνω to judge, decide   9
κρίσις[9] judgment   16
κριτής judge   28
κρυπτός, -ή, -όν secret   30
κρύπτω to conceal, hide   27
κτίζω to create   32
κτίσις[9] creation   28
κύριος sir, master; Lord   5
κωλύω to hinder   24
κώμη village   22
κωφός, -ή, -όν mute, deaf   35
Λάζαρος Lazarus   32
λαλέω to speak   6
λαμβάνω to take, receive   7
λαός nation   9
λατρεύω to serve, worship   26
λέγω to say   5, 11
λευκός, -ή, -όν white   24

οἰκουμένη	earth; empire	33
οἶνος	wine	20
οἷος, -α, -ον	such as; what sort	33
ὀλίγος, -η, -ον	few, slight, little	18
ὅλος, -η, -ον	whole; complete	10
ὀμνύω	to swear	23
ὁμοθυμαδόν	with one mind	42
ὅμοιος, -α, -ον	similar	17
ὁμοιόω	to be similar to	33
ὁμοίως	similarly	21
ὁμολογέω	to confess	23
ὄνομα[4]	name	7
ὀνομάζω	to name	43
ὄντως	really	44
ὀπίσω	behind, after	19
ὅπου	where	12
ὅπως	how	15
ὅραμα[4]	vision	39
ὁράω	to see	6
ὀργή	anger, punishment	19
ὅριον	region	39
ὅρκος	oath	44
ὄρος[7]	mountain	14
ὅς, ἥ, ὅ	who, which	5
ὅσος, -η, -ον	as many as; as much as	10
ὅστις, ἥτις, ὅτι	whoever, whatever	9
ὅταν	whenever	10
ὅτε	when	10
ὅτι	that; because	5
οὐ (οὐκ, οὐχ)	not	5
οὔ	no	30
οὗ	where	15
οὐαί	how terrible!	16
οὐδέ[7]	and not; not even	9
οὐδείς, οὐδεμία, οὐδέν	no one, nothing	7
οὐδέποτε	never	32
οὐκέτι	no longer	16
οὖν	therefore; indeed	6
οὔπω	not yet	24
οὐρανός	sky; heaven	7
οὖς[4]	ear, hearing	19
οὔτε	nor	12
οὗτος, αὕτη, τοῦτο	this, those	5
οὕτως	thus; as follows	7
οὐχί	not	15
ὀφείλω	to owe	19
ὀφθαλμός	eye, sight	10
ὄφις[9]	snake	35
ὀψία	evening	35
ὄχλος	crowd	8
πάθημα[4]	suffering	31
παιδεύω	to teach	36
παιδίον	child	15
παιδίσκη	slave girl	37
παῖς[2]	child; slave	25
παλαιός, -ά, -όν	old	28
πάλιν	again	9
παντοκράτωρ[5]	the Almighty	44
πάντοτε	always	18
παρά	from (gen.); at, beside (dat.); along side (acc.)	8
παραβολή	parable	15
παραγγέλλω	to command	20
παραγίνομαι	to be present	19
παράγω	to pass by	43
παραδίδωμι	to hand over, betray	9
παράδοσις[9]	tradition	37
παραιτέομαι	to ask; decline	38
παρακαλέω	to encourage, invite	10
παράκλησις[9]	encouragement	21
παραλαμβάνω	to receive	15
παραλυτικός, -ή, -όν	paralyzed	44
παράπτωμα[4]	sin	27
παρατίθημι	to set before	27
παραχρῆμα	suddenly	29
πάρειμι	to be present	24
παρεμβολή	camp	44
παρέρχομαι	to pass by	21
παρέχω	to grant; cause	31
παρθένος	virgin	33
παρίστημι	to be present	17
παρουσία	presence, arrival	25
παρρησία	courage, boldness	21
πᾶς, πᾶσα, πᾶν	all	5
πάσχα	Passover festival	21
πάσχω	to suffer	17
πατάσσω	to strike a blow	43
πατήρ[5]	father	6
Παῦλος	Paul	8
παύω	to cease	33
πείθω	to persuade	15
πεινάω	to hunger	24
πειράζω	to test	18
πειρασμός	testing, temptation	27
πέμπω	to send	12
πενθέω	to mourn	44
πέντε	five	19
πέραν	across	25
περί	concerning (gen.); around (acc.)	7
περιβάλλω	to clothe	24
περιπατέω	to walk	11
περισσεύω	to abound	18
περισσότερος, -α, -ον	excessive	30
περισσοτέρως	excessive	39
περιστερα	dove, pigeon	45
περιτέμνω	to circumcise	30
περιτομή	circumcision	19